北大朝鲜半岛研究

第1辑
2022

PKU Journal of Korean Studies

北京大学朝鲜半岛研究中心 编

外语教学与研究出版社
北京

图书在版编目 (CIP) 数据

北大朝鲜半岛研究. 第1辑：汉文、朝鲜文 / 北京大学朝鲜半岛研究中心编. —— 北京：外语教学与研究出版社，2022.7
ISBN 978-7-5213-4033-4

Ⅰ. ①北… Ⅱ. ①北… Ⅲ. ①朝鲜半岛–研究–文集 Ⅳ. ①K312–53

中国版本图书馆CIP数据核字 (2022) 第194560号

出 版 人　王　芳
项目策划　高　静
责任编辑　高　静
责任校对　王　媛
封面设计　水长流文化
出版发行　外语教学与研究出版社
社　　址　北京市西三环北路19号 (100089)
网　　址　http://www.fltrp.com
印　　刷　北京捷迅佳彩印刷有限公司
开　　本　787×1092　1/16
印　　张　12
版　　次　2022年12月第1版　2022年12月第1次印刷
书　　号　ISBN 978-7-5213-4033-4
定　　价　48.00元

购书咨询：(010) 88819926　电子邮箱：club@fltrp.com
外研书店：https://waiyants.tmall.com
凡印刷、装订质量问题，请联系我社印制部
联系电话：(010) 61207896　电子邮箱：zhijian@fltrp.com
凡侵权、盗版书籍线索，请联系我社法律事务部
举报电话：(010) 88817519　电子邮箱：banquan@fltrp.com
物料号：340330001

发刊词

朝鲜半岛与中国关系密切，中国和朝鲜半岛，历来被视为命运共同体，因此中国对朝鲜半岛的关注和研究自然也多于周边其他地区。北京大学也是我国最早开展朝鲜半岛研究的高校。1919年朝鲜半岛爆发"三一"运动后，李大钊、陈独秀等对朝鲜问题给予了高度关注，李允宰等一大批朝鲜半岛青年到北大留学，申采浩在北京时，也与李石曾、李大钊等有联系，利用北大图书馆所藏资料，撰写《朝鲜上古史》等著作。因此，北大在朝鲜半岛研究方面拥有悠久的历史与深厚的学术积淀。1927年，北大青年才俊魏建功也应邀前往京城帝国大学教授汉语，业余考察朝鲜半岛风土人情，在《语丝》上连载《侨韩琐谈》《侨韩耳食录》等。

1946年，在季羡林教授主导下，北大设立了东方语言文学系。1949年，将成立于1945年的国立东方语文专科学校韩国语科并入北大，在北大正式开展朝鲜（韩国）语教学与研究。1952年院系调整以后，历史学系设立亚洲各国史教研室，教研室主任周一良教授亲自投身于朝鲜历史的研究与教学。此外，在中文、哲学、国际关系等院系也有不少学者从事朝鲜半岛有关的学术研究。改革开放后，学术研究空前活跃，1987年至1991年间，北大先后设立了朝鲜文化研究所和韩国学研究中心，整合内部人力和资源，加强与朝鲜、韩国的学术交流，开展了许多学术活动，出版了大批研究成果，并编辑出版《韩国学论文集》和《高丽学研究》两种集刊，可惜在分别出版了22期和8期后，由于种种原因而停刊。

2017年，朝鲜文化研究所获批教育部国别和区域研究备案中心，2019年11月，为集中力量推进对朝鲜半岛的科研工作，北大将原朝鲜文化研究所与韩国学研究中心合并重组，成立北京大学朝鲜半岛研究中心。中心主要成员来自外国语学院、历史学系、国际关系学院、中国语言文学系、马列主义学院、对外汉语教育学院等院系。中心确立了基础性与前瞻性并重的定位与发展规划，依托北大人文学科的雄厚实力，通过学科交叉，强强联合，创新图变，努力将朝鲜半岛研究推向新的高度。

在此新环境新形势下，北京大学朝鲜半岛研究中心决定赓续办刊传统，创办《北大朝鲜半岛研究》集刊。本刊主要开设与朝鲜半岛相关的语言研究、文学研究、比较文学研究、翻译研究、教育教学研究与历史文化研究等栏目，旨在为国内外本领域学者提供高水平学术平台，以加强学术交流，促进学科发展，所收论文强调学术性、原创性及前沿性。

本刊拟定为半年刊，分别在每年6月、12月出版，每辑刊载约12-14篇论文。现面向全国及海外征稿，诚邀宇内大德高贤，扶护提携，惠赐大作。唯请唯求！是祈是愿！

北京大学朝鲜半岛研究中心
2022年12月

北大朝鲜半岛研究

2022 年第 1 辑

目 录

高丽诗人李仁老《和归去来辞》的伦理内涵初探
　　——兼及与陶渊明《归去来兮辞》的比较………………………………池水涌　1

友善的人·灵验的神·空虚的国库
　　——李恒福《朝天录》中的明朝形象…………………………………………韩 梅　14

朝鲜时代文人对钱谦益的批判研究………………………………………………李丽秋　25

东亚现代文学中的朝鲜抗日英雄叙事………………………………牛林杰　汤振　38

新文学教育理念下的韩国文学史教育目的、目标与内容体系研究
　　——以中国四年制大学韩国语系学生为对象……………………………南 燕　49

《楞严经谚解》汉字词研究…………………………………………………………金光洙　62

语用身份视角下中国韩语学习者与韩语母语话者的摘要元话语使用对比研究…陈艳平　王晨　78

韩国语并格助词"-와"的隐现问题……………………………赵新建　陈思月　陈宇桥　91

韩国语最长名词短语结构及构成分布特点研究……………赵越　毕玉德　白锦兰112

先秦赋诗外交场景的重现与变异
　　——明代使臣在朝鲜外交活动中的诗意与张力……………………………漆永祥124

清代朝鲜朝贡使行中的下隶辈……………………………………………………王元周139

符号学视域下韩国文人画《岁寒图》之批评研究………………………[韩]琴知雅154

朝鲜燕行使笔下的文天祥祠研究…………………………………………………赵瑶瑶164

英文提要……………………………………………………………………………………177

高丽诗人李仁老《和归去来辞》的伦理内涵初探[1]
——兼及与陶渊明《归去来兮辞》的比较

华中师范大学 池水涌

摘 要：李仁老的《和归去来辞》作为韩国文学史上第一首"和陶辞"，具有丰富的伦理内涵。仔细阅读李仁老的《和归去来辞》，我们会发现其中不仅有诗人针对仕途的伦理困境所发出的伦理诉求，也有他根据自己的道德判断和价值判断所作出的伦理选择。尽管李辞的伦理选择与陶辞相比，显得有些消极，但它在作出伦理选择的同时，通过对老庄哲学和其他经典文献的阐述向世人发出的种种道德教诲与道德警示，给作品赋予了不可忽视的伦理价值。

关键词：李仁老；《和归去来辞》；伦理选择；伦理价值

李仁老是高丽中叶的著名诗人、文学评论家。字眉叟，两班出身。李仁老幼失父母，在僧统寥一膝下长大。1170年郑仲夫等武臣发动兵变时曾隐居深山佛寺。1180年文科状元及第。1182年以书状官的身份出使中国，对中国文坛及风土人情有了切身体会。李仁老作为诗人和评论家，不仅创作了许多优秀的诗文作品，而且在韩国文学史上屡屡开创先河。他曾经仿效中国的"竹林七贤"，组建了韩国文学史上第一个文学社团，名曰"海左七贤"；他撰写的稗说文集《破闲集》，堪称韩国文学史上第一部诗话集；他创作的《和归去来辞》，被誉为韩国文学史上第一首"和陶辞"。

李仁老的《和归去来辞》给后世韩国文人带来了深远影响。据统计，自从李仁老创作《和归去来辞》以来，韩国历代文人陆续效仿和酬唱陶渊明的《归去来兮辞》，其酬唱之作竟多达400多篇。[2] 出于对韩国"和陶辞"的溯本求源的目的，抑或是为了梳理韩国"和陶辞"的发展历程，中外学界一直关注李仁老的《和归去来辞》，出现了一批相关的研究成果。有的考察李仁老"和

---

[1] 本文系大韩民国韩国学中央研究院海外韩国学培育项目"中国华中地区韩国学核心基地培育项目"【课题编号：AKS-2016-INC-2230001】的阶段性成果。
[2] [韩]南润秀.韩国的和陶辞研究[M].首尔：亦乐出版社，2004：15.

陶辞"产生的时代背景、诗人接受陶渊明形象的心路历程,[1]有的探索李辞的文学渊源及其深远影响,[2]有的则分析李辞和陶辞在创作动机、作品内容和创作方法上的差异。[3]尽管这些研究各辟蹊径,推动了有关李仁老《和归去来辞》的研究,但均忽略了一个非常重要的内容,那就是李仁老"和陶辞"的伦理内涵。

文学伦理学认为"文学是特定历史阶段人类社会的伦理表达形式,文学在本质上是关于伦理的艺术"。[4]在古代,不管是在中国还是在朝鲜半岛,许多文人都经历过"进取"与"退隐"的矛盾双重心理,可以说"进取"与"退隐"是古代两地文人不得不面临的伦理困境。从文学伦理学角度来看,陶渊明在《归去来兮辞》中吟诵的"归去",是他面对仕途上的伦理困境所作出的一种伦理选择。陶渊明在《归去来兮辞》中所表达的伦理选择——辞官归田,道出了许多同样身处伦理困境的古代中韩文人的心声,故而受到他们的极力推崇和效仿。李仁老通过《和归去来辞》的创作,不仅表达了他对陶渊明高尚人格的崇敬,同时也表达了诗人自己的伦理困境和伦理诉求。尽管李辞在伦理选择上与陶辞"和而不同",但其中所蕴含的伦理内涵却不容忽视,需要我们去深入挖掘和阐释。

1. 李仁老《和归去来辞》的创作渊源

探讨李仁老《和归去来辞》的创作渊源,不仅要考察和梳理陶渊明诗文在朝鲜半岛的传播和接受过程,而且要探究李仁老所处的高丽中期文坛的诗歌伦理和社会政治环境的变化。

据文献记载,在朝鲜半岛三国时期,南朝梁代萧统编定的《文选》已经传入朝鲜半岛。在金富轼的《三国史记》中,我们可以找到新罗文人强首在父亲的督促下阅读《文选》的记录:"父曰从尔所好,遂就师,读《孝经》《曲礼》《尔雅》《文选》。"[5]众所周知,萧统编定的《文选》中收录了陶渊明的八首诗与一篇散文,以上记录则足以证明陶渊明诗文早在朝鲜半岛三国时期就已经被韩国人所了解和接受。[6]

新罗统一朝鲜半岛以后,朝廷模仿唐制而设置了"国学",并选择萧统的《文选》作为国学课目之一。至此,收录在《文选》中的陶渊明诗文为统一新罗文人所广泛阅读,其在朝鲜半岛的传播也变得更为广泛和深入。进入高丽时期以后,朝廷实施文兴政策与科举考试制度,萧统的《文选》作为必读之书,尤为士人所看重,陶渊明诗文在朝鲜半岛的影响力,自然也随之得以提升。除此之外,唐代诗人李白、杜甫、白居易、李商隐、孟郊、王绩、元稹等,在自己的诗文中不仅频繁提到陶渊明的名字,而且经常引用陶渊明的诗文。这些唐代诗人的诗文在朝鲜

---

[1] 崔雄权. 论韩国的第一首"和陶辞"——兼及李仁老对陶渊明形象的解读[J]. 东北师大学报:哲学社会科学版,2008(3):97-103.

[2] 王进明. 高丽朝李仁老《和<归去来辞>》的文学渊源及其深远影响[J]. 民族文学研究,2014(1):133-142.

[3] [韩]金周淳. 《归去来兮辞》与李仁老《和归去来辞》比较研究[J]. 中国语文学,2003(42):389-418.
[韩]金美淑. 李仁老的和归去来辞研究[D]. 岭南大学研究生院,1989.

[4] 聂珍钊. 文学伦理学批评导论[M]. 北京:北京大学出版社,2014:13.

[5] [朝鲜]金富轼. 三国史记[M]. 卷四十六"强首条".

[6] [韩]金周淳. 《归去来兮辞》与李仁老《和归去来辞》比较研究[J]. 中国语文学,2003(42):393-394.

半岛的广泛传播，从另一方面又给高丽文人提供了认识和接受陶渊明诗文的契机。[1]然而，陶渊明及其诗文在朝鲜半岛备受推崇，则始于高丽中期兴起的"学苏"热潮。

在高丽时期，朝廷采取重儒崇文的政治体制。特别是从文宗时代开始，高丽实行科举考试制度，而考试的内容就是诗学。这从制度上为"学苏"热潮的兴起奠定了基础。当然，"学苏"热潮的兴起，与苏轼的人格魅力以及苏诗的风格特征也有着不可分割的关系。苏轼一生坎坷曲折，多次入狱并被流配，但他仍然坦然面对，乐观向上，该谏则谏，遇讽则讽。他的这种敢于直谏、豁达入世的品格和人生态度，感染和激励了武臣之乱后仕途受挫的高丽文人。至于苏诗的风格，则与唐诗不同。苏诗往往直抒胸臆，气韵豪迈，诗句富赡，且多用典故，以议论为诗，富有学者之诗的独特韵味。而苏诗的这种风格特征，则与喜爱自由的高丽文人的精神气质和审美观念相吻合。[2]

高丽中期兴起的"学苏"热潮，给高丽文坛带来了前所未有的巨大影响。高丽文人不仅醉心于苏轼的人格魅力，对苏轼的诗文也崇尚至极，皆以学习和仿效苏轼诗文为荣。高丽诗人李奎报在《答全履之论文书》中写道："世之学者，初习场屋科举之文，不暇事风月，及得科第，然后方学为诗，则尤嗜读东坡诗，故每岁榜出之后，人人以为今年又三十东坡出矣。"[3]朝鲜朝前期文人金宗直在谈到前代诗歌的格律演变时则指出："得吾东人诗而读之，其格律无虑三变：罗季及丽初专习晚唐；丽之中叶专学东坡。"[4]李仁老作为高丽中期的诗人，尤其受到这场"学苏"热潮的影响。他说："杜门读苏黄两集，然后语遒然韵锵然，得作诗三昧。"[5]在李仁老的118首汉诗中，提及次数最多的中国文人是苏轼。他或化用、引用苏轼诗、赋、文中的名句、人或事物；或直呼东坡其名加以评论；或以苏轼自比或者借苏喻人，灵活地借用苏轼抒发自己的情感。[6]

值得注意的是，高丽中期兴起的"学苏"热潮，又带来了高丽文坛崇陶、效陶的风气。在中国，宋代以前陶渊明及其诗文不太受到关注，而到了宋代才真正开始受到重视。尤其是在苏轼那里，陶渊明及其诗文成了顶礼膜拜的对象。陶渊明是苏轼在古今诗人中最为敬仰的人，他对陶渊明的推崇、学习和弘扬，可以说达到了极致。苏轼不仅在他的诗、词、文中多次提及陶渊明，而且还从绍圣二年（公元1095年）正月至元符三年（公元1100年）八月，在短短的五年零八个月里，创作了和陶诗凡四十四次一百有九篇。[7]苏轼对陶渊明及其诗文的推崇和膜拜，对后世文人产生了极大的影响。李泽厚指出："终唐之世，陶诗并不显赫，甚至也未遭李、杜重视。直到苏轼这里，才被抬高到独一无二的地步。并从此之后，地位便巩固下来了。苏轼发现了陶诗在极平淡朴质的形象意境中，所表达出来的美，把它看作是人生的真谛，艺术的极

---

1 卢又祯. 陶渊明诗文在韩国汉文学中的传播与接受[D]. 南京大学博士学位论文，2011：9-10.
2 刘艳萍. 韩国高丽文学对苏轼及其诗文的接受[J]. 延边大学学报，2008（4）：72.
3 [韩]徐居正等编.《东文选》[M]. 卷65. 首尔：民族文化促进会，1989：771.
4 [韩]闵丙秀. 韩国汉诗史[M]. 首尔：太学社，1996：109.
5 [韩]李仁老，崔滋. 破闲集·补闲集[M]. 首尔：亚细亚文化社，1972：186.
6 姜夏，尹允镇. 论李仁老汉诗与中国文人之关联[J]. 东疆学刊，2017，1：40-14.
7 袁行霈. 陶渊明集笺注[M]. 北京：中华书局，2003：662.

峰。千年以来，陶诗就一直以这种苏化的面目流传着。"[1]李泽厚的这番阐述尽管针对的是中国文坛，但它同样适用于高丽文坛。也就是说，在高丽文坛盛行的崇陶、效陶之风，与高丽中期兴起的"学苏"热潮是分不开的，且多少带有"苏化的面目"。

高丽中期兴起的"学苏"热潮，以及由此带来的崇陶、效陶之风，可以说是高丽中期以来文坛上形成的诗歌伦理。何为诗歌伦理？诗歌伦理指的是人们对诗歌的习惯性理解、认识与接受。[2]就高丽中期以来的朝鲜半岛文坛来说，对苏诗的习惯性理解、认识与接受，以及由此带来的崇陶、效陶之风，就形成了一种诗歌伦理，影响和制约着文人的诗歌创作。显然，李仁老创作《和归去来辞》就是遵从高丽文坛这一诗歌伦理的必然结果。

具体来说，李仁老创作《和归去来辞》与他深受苏轼的影响是分不开的。也就是说，李仁老是深受苏轼崇陶、效陶的影响而开始关注陶渊明、阅读陶渊明的诗文，并创作出《和归去来辞》的。正因为如此，李仁老的《和归去来辞》在创作风格上与苏轼的《和陶〈归去来兮辞〉》有几分相似。苏轼的和陶诗虽然师承陶诗，但在创作方法上仍保持着自己鲜明的特色，而其中之一便是"一句一典（多为事典），往往情理已在所用事典之中"。[3]就拿他的《和陶〈归去来兮辞〉》来说，用典多达二十多处，且多为来自《楞严经》和《庄子》的事典，呈现出"好思辨，尚理趣"的创作风格。苏辙在《和子瞻归去来辞并引》序言中指出："盖渊明之放与子瞻之辨，予皆莫及也"。陶辞放达，苏辞善辨，苏辙对陶辞和苏辞创作风格的界定，可谓十分恰当。苏轼和陶辞的这种创作风格对苏门文人及后代诸多和陶辞的创作产生了深远的影响，李仁老和陶辞的创作风格应该说也深受其影响。李仁老一向推崇苏诗的用典技巧，并积极地去学习其用事之工。他在《破闲集》中写道："诗家作诗多使事，谓之'点鬼簿'。李商隐用事险僻。号西昆体皆文章一病。近者苏黄崛起，虽追尚其法，而造语益工，了无斧凿之痕，可谓青出于蓝矣。……吾友耆之亦得其妙。"[4]阅读李仁老的《和归去来辞》，我们不难发现诗人用了很多来自《列子》《淮南子》《庄子》等道家典籍的事典，而这种创作方法则奠定了全诗"用典如织，善于思辨，长于说理"的创作风格。难怪有学者认为李仁老的《和归去来辞》"在形式上有着明显的效仿苏轼《和陶〈归去来兮辞〉》的痕迹。"[5]

但是，这并不意味着李仁老的《和归去来辞》，只是诗人对苏轼《和陶〈归去来兮辞〉》的有意效仿。实际上，李仁老创作《和归去来辞》，与他个人对陶渊明及其诗文的推崇，以及他表达自身的伦理困境和伦理诉求的需要，也有着密切的关系。

首先，李仁老非常仰慕和崇敬陶渊明及其诗文。他在其晚年创作的《卧陶轩记》一文中，对陶渊明及其诗文进行了高度的评价："读其书考其世，想见其为人。……夫陶潜晋人也，仆生于相去千有余岁之后，语音不相闻，形容不相接。但于黄卷间时时相对，颇熟其为人。然潜作诗，不尚藻饰，自有天然奇趣。似枯而实腴，似疏而实密。诗家仰之，若孔门之视伯夷

---

[1] 李泽厚. 美的历程[M]. 天津：天津社会科学院出版社，2001：220.
[2] 聂珍钊. 文学伦理学批评导论[M]. 北京：北京大学出版社，2014：227.
[3] 杨松冀. 苏轼和陶诗与陶渊明诗歌之比较研究[D]. 中国人民大学博士学位论文，2010：摘要.
[4] [韩]韩国诗话选[M]. 韩国：太学社，1983：65.
[5] [韩]徐首生. 高丽朝汉文学研究[M]. 首尔：萤雪出版社，1971：104.

也。……潜在郡八十日，即赋《归去来》，乃曰：'我不能为五斗米折腰向乡里小儿。'解印便去。而仆从宦三十年，低徊郎署，须发尽白，尚为龊龊樊笼中物。"[1]诗人表示自己晚生陶渊明一千多年，而且素未谋面，但通过阅读其诗文对陶渊明有了充分的认识。并且认为，陶渊明其人如"伯夷"，其诗"似枯而实腴，似疏而实密"，着实令人敬仰和佩服。他还表示陶渊明高洁不屈、清高耿介，而自己却平生身陷官场、苟且偷生，为此他感到羞耻和惭愧。正因为如此，即便是通过"和陶"的方式，他也要去追随和效仿陶渊明。

其次，李仁老欲通过"和陶"的方式，表达自身的伦理困境和伦理诉求。李仁老生活的高丽中期，正值武臣当政的黑暗时期，众多高丽文臣儒士因武臣的高压统治而遭受种种磨难。在武臣的不断打压和残害下，李仁老在仕途上经历了许多坎坷，并且经常面临"进取"与"退隐"的伦理困境。李仁老作为典型的官府文官，虽然向往着陶渊明式的伦理选择——辞官归隐，然而他的心却始终萦绕在官场。仕途的起起落落使他保持着隐士的清高，却又让他放不下参与政治现实的欲望，导致他始终在"进取"与"退隐"的伦理困境中犹豫和徘徊。而陶渊明的《归去来兮辞》，正好为诗人提供了表达自身的伦理困境和伦理诉求的窗口。

李仁老的《和归去来辞》有多方面的意义和价值，而其中最重要的价值就在于它所蕴含的伦理内涵。仔细阅读李仁老的《和归去来辞》，我们会发现其中不仅有诗人面对仕途的伦理困境所作出的伦理选择，也有诗人针对愚昧的世俗和黑暗的官场所发出的道德批判和道德警示，而后者则为这部作品赋予了不可忽视的伦理价值。因此，本文拟从伦理选择和伦理价值两个方面，去考察、挖掘和阐释李仁老《和归去来辞》的伦理内涵。

2. 李仁老《和归去来辞》的伦理选择

文学作品中的伦理选择，一方面指人的道德选择，即通过选择达到道德成熟和完善，另一方面指对两个或两个以上的道德选项的选择。文学作品中只要有人物存在，就必然面临伦理选择的问题，而伦理选择往往同解决伦理困境联系在一起。[2]如前所述，"进取"与"退隐"，是古代中韩文人在仕途中普遍遇到的伦理困境，也是不得不面临的两个道德选项。李仁老在《和归去来辞》中，根据自身的道德判断和价值判断，作出了自己的伦理选择。为了更好地理解李仁老在《和归去来辞》中所作出的伦理选择，本文将通过与陶渊明《归去来兮辞》的比较，对它进行深入的考察和分析。

> 归去来兮！田园将芜胡不归！既自以心为形役，奚惆怅而独悲？悟已往之不谏，知来者之可追。实迷途其未远，觉今是而昨非。舟遥遥以轻飏，风飘飘而吹衣。问征夫以前路，恨晨光之熹微。
>
> 乃瞻衡宇，载欣载奔。僮仆欢迎，稚子候门。三径就荒，松菊犹存。携幼入室，有酒盈樽。引壶觞以自酌，眄庭柯以怡颜。倚南窗以寄傲，审容膝之易安。园日涉以成趣，门虽设而常关。策扶老以流憩，时矫首而遐观。云无心以出岫，鸟倦飞而知还。景翳翳以将入，抚孤松而盘桓。
>
> 归去来兮，请息交以绝游。世与我而相违，复驾言兮焉求？悦亲戚之情话，乐琴书以消忧。农人

---
[1] [韩]徐居正等编. 东文选[M]. 卷65. 首尔：民族文化促进会，1989：68.
[2] 聂珍钊. 文学伦理学批评导论[M]. 北京：北京大学出版社，2014：267-268.

告余以春及，将有事于西畴。或命巾车，或棹孤舟。既窈窕以寻壑，亦崎岖而经丘。木欣欣以向荣，泉涓涓而始流。善万物之得时，感吾生之行休。

已矣乎！寓形宇内复几时？曷不委心任去留，胡为遑遑欲何之？富贵非吾愿，帝乡不可期。怀良辰以孤往，或植杖而耘耔。登东皋以舒啸，临清流而赋诗。聊乘化以归尽，乐夫天命复奚疑！

以上是陶渊明《归去来兮辞》的全文。第一段表达了辞官归田的决心，描述了由决心付诸的行动。诗人为自己"心为形体所役"而自责，又为认识到"回家为是而做官为非"、还能够迷途知返而感到欣慰。乘舟踏上回归田园的征程，一路上轻松又渴望抵家的心情跃然纸上。陶辞一开始就做出了"辞官归田"的明确的伦理选择，奠定了全诗积极、明朗的伦理叙事基调。第二段首先描述了回到家乡时的情景。诗人辞官归田，终于来到了思念已久的家乡。远远望见自家的家门，令诗人欣喜若狂；家乡的松菊、幼儿、酒樽，又让他感到格外亲切。由情入景、情景交融的温馨画面，呈现出浓浓的生活气息。紧接着又描写了诗人回到田园之后的生活情景。在家饮酒自遣，怡然自得；室外涉园观景，流连忘返。淡泊闲适的心境，清静恬适的家园，体现了诗人作为真正隐者的生活情趣和伦理态度。第三段描写了诗人在农村的出游经历。诗人重申辞官归田之志，以"息交以绝游"再次表示对当权者和官场生活的鄙弃，以"复驾言兮焉求"来表明对俗世的彻底决绝。接下来就是诗人跟乡里故人和农民的交往，以及出游中的所见所感。诗人划着孤舟去探寻幽深的沟壑，又驾着巾车走过高低不平的山丘。一路上看到的生机勃勃的初春景象，让诗人发出"世间万物皆有盛衰"的感叹！第四段主要写了如何度过余生的问题，表达了诗人委运任化、生死由之的达观思想。诗人虽然"感吾生之行休"，但对生死却又坦然面对、听其自然。在诗人看来，人虽然是万物之灵，却难以逃脱死亡。既然如此，对生死荣辱作过多考虑就显得毫无意义。诗人认为人生的意义不在于富贵或者仙境，也不在于生命过程的长短，而在于完成生命的质量。在诗人看来，人活着，应当努力完善自我，顺应自然之道，体现出自己的生命价值。可见，诗人毅然做出"辞官归田"的伦理选择，正是为了体现自己的人生价值。

归去来兮！陶潜昔归吾亦归。得陧鹿而何喜，失塞马而悉悲。蛾赴烛而不悟，驹过隙而莫追。才握手而相誓，未转头而皆非。摘残菊而为餐，缉破荷而为衣。既得反于何有，谁复动于玄微？

蜗舍虽窄，蚁阵争奔。蛛丝网扇，雀罗设门。藏谷俱亡，荆凡孰存。以神为马，破瓯为樽。身将老於苋裘，乐不减于商颜。游于物而无忤，在所寓以皆安。鳞固潜于尺泽，翼岂折于天关。肯逐情而外获，方收视以内观。途皆触而无碍，兴苟尽则方还。鹏万里以悉适，鷃一枝而尚宽。信解牛之悟惠，知斫轮之对桓。

归去来兮，问老聃之所游。用必期于无用，求不过于无求。化蝶翅而犹悦，续兔足则可忧。阅虚白于幽室，种灵丹于良畴。幻知捕影，痴谢刻舟。保不材于栎舍，安深穴于神丘。功名须待命，迟暮宜归休。任浮云之无迹，若枯槎之泛流。

已矣乎！天地盈虚自有时。行身甘作贾胡留，惶惶接淅欲安之？风斤思郢质，流水忆钟期。尿死灰兮悉暖，播蕉谷兮何耔。宽心于饮酒，聊遣兴于作诗。望红尘而缩头，人心对面真九疑。

以上是李仁老《和归去来辞》的全文。第一段除了第一句流露慕陶之情、追陶之志以外，没有"归去"的具体描述，只谈世俗的种种弊端和诗人自己的修身养性之志。面对动荡混乱的时局，诗人表示虽然自己一无所有、孤独寂寞，但仍然要保持清正的品节，继续去探究世人避而不谈的玄妙隐微之大道。从李辞所引用或化用的许多道家典故来看，所谓"世人避而不谈的玄妙隐微之大道"，其实就是道家的超然之道和处世之道。在第二段，前八句承接第一段的文思，继续阐述老庄哲学玄妙隐微之大道。而中间四句又谈到了"归去"，诗人表示自己将要告老归隐，像"商颜"当初归隐时那样，徜徉在大自然中享受物我和谐的乐趣，不再与世俗之人计较，不去在乎富贵或贫贱。从表面上看，诗人好像很坦然地接受"归去"，但事实上其中暗含着对世俗的留恋和不舍。李辞中提到的古人"商颜"，是秦末汉初的四位隐士，合称"商山四皓"。他们虽然长期隐居，但最终得到了汉高祖的赏识和任用。诗人借用这个典故，表明他渴望能够赏识其才华的知音的出现。最后十句则又谈到了道家的为人处世之道，强调做事要知足且顺其自然。第三段首句再次咏叹"归去来兮"，但往下笔锋一转，继续述说老庄之道。诗人在这里主要用老庄的超然之道，来慰藉仕途的伦理困境所带来的内心苦闷。诗人表示最人的用处就在于无用，最好的需求就在于无所求，而自己就是要去追求"无用之大用""无所求"的境界。诗人认为内心虚静、无欲无求，智慧可以自然而然得到提升，从而可以悟道，故自己宁愿身居幽室，修心养性，去追求心灵的解脱之道。诗人还认为，一切外在的追求，都好比捕风捉影，终究只是一场空；无论痴痴地追求什么或者刻意地拒绝什么，都是"刻舟求剑"一般的愚蠢之举，反而不如坦然安然、任得任失、毫不在乎。诗人似乎把世间荣辱看得非常淡薄，"归去"似乎是诗人顺应自然的必然结果，但其实也不然。从接下来的"保不材于栎舍，安深穴于神丘"一句，我们可以看出诗人标榜"归隐"，更多的是为了达到仕途上的"守弱回避、以退为进"的目的。第四段主要表达了对黑暗官场的失望和无奈：贤能的人无不期望得到知音，但知音却无处寻觅；人心难测，人类已经失去真诚，红尘世界令人生畏。故唯有喝酒作诗，修心养性，逃避世间纷扰，才是最好的选择。

从以上陶辞和李辞的对比分析中，我们会发现陶辞和李辞在伦理选择上的不同。陶辞是一个文人士大夫脱离仕途回归田园的宣言，表达了一个文人士大夫洁身自好、不与腐败官场同流合污的道德原则和伦理选择。陶辞对"归去"的表达重在一己的体悟和体验，它是积极的、彻底的，也是真实的，这在通篇的伦理叙事线和情感线上，均表现得非常清晰。前者为：辞官——归途——抵家——家常——涉园——外出——纵情山水——如何度过余生；后者为：自责自悔——自安自乐——乐天安命。尽管其中也有"奚惆怅而独悲""抚孤松而盘桓""乐琴书以消忧"等暗含彷徨与反复的情感流露，但它们不仅没有影响"归去"这一作品主旨的表达，反而加强了诗人做出"归去"这一伦理选择的真实性。

反观李辞，尽管标榜"归去"，但始终没有做到真正的"归去"，"归去"只是诗人的精神向往。诗人面对"进取"与"退隐"的伦理困境，一方面反复地述说老庄的处世之道和超然之道，一方面又表达对人世可畏、世无知音的悲叹，而最终作出"守弱回避、以退为进"的伦理选择。李仁老作为典型的官府文官，即便是在黑暗的武臣统治下，他的心也始终萦绕在官场，很难像陶渊明那样与仕途名利彻底决裂。尽管他做出旷达之态来标榜"归去"，但和大多数文人一样难以掩饰"进取"的欲望。"风斤思郢质,流水忆钟期"是诗人内心深处挥之不去的理想,"保不材于栎舍,安深穴于神丘"则是诗人标榜"归去"的真正目的。从这一点上来看,李辞标榜的"归去"并不是纯粹意义上的"归去",而是因不适应现实和被疏远而导致的"归去"。[1]这就促使诗人通过对老庄哲学的认同和阐述,在自己的文学世界里构筑精神超脱的去处,以慰藉仕途上的伦理困境所带来的内心苦闷。

值得一提的是,不管是陶辞的伦理选择,还是李辞的伦理选择,它们都是诗人根据自己的道德判断和价值判断所作出的伦理选择,但均带有不可抹掉的悲剧色彩。陶渊明和李仁老所面对的伦理困境,其实就是伦理两难。在一般情况下,伦理两难是很难两全其美的。一旦做出选择,结果往往是悲剧性的。当然,如果不做出选择,也会同样导致悲剧。[2]这就是说,陶辞的伦理选择也好,李辞的伦理选择也罢,它们的悲剧性是在所难免的。

在陶辞中,诗人是通过"退隐"来解决困扰自己多年的伦理两难的,而这种伦理选择的悲剧性在于:诗人放弃自己作为文人士大夫的伦理身份和地位,却放不下自己所坚持的政治理想。正因为如此,我们读陶渊明的《归去来兮辞》,感受到的并不只是一种轻松感。透过陶辞表面的闲适之情,我们依稀能感觉到其背后所隐藏的忧愁和无奈。陶之归田,失去了从政的热心,然而包括他以后的永归不出,并不表示对时局永不关心。实际上,陶渊明隐居之后,无论是生活困苦,还是时局变动,都曾牵动着他的用世之心。诗人在归隐后写的《桃花源记》和《感士不遇赋》等作品,要么描写乱世中人们所憧憬的社会生活和理想世界,表达对现实的不满与反抗,要么抒发"士之不遇"的悲慨与郁愤,表达诗人内心的仕隐矛盾,[3]可以说其中的悲剧意味是不言而喻的。

在李辞中,诗人虽然标榜"归去",但实际上一直没有放弃"进取",而这种伦理选择同样难免悲剧性:诗人为了"进取"而坚持"守弱回避、以退为进"的伦理选择,却又始终无法消解内心深处的"归去来"情结,只能在仕隐矛盾纠结中,降志辱身、艰难度日。诗人在晚年回顾自己的仕宦之路时,认为自己平生身陷官场、苟且偷生,并为此感到羞耻和惭愧:"从宦三十年,低徊郎署,须发尽白,尚为龊龊樊笼中物。"(《卧陶轩记》)为了消解内心深处的"归去来"情结,诗人采用"和陶辞"的方式,通过对老庄哲学的认同和阐述,在自己的文学世界里构筑精神超脱的去处,以实现精神上的"归去"。由于诗人大谈道家的超然之道和处世之道,并对愚昧的世俗和黑暗的官场进行道德批判和道德警示,所以整个作品自始至终笼罩在暗淡、阴郁的氛围之中。

3. 李仁老《和归去来辞》的伦理价值

文学作品的价值在很大程度上取决于它的伦理价值。因此,我们有必要去考察和分析李仁

---

[1] 崔雄权. 论韩国的第一首"和陶辞"——兼及李仁老对陶渊明形象的解读[J]. 东北师大学报:哲学社会科学版,2008(3):102.

[2] 聂珍钊. 文学伦理学批评导论[M]. 北京:北京大学出版社,2014:255.

[3] 魏耕原. 陶渊明论[M]. 北京:北京大学出版社,2011:229-235.

老《和归去来辞》的伦理价值。文学作品的伦理价值，是指文学作品的教诲价值和警示价值。尽管李辞所作出的伦理选择与陶辞"和而不同"，但不能因此而否定李辞中所蕴含的伦理价值。下面，本文将通过与陶辞的比较，详细考察和分析李辞中所蕴含的伦理价值。

据《宋史·陶潜传》和萧统的《陶渊明传》记载，陶渊明任彭泽县令不久，郡里一位督邮来彭泽巡视，官员要他束带迎接以示敬意。他气愤地说："我不愿为五斗米折腰向乡里小儿！"即日挂冠去职，并赋《归去来兮辞》，以明心志。中国传统士人受到儒家思想教育，以积极用世为人生理想，陶渊明也不例外。陶渊明为了谋生，也为了实现政治理想，曾经几次出仕，但当时的政治社会已极为黑暗，儒教衰落，玄学盛行，欲望泛滥。陶渊明又天性酷爱自由，而当时的官场风气极为腐败，谄上骄下，胡作非为，廉耻扫地。作为一个正直的士人，陶渊明在当时的政治社会中绝无立足之地，更谈不上实现理想抱负，这就注定了他最终选择归隐。在政治社会极端黑暗、官场风气极为腐败的历史时代，陶渊明选择弃仕归隐有它积极的意义。值得注意的是，陶渊明选择弃仕归隐，不仅仅是出于对腐朽现实的不满，这与诗人坚守的道德信念和道德原则也有着密切的关系。

陶渊明是具有独立人格、独立意志的人，他并没有盲从当时的道德规则而随俗浮沉，而是经过长期的追寻和自主认识，形成了自己坚定的道德信念和道德原则，即洁身守志，不愿降志辱身与黑暗势力同流合污，把做人、保全人格和道德放在最根本也是最重要的地位。[1]陶渊明不同于那些极尽阿谀奉承、溜须拍马之能事的士大夫，也不同于那些以"退隐"为手段来欺世盗名，以便猎取高官厚禄的政客。陶渊明追寻道德，并不是沽名钓誉，而是为了安身立命，所以他能够真正实践自己的道德。从陶渊明的《归去来兮辞》中我们可以发现，诗人终生都在践行着自己的道德信念和道德原则。在做官时，他坚持自己的道德操守，始终不肯随波逐流，因而与周围环境发生了激烈的冲突："世与我而相违，复驾言兮焉求？"为了坚守自己的道德信念和道德原则，他不惜放弃士人最为看重的仕途："归去来兮，请息交以绝游"。在辞官归田后，陶渊明仍然按照自己的道德信念和道德原则去生活。面对外部的威胁利诱，他从来不为所动："云无心以出岫，鸟倦飞而知还"；与家人和乡邻相处，他尽显一个普通人的淳朴乃至真诚："悦亲戚之情话，乐琴书以消忧"；对待农事，他则表现出农夫般的极大热情："农人告余以春及，将有事于西畴"。难能可贵的是，从他归隐到他去世长达二十一年的时间里，陶渊明一直在坚守着自己的道德信念和道德原则，过着普通士人难以忍受的田园生活。[2]

需要特别强调的是，陶渊明的这种道德信念和道德原则不是靠诗人一味地说教，而是靠诗人坚定的道德意志和道德实践来实现的。仔细阅读陶渊明的《归去来兮辞》，我们不难发现诗人对官场中的黑暗情形以及以往的居官求禄，都没有做深入的揭露或追究，取而代之的是以"惆怅而独悲""不谏""昨非"等诗语来表达的自责和自悔；决定今后不再跟官场来往，也仅用"息交以绝游"一语轻轻带过。而我们看到的更多的是，诗人辞官归田的决心以及由决心付诸的行动。在古代士人中，陶渊明是真正做到洁身守节、安贫乐道的一个正直之士，因此他所坚

---

1 宋崇凤. 陶渊明的道德理想简析[J]. 九江师专学报：哲学社会科学版，1991(1)：74.
2 李景刚. 陶渊明与托尔斯泰的道德自律[J]. 名作欣赏·学术版，2018(3)：40.

守和实践的道德信念和道德原则得到了后世绝大多数文人的认可和赞扬,形成了一种对高洁不屈、清高耿介的道德人格的集体心理认同,对后世文人的道德培养起到了不可估量的榜样作用。在这个意义上,可以说陶辞的伦理价值主要体现在它所塑造的这一千古不朽的道德榜样上。

如果说陶辞的伦理价值在于它通过"归去来"这一伦理选择所塑造的道德榜样,那么,李辞的伦理价值则在于它在作出"守弱回避、以退为进"的伦理选择的同时,通过对老庄哲学和其他经典文献的阐述,向世人发出种种道德教诲与道德警示。仔细阅读李仁老的《和归去来辞》,我们会发现诗人对老庄哲学和其他经典文献的阐述,靠的是大量含有道德教诲和道德警示意义的典故。诗人正是借助这些典故,对愚昧的世俗和黑暗的官场进行了道德批判和道德警示。

诗人借用"隍鹿"和"塞马"两个典故,批判了世俗之人的肤浅短视和愚昧无知。这两个典故分别来自《列子·周穆王》和《淮南子·人间训》,前者用来比喻"得和失"犹如一场梦,后者则用来说明"祸福无常"的人间常理。在诗人看来,世俗之人不知道"福兮祸之所依"或"祸兮福之所倚"的道理,故有所得便欢喜,有所失则悲观,使人不得不慨叹他们的肤浅短视和愚昧无知。当然,诗人借用这两个典故,不仅仅是为了批判世人的短视和无知,而是通过阐述"有得必有失"或"福祸无常"的人间常理,来告诫世人做事要先做人、做人必先学会放下得失。为此,诗人还借用了来自《庄子·知北游》的典故——"白驹过隙"。《庄子·知北游》有云:"人生天地之间,若白驹之过隙,忽然而已。"显然,诗人借用这个典故,旨在进一步劝诫世人:人生短暂,犹如白驹过隙,一旦患得患失,便枉度此生,最终将会追悔莫及,而放下得失的念头才是正道。

诗人又借用"飞蛾扑火"的典故,讽刺了热衷于功名利禄的官场众相。"飞蛾扑火"是出自《梁书·到溉传》的典故。据该文献记载,南朝梁时才子到荩是朝廷金紫光禄大夫到溉的孙子,深受皇帝萧衍的喜爱。萧衍经常和到荩一起作诗,有一次萧衍特地赐他祖父一首诗:"研磨墨以腾文,笔飞毫以书信,如飞蛾之赴火,岂焚身之可吝。必耄年其已及,可假之于少荩。"李仁老在此化用其中"如飞蛾之赴火,岂焚身之可吝"两句的含义,用来讽刺和批判官场众人热衷于功名利禄,就好比飞蛾扑火,虽然会因此而被烧死,却仍然不知悔悟。诗人进而通过"蜗牛""蚂蚁""蜘蛛""麻雀"等动物意象,来比喻利欲熏心、唯利是图的官场众人,批判他们为了功名利禄而尔虞我诈、互相伤害。鉴于官场众人热衷于钩心斗角、明争暗斗,诗人化用《离骚》中的诗句,表明自己的修身养性之志。作品中"摘残菊而为餐,缉破荷而为衣"两句,是对《离骚》中的"夕餐秋菊之落英"和"制芰荷以为衣兮"两句的化用,但诗人在这里却变其意而用之。屈原采菊花以为餐,裁荷叶以为衣,都是用来比喻加强自身的礼仪修养,但李仁老却故意说菊花是残菊,荷叶也是残叶,以此来表明自己修身养性的坚定意志:尽管时局动荡混乱,生活又穷困潦倒,但自己仍然要保持清正的品节。诗人深谙"舍身求道"的警世作用,故通过"既得反于何有,谁复动于玄微"两句,进一步表达自己修身养性、舍身求道的坚定意志。这两句是对《庄子·逍遥游》和《后汉纪·明帝纪下》中的部分语意的化用。《庄子·逍遥游》云："今子有大树，患其无用，何不树之於无何有之乡，广莫之野。"《后汉纪·明帝纪下》则曰："（佛）有经数千万……世俗之人以为虚诞，然归於玄微深远，难得而测。"诗人在此化用这些语意，旨在表示尽管修身养性之道孤独寂寞、玄微深远，但自己却恰恰要去探究这个玄妙隐微的大道。诗人以此来警示热衷于追逐功名的官场众人：为人处世，一定要以德为先。

诗人还借用"臧谷俱亡"和"荆凡孰存"两个典故，批判了世人放弃自己的本分而去追逐非分东西的不切实际的行为，以及自以为是、狂妄自大的心态。"臧谷俱亡"是出自《庄子·骈拇》的典故。有两个人，一个名叫臧，一个名叫谷，两个人都放牧羊群。臧只顾拿着书本读书，谷只顾四处游玩，结果两个人都失去了自己的羊群。"荆凡孰存"是出自《庄子·田子方》的典故。荆楚的国君与凡国的国君一起谈论凡国的存亡，楚国的国君妄自尊大，说凡国灭亡的可能性有十分之三。对此，凡国的国君则反驳道：凡国灭亡的可能性虽然有十分之三，但这不足以让凡国失去现存的一切；相反，楚国目前虽然高枕无忧，但楚国现存的一切也不能保证楚国的未来安然无恙。这两个典故的警世意义不言自明：好高骛远，图谋不切实际的事情，将一事无成；自以为是，狂妄自大，将会招来灭顶之灾。诗人认为，要做到安分守己、有自知之明，就必须养成自觉自律的品德。"鳞固潜于尺泽，翼岂折于天关"两句和"鹏万里以悉适，鷃一枝而尚宽"两句，就是用来说明这个道理的。也就是说，鱼类潜于水中，鸟类飞在天上，是它们性分所致、各得其所；大鹏飞翔万里却无所不适，鷃鹩得到一个树枝落脚，也觉得绰绰有余，则为它们"按行自抑"的品性使然。诗人还用"庖丁解牛"和"轮扁斫轮"的典故，来进一步强调培养自觉自律品德的重要性。"庖丁解牛"是来自《庄子·养生主》的典故。梁惠王对庖丁问道："嘻，善哉！技盖至此乎？"庖丁回答说："臣之所好者，道也，进乎技矣。始臣之解牛之时，所见无非牛者。三年之后，未尝见全牛也。方今之时，臣以神遇而不以目视，官知止而神欲行。"原来，庖丁是把"解牛"的技术当作一种"道"来追求和修炼的，这需要何等的自觉和自律啊！无独有偶，来自《庄子·天道》的"轮扁斫轮"的典故，讲的也是同样的道理。在诗人看来，庖丁和轮扁之所以做事能够游刃有余，在自己的专业领域达到超高的境界，就是因为他们做事心无旁骛、自觉自律。

诗人一向把诚信看作是做人的最高品德，所以看不惯世俗之人"才握手而相誓，未转头而皆非"的虚伪善变。《韩昌黎文集·柳子厚墓志铭》有云："士穷乃见节义。今夫平居里巷相慕悦，酒食游戏相征逐，诩诩强笑语以相取下，握手出肺肝相示，指天日涕泣，誓生死不相背负，真若可信。一旦临小利害，仅如毛发比，反眼若不相识；落陷阱，不一引手救，反挤之，又下石焉者，皆是也。此宜禽兽夷狄所不忍为，而其人自视以为得计。"作品中"才握手而相誓，未转头而皆非"两句，正是诗人对这段话的隐括，旨在讽刺和批判世俗小人不顾道义、不讲诚信的行为。为了强调人和人之间建立诚信的重要性，诗人借用了"风斤思郢质"这一典故。《庄子·杂篇·徐无鬼》曰："郢人垩漫其鼻端，若蝇翼，使匠石斫之。匠石运斤成风，听而斫之，尽垩而鼻不伤，郢人立不失容。"这里所说的"风斤"来自"运斤成风"，说的是有一个名叫"石"的巧匠挥动斧子，能够凭借所带动起来的风，把郢地一个刷墙者鼻尖上的白灰砍下去，却丝毫也不伤人；所谓"思郢质"，则说的是如果没有那个郢人对那个巧匠的信任和无所畏惧的品质，那个名叫"石"的巧匠就不能够"运斤成风"，也无法成功。在这个意义上，可以说这个典故告诫世人这样一个道理：诚信能够使人变得贤能，而要想成为一个贤能的人，则必须学会诚信。

综上所述，李仁老创作《和归去来辞》，是诗人遵从高丽中期以来文坛上形成的"学苏、崇陶"这一诗歌伦理的必然结果。但是，这并不意味着李仁老的《和归去来辞》，只是诗人对苏轼和陶渊明的有意效仿。实际上，李仁老创作《和归去来辞》，与诗人表达自身的伦理困境和伦理诉求的需要有着不可分割的关系。我们认为，李仁老的《和归去来辞》有多方面的意义和价值，而其中最重要的价值就在于它所蕴含的伦理内涵。仔细阅读李仁老的《和归去来辞》，我们会发现其中不仅有诗人针对仕途的伦理困境所发出的伦理诉求，也有诗人根据自己的道德判断和价值判断所作出的伦理选择。尽管李仁老的《和归去来辞》在伦理选择上与陶辞"和而不同"、显得有些消极，但它在作出伦理选择的同时，通过对老庄哲学和其他经典文献的阐述向世人发出的种种道德教诲与道德警示，则具有不可忽视的伦理价值。

参考文献

[朝鲜]金富轼. 三国史记[M]. 卷四十六 "强首条".
聂珍钊. 文学伦理学批评导论[M]. 北京：北京大学出版社，2014.
李泽厚. 美的历程[M]. 天津：天津社会科学院出版社，2001.
袁行霈. 陶渊明集笺注[M]. 北京：中华书局，2003.
魏耕原. 陶渊明论[M]. 北京：北京大学出版社，2011.
[韩]李仁老，崔滋. 破闲集·补闲集[M]. 首尔：亚细亚文化社，1972.
[韩]徐居正等编. 东文选[M]. 卷65. 首尔：民族文化促进会，1989.
[韩]韩国诗话选[M]. 韩国：太学社，1983.
[韩]南润秀. 韩国的和陶辞研究[M]. 首尔：亦乐出版社，2004.
[韩]闵丙秀. 韩国汉诗史[M]. 首尔：太学社，1996.
[韩]徐首生. 高丽朝汉文学研究[M]. 首尔：萤雪出版社，1971.
崔雄权. 论韩国的第一首"和陶辞"——兼及李仁老对陶渊明形象的解读[J]. 东北师大学报：哲学社会科学版，2008，3.
王进明. 高丽朝李仁老《和<归去来辞>》的文学渊源及其深远影响[J]. 民族文学研究，2014，1.
[韩]金周淳. 《归去来兮辞》与李仁老《和归去来辞》比较研究[J]. 中国语文学，2003，42.
[韩]金美淑. 李仁老的和归去来辞研究[D]. 岭南大学研究生院，1989.
卢又祯. 陶渊明诗文在韩国汉文学中的传播与接受[D]. 南京大学博士学位论文，2011.
刘艳萍. 韩国高丽文学对苏轼及其诗文的接受[J]. 延边大学学报，2008，4.
姜夏，尹允镇. 论李仁老汉诗与中国文人之关联[J]. 东疆学刊，2017，1.

杨松冀. 苏轼和陶诗与陶渊明诗歌之比较研究[D]. 中国人民大学博士学位论文，2010.
宋崇凤. 陶渊明的道德理想简析[J]. 九江师专学报：哲学社会科学版，1991, 1.
李景刚. 陶渊明与托尔斯泰的道德自律[J]. 名作欣赏·学术版，2018, 3.

作者简介

池水涌，华中师范大学外国语学院教授，文学博士
研究方向：韩国文学，中韩比较文学
通信地址：湖北省武汉市洪山区珞喻路152号华中师范大学外国语学院
电子邮箱：chishuiyong@163.com

友善的人·灵验的神·空虚的国库[1]
——李恒福《朝天录》中的明朝形象

北京外国语大学 韩梅

摘 要：1598年，即壬辰战争末期，访明的朝鲜重臣李恒福在《朝天录》中将中国形象塑造为友善的人、灵验的神、空虚的国库，对比战争前朝鲜文学中的中国形象有了好转和创新。究其原因，战争爆发后，朝鲜王朝在危难之际得到明军援助，整个民族对明具有了大量正面体验，产生感恩和友好的感情；作者李恒福还对明朝巨大的财政支出深有体会，因而能够发现明朝的财政危机，并归因于战争，强调明朝为朝鲜做出的牺牲。战乱造成的磨难促使朝鲜人信仰多元化，促进了他们对明朝多元文化的认同。总之，李恒福《朝天录》中的明朝形象体现出当时朝鲜对明认识正面化的特点，证实战争期间的援助对改善国家形象发挥了很大作用。

关键词：朝鲜；李恒福；《朝天录》；明朝形象；壬辰战争

1. 序言

14世纪后半期，中国和朝鲜半岛先后实现了王朝更迭，明王朝和朝鲜王朝建立之后，基本奉行闭关锁国的外交政策，两国之间的交流主要是使臣互相访问。直到1592年日本发动侵朝战争，明朝派大军援朝，在持续七年的战争期间，二十多万明朝将士驻扎在朝鲜半岛，促成了两国从高层到底层实现了前所未有的大范围近距离接触，加深了相互了解。作为其产物之一，16世纪末至17世纪，朝鲜文学史上诞生了众多书写明朝形象的作品，表现出这一时期朝鲜民族对明王朝的认识，其中也不乏高官要员之作。

李恒福（1556—1618年），号白沙，是朝鲜中期重要的政治家、文人，曾任兵曹判书、礼曹判书、左议政、右议政、领议政等职，是16世纪末至17世纪初朝鲜的宰辅重臣。他出身名门，其远祖是高丽后期的名相李齐贤，父亲李梦亮曾任刑曹判书、右参赞等高官，岳父是在壬辰战争中取得幸州大捷的名将权慄。在政治倾向上，李恒福属于西人一党。

1580年李恒福科举及第，先后担任正言、修撰等言官之职，1589年参与审理东人党郑汝

---

[1] 国家社科基金规划项目"16—17世纪朝鲜文学中的中国形象研究"（项目编号：13BWW025）的结项成果之一。

立案件，以"明敏"得到国王宣祖的赏识。1592年日本入侵朝鲜，壬辰战争爆发，李恒福作为都承旨扈从宣祖北上，途中被任命为兵曹判书，在战争期间主管军务，并负责与明朝军方联系。1598年战争结束，李恒福任右议政，后又升左议政、领议政，位极人臣。1608年光海君（1608—1623年在位）即位，大北派上台，但在激烈的党派斗争中，"光海亦重公德望，颇委任公。"1618年，光海君废黜仁穆大妃，李恒福表示反对，遭罢免、流放，病故于流放地（장유，1991：461）。

作为当时朝鲜王朝重要的政治家、外交家之一，李恒福为取得壬辰战争的胜利做出了贡献。"壬辰之变，执靮芰舍，周旋先后，竭知尽瘁。中兴谋猷，大抵出于公者居多"（장유，1991：467）。时人认为李恒福最大的功劳有三：一是在战争初期"首建大策，请援于天朝。既而掌本兵，赞睿谟，奔奏先后"。在朝鲜军队节节败退、国家存亡面临威胁之际，他力排众议，率先提出向明朝请兵，并作为兵曹判书负责与明军协调作战，为战争胜利做出了重要贡献。二是1598年他作为陈奏使出使明朝，对于兵部赞画主事丁应泰针对朝鲜的弹劾进行辩解，获得了万历皇帝的认可，"使国诬洞雪而主忧以释，则其功益伟矣"。三是他坚决反对光海君废母，不惜为此牺牲了官职和性命，维护了纲常大义。（장유，1991：151)在朝鲜王朝危难时期，李恒福出将入相，殚精竭虑，出谋划策，"其规画建白弈弈在人耳目者，不可一二数"。因此，人们称赞他"功存社稷，泽及生民"，是"国家之柱石，士流之冠冕"。（장유，1991：461）李恒福不仅在政界有着崇高的威望，在民间也非常有名，迄今仍流传着关于他的很多传说，赞扬其智慧和忠诚。

本文拟研究的作品是李恒福1598年访明时所作的《朝天录》，这次出访的主要目的就是"辩诬"，即代表朝鲜对丁应泰的弹劾做出回应，消除明王朝对朝鲜的疑心。一行人1598年10月21日辞朝，当时持续六年的壬辰战争已经接近尾声。1599年1月23日抵达北京，做出申诉，3月18日启程回国，4月24日回到朝鲜。作品即创作于出访期间。

"丁应泰弹劾朝鲜事件"发生于1598年1月。当时，兵部赞画主事丁应泰入朝赞襄军事。5月回京后，他上书弹劾当时在朝鲜负责战事的经理杨镐谎报军功，致使杨镐被罢免。朝鲜两次遣使为杨镐辩护，引起丁应泰不满，他便上书弹劾朝鲜"招倭复地，交通倭贼""轻藐中国，移祸天朝""结党群奸，朋欺天子"（실록청，1608—1618：6）。朝鲜分别于1598年7月、8月、10月派出崔天健、李元翼、李恒福三个使团出使明朝辩解，但前两次"辩诬"都未能成功，朝鲜朝廷将希望寄托在了李恒福身上，特意将其擢升为最高官职——右议政，以示重视，李恒福遂成为朝鲜王朝向明朝派出的最高级别官员，同时也成为《朝天录》系列作品中官职最高的作者。

作为朝廷高官，李恒福在《朝天录》中刻画的明朝形象代表着当时朝鲜高层对明朝和明朝人的认识，通过对其研究，可以了解16世纪末朝鲜高层如何看待明朝，并探究其原因，从而把握这一时期朝鲜对华认识的特点，并通过对比确定1592－1598年壬辰战争期间明朝援朝抗日是否对朝鲜的对明认识产生了影响，从而进一步深入理解朝鲜对华观的形成机制。

迄今为止，专门研究李恒福《朝天录》的研究成果只有两篇韩国学者的论文。《백사 이항복의〈조천록〉연구》从异国景物的感叹、使行旅程中的哀欢、忧国爱民的衷情、历史的鉴

戒四个方面对作品的主题进行了归纳（이성형，2006：421-451）。《이항복의〈조천록〉소고》则较为详细地介绍了使行的始末及《朝天录》在体例、内容和叙述方式上的特点（서한석，2009：359-391）。两篇文章为我们了解该作品的各种基本信息提供了帮助，但是目前尚未有对该作品中中国形象的专门研究。

因此，本研究拟以壬辰战争末期李恒福的《朝天录》为对象，考察这一时期朝鲜重臣眼中的明朝形象特点，并结合当时的历史语境从朝鲜对明的社会集体体验、作者个人及其所属集团的对明特殊体验等方面分析该形象的形成原因，为深入理解朝鲜对华观的形成机制提供参考。

2. 友善的人物：受援体验改善已有认知

自16世纪前期到壬辰战争爆发之前，朝鲜文学中的明朝人多以负面形象出现。如1533年苏世让的诗文描写了无德的皇帝、傲慢的官员、贪婪的官吏等明朝人形象（소세양，1988：339、333、333），"幽燕一路，唯赂是殉，蠢无羞恶心，固有朝衣而狗苟者"（주세붕，1988：163）甚至成为朝鲜人的一种普遍认识。1574年许篈的《荷谷先生朝天记》、赵宪的《朝京日记》也描写了陈言等明朝的不少贪官污吏。但是在1598年李恒福的《朝天录》中，也不乏"狼尤贪墨，需索甚烦"（이항복，1991：428）之类对贪官的记录，但是增加了很多对明朝高官和底层民众热情、友好形象的描写。而且这些部分多采用对人物细微的表情、动作等细节描写，生动地刻画出人物形象，给读者留下深刻的印象，使明朝人的正面形象在这一作品中成为主流，极大地改善此前朝鲜文学中的中国形象。

文中首先描写了与曾经访朝的故人在北京街头的邂逅，通过一连串动作描写细致刻画出明朝人的热情与友好。

> 行到朝阳门外，车舆杂沓，男妇骈填（同"阗"）。众中有一人急呼李尚书来矣，雀跃而来。视之，乃往年随杨册使往釜山者，即京营选锋韩姓人。来便执鞚驻马语，良久不忍别。踽踽异域，得逢旧面，即无论微贱，欢意可掬，仍与立别。入门行数里，后路有驰马而来者。回顾则韩选锋借骑追来，仍并舆路上，意甚欸欸（同"款款"）。中华之人眷厚如此（이항복，1991：437）。

在车水马龙、人头攒动的繁华街市，曾经访问朝鲜的韩姓京营选锋竟然认出了刚刚进入北京城的李恒福，"急呼"着"雀跃而来"，走到身边"便执鞚驻马语"，很长时间都"不忍别"。分手之后又恋恋不舍地"借骑追来"，跟着李恒福等人"并舆路上"。这一连串动作描写一气呵成，说明人物做这些的时候完全不假思索，表现出他对与李恒福相遇的由衷喜悦。京营是明朝部署在京城周围的军队，选锋本指京营中负责操练军队的东西两官厅，此处是指属于两官厅的人员。从身份上来说，这位韩姓军人可能是个低级军官，1596年随明朝派出与日本讲和的封倭明使杨邦亨出访朝鲜，与负责接待的李恒福有过交集。尽管如此，"即无论微贱，欢意可掬"，偶然重逢时明朝军人热情的态度令李恒福感受到了对方的深情厚谊，感叹"中华之人眷厚如此"。

除了这个人之外，李恒福的《朝天录》记录两国军政外交大事的间隙，还插入了对两个平

民的描写，进一步凸显了明朝民间百姓对朝鲜的友好。一个是一行人借宿在辽阳某馆夫的草房时，馆夫之子马长守对使团一行极为亲热，不仅"供给颇勤"，提供各种周到的服务，而且对于使团出入，"必与之指导"。虽然对方不过是馆夫之子，身份差距极大，但深受感动的李恒福赞其为"真异乡亲旧"（이항복，1991：427），强调了明朝百姓的友好和热情。此外，作品中还描写了使团在路上接济的一个曾经入朝的明朝商人。

> 先是，行过干乾河，歇鞍道傍，有汉人弊衣来，叩头乞哀。自言系是怀远馆夫亲属，因商入朝鲜，赴董提督军中。泗川之败，脱身走回，转乞资生。余除饭与之，命厨人减米以赈。其人因与偕行。凡山川铺店，一一指教，所止必助给薪水，买办蒭豆。虽屡遭困辱，益勤不懈。及到辽阳，与其父偕来叩谢，言无以报恩，愿送至山海关（이항복，1991：427）。

此人自称去朝鲜经商，在提督董一元军中，董一元的军队在泗川战役中战败，他逃脱后一路乞讨回国。据《宣祖修订实录》宣祖31年（1598年）10月1日记载当时赴朝指挥作战的兵部尚书兼蓟辽总督邢玠分调诸将同时进攻各地的日军，董一元进攻泗川，"为贼所败，死者尤多"（설록수정청，1623-1657：14），可见明军损失之惨重。这名随军商人能够逃出，已属侥幸。李恒福许他随团同行，并一路予以接济，应该出于同情。此人一路上为一行人详细解说沿途情况，在停歇时帮忙干各种活计，回到家乡后，其父也前来叩谢，并愿将一行送至山海关以作报答。从其所作所为来看，他受到帮助后心怀感激，努力以力所能及的方式报答，表现出知恩图报、有情有义的特点。

以上这几个人作为军人、商人等平民阶层，虽然社会地位不高，但是对待朝鲜的情意却在李恒福的《朝天录》中得到了细致描述，凸显了明朝民众友善的鲜明形象。作品中也以同样的方法详细描写了明朝高官与朝鲜使臣的会面，描写出他们对朝鲜的亲厚，强调了明朝上层的友好、热情。

为了完成使行任务，李恒福等人寻找一切机会向明朝官员解释，为本国辩白。在入朝当天，完成参拜、领钦赐酒、谢恩等一系列官方程序之后，李恒福在五凤门东廊等候当朝阁老沈一贯。

> 忽有人传呼阁老来矣，余与一行跪于路侧。阁老住立，问何事，余具言其故。阁老即令起来，接袂而立，亲受呈文看过。余乃以海东诸国纪逐条翻阅，指示论辩。阁老连称晓得，仍反复数次。时天气尚早，朝寒政（同"正"）紧。阁老因此久立，冷泪盈眶，频以手拭之（이항복，1991：433）。

引文详细描写了沈一贯与作者交流的情景。沈一贯（1531—1615年）时任内阁大臣之一，是拥有决策权的四位高官之一，当时已年近七旬，下朝途中遇到朝鲜使臣拦路为本国辩解。得知情况后，他"即令起来""接袂而立"，"亲受呈文看过"，对对方的解释"连称晓得"，而且"反复数次"。由于天气寒冷，在路边久立的他频频擦拭冻出的眼泪，仍然耐心听对方逐条辩解。这一系列动作饱含感情，让和蔼、宽厚的老人形象跃然纸上。

由于丁应泰的上疏也牵涉军务，除了寻找机会向内阁大臣剖白外，李恒福也多次前往兵

部辩解。在很多人就座的兵部朝房,刑部兼理兵部事务的萧大亨也非常和蔼可亲。"余每一开话,萧辄顾左右微笑"(이항복,1991:439),用细微的表情和动作表示认可。数日后,李恒福等人再次访问兵部,借上呈咨文的机会"仍申前语",并拿着丁应泰上疏中提及的《海东诸国记》《五礼仪》《舆地胜览》等朝鲜书籍"论辩不已","萧亦累累数千百言","不觉日晚,萧久立不倦"(이항복,1991:439-440)。朝鲜使节再次申辩,萧大亨与对方用笔谈的形式耐心地进行了长时间的沟通,充分表现出尊重和理解。

从以上内容来看,阁老沈一贯、兵部尚书萧大亨等明朝官员都对朝鲜使臣的"辩诬"行为都表现得极有耐心,态度亲切友好。因此,李恒福感叹"操凡幸逢贤国老,肯教冤奏竟空归"(이항복,1991:439)。

如上所述,李恒福的《朝天录》通过对明朝人表情、动作、言谈等的详细描写,塑造出明朝下层民众和上层官员友善、仁厚的形象,从而改善了此前朝鲜文学中多呈负面的明朝人形象。根据形象学理论,异国形象的形成原因要从作者所属民族的社会集体想象物和个人的特殊体验中去寻找。当然,"想象物"并非无源之水,多来自现实中的相关体验。得到极大改善的明朝人形象也是如此。

就当时的历史语境而言,日本发动战争,明朝派军援朝,是东北亚地区的大事件,也是朝鲜民众关于明朝最重要、最直接的社会集体体验。1592年4月遭到日军攻击后,毫无防备的朝鲜军队节节败退,很快京城陷落,大半国土沦陷,国王宣祖带领官员北上避难,直抵义州,甚至提出内附。(실록청,1608-1618:17)在朝鲜危亡之际,明朝应其请求派军支援,1592年12月李如松率大军入朝,1月7日即攻克平壤,后接连收复开城、都城汉阳,并乘胜南下,收复大部分失地,解除了朝鲜的危机,因此朝鲜民族对明朝十分感激。据笔者统计,自1592年12月至1593年12月之间,尹斗寿、柳根、崔岦、车天辂等朝鲜文人创作了150首诗歌表达对明朝、特别是明军将领的感激之情。例如,"收取东藩数百州,驱除妖孽海南头。杖公兵甲旌旗力,雪我君臣父子羞。德与华山终古峻,恩从汉水至今流"(차천로,1991:368)。对明军的感恩是朝鲜民众特别是上层直接的集体体验,并在诗歌创作中加以想象,使其成为一种社会集体想象物。

在入朝期间,对于饱受战争之苦的朝鲜百姓,明军也多次伸出援手,发军粮赈济饥民(유성룡,2007:253),"见小儿匍匐,饮死母乳,哀而收之,育於军中"(유성룡,2007:204)等等,让朝鲜民众对明朝拥有了直接的正面体验,并借助文学想象塑造为社会集体想象物。17世纪初流传的《刘海》的故事就讲述了孤儿被明军收养后成长为将领的故事(유몽인,2006:59),反映出朝鲜民众受到明军援助的正面体验。同一时期《红桃》的故事将活动舞台从朝鲜半岛扩展到中国,讲述了明朝民众对朝鲜人的帮助(유몽인:2006:44),描绘出明朝民众的热情、友好、善良。故事的结尾是两国人合为一家,表明在战争中受到明朝援助的朝鲜民众开始将明朝人视为一家人。类似故事在同时期小说《崔陟传》(조위한,2005:421-452)以及诗歌(이민성,1991:252)等多种文学作品中传播,进一步证实这种对明的积极体验和想象作为社会集体想象物被朝鲜人广泛接受。

不仅如此，1598年底才彻底结束的壬辰战争是东北亚古代历史上耗时最长、规模最大的一场国际战争，引发了明与朝鲜两国间大规模的人员流动，增进了两国各阶层之间的了解，加深了相互之间的感情。在共同抗敌过程中，本就有"同袍之谊"的两国将士很容易培养出深厚的友情，明朝水军提督陈璘与朝鲜三道水军统制使李舜臣就在联手作战的过程中成为了朋友（유성룡，2017：318-319）。这些都为朝鲜民众改善对明朝人的认识奠定了基础。

就个人因素而言，李恒福在战争初期率先提出向明朝请兵，表明他对明朝本就怀有信任。在送别甫一入朝就扭转了战局的明将李如松时，他用诗歌回顾了对方奉旨出征的经过，称赞其救援大功，并以"留像浿江隈"（이항복，1991：165）表达了永远铭记恩情的态度。战争期间，他在与明军协调合作的过程中，与很多明朝官员、将领结下了私人间的友谊。上文提到的韩姓士兵所跟随的明使杨邦亨与李恒福就有密切的交往，非常欣赏他的才干，称赞他"东方有此人物，何可以外国轻之？"（장유，1991：461），李恒福"感激由中"（이항복，1991：457），送别之时，"向风引领，能不依依""别后怅怅，心焉如失"（이항복，1991：452），可见二人友情之深。这些说明战争期间的个人特殊经历使李恒福具有更为丰富、也更为正面的对明体验和认识。

参照以上内容我们可以看出，李恒福《朝天录》中以多处细节描写塑造了友善、热情的明朝官员与平民形象，极大改善了此前朝鲜文学中明朝人多负面形象的状况，而这种变化基本都来自壬辰战争时期朝鲜对明朝援助的社会集体体验与想象，以及作者个人更为丰富、积极的对明体验与认识，壬辰战争中明朝援朝极大地改善了明朝人在朝鲜民众心目中的形象。

3. 灵验的神仙：战乱体验促使信仰多元化

由于国土辽阔，民族众多，自古以来我国就是个多元文化并存的国家。与此同时，儒释道文化也对朝鲜半岛产生了很大影响。1392年建立的朝鲜王朝以性理学为建国理念，性理学的地位逐步提高。进入16世纪之后，性理学开始上升为社会主流意识形态，占据了垄断性地位。以士林派为中心的性理学者们将道教、佛教乃至阳明学等性理学之外的宗教、思想皆视为异端，不遗余力地加以排斥，明朝儒释道共存的社会现实逐渐在《朝天录》等作品中成为否定的对象。这在1533年苏世让的《朝天录》中已露出端倪，在1574年许篈的《朝天录》中表现得极为突出。然后，李恒福的《朝天录》对明朝的道教文化予以了相当程度的认可。

在吟咏天妃庙的诗作中，李恒福写到，"丰碑文字出欧阳，螭首龟趺照水乡。金母夜回丹凤驾，玉皇朝荐紫霞觞。河流受镇风涛静，商旅祈灵彩胜长。"（이항복，1991：427）诗歌首先描写了碑文的字体、石碑的形制，继承了朝鲜朝文人将寺院和道观视为文化场所的传统。接下来，诗歌描绘了"金母"和"玉皇"两位神仙的形象。从诗句内容和与玉皇对仗的表达方式来看，作者描写的天妃——"金母"是道教文化中的王母娘娘，这说明李恒福对天妃信仰并不了解。接下来的"河流受镇风涛静，商旅祈灵彩胜长"则肯定了天妃作为水神保护商人的神异能力。天妃，又称妈祖，原名林默，北宋福建莆田湄洲屿人，生前是一位女巫，死后被当地人奉为神灵，宋宣和五年（1123）首次得到褒封，发展为保护航海者海上交通安全的航海保护

神。妈祖信仰流传渐广，自宋至明得到多次敕封，封号也从"夫人"升至"天妃"。（范丽琴，2020：6)，李恒福将其视为王母，大概是犯了望文生义的错误。但他并未否认天妃的神奇法力。

供奉东岳大帝的东岳庙是北京一处著名的道观，明朝时是道教正一道在华北地区的第一大丛林，也是朝鲜使臣入京后更衣的地方(이항복，1991：439)，因此，很多朝鲜文人留下了以东岳庙为题的诗作。但是，即便这些文人在诗歌中对寺庙很感兴趣，进行了细致的描写，但一定要写下两句表示否定的诗句，表明正宗性理学者的立场。1533年访明的苏世让（1486—1562年）批评建造如此宏大的道观是"枉将民力费无穷"(소세양，1988：327)。1587年访明的裴三益（1534—1588年）指出道教的神仙之说"事出无稽正可疑"(배삼익，2005：255)。

李恒福的作品中却不见对道教批评的论调，而是在诗歌中向神仙倾诉国家蒙冤的悲愤之情，表示"怀疏昔过黄龙府，西岳神宫荐香藻。期将直道感灵贶，岂以淫辞激神恼"，说明一行人已在辽东的西岳庙向西岳大帝虔诚地祈求此行顺利。接下来的诗句"道者六人心貌闲，仙衫远挹蓬莱灏"写道观中的道士们仙风道骨，"真君高拱万灵中，照壁长射圆光好"描绘观中供奉的东岳大帝庄严肃穆，进一步营造出神圣的气氛。最后两联——"开门顶礼若有闻，精感人天天亦老。分外玄裳倘再逢，冥报唯当期结草"(이항복，1991：442—443)，表明一行人再一次向神仙祈愿，希望保佑此行完成使命，表现出对道教神仙的服膺。以性理学立国的朝鲜朝文人、官员竟然三番两次地向道教神仙诚心祈愿，在壬辰战争之前绝不可能。在另一首诗作《次月沙天坛奇想韵》中，李恒福对道士超现实的能力也表示了认可。"遥忆祈灵太一宫，丹台无路御冷风。天师政在三清阁，时送箫笙入梦中。"他在这首诗歌特意加注说明，"前年大旱，天子召张天师至京师祈雨，天遂大雨。天师因留天坛未还云。"(이항복，1991：439)可见这首诗主要写的是张天师。"天师"的名号统称道教创始人——东汉的张道陵及其衣钵传人，他们自称拥有法力，也相当于神仙之体。明朝开国之初，太祖朱元璋承袭元朝的做法，任命天师，授予"护国阐祖大真人"称号，命其掌管天下道教事务(李昶，2012：132)。这种对"异端"的扶持一直被16世纪朝鲜士林派文人所诟病。1574年许篈访明时直斥，"太祖之为法也，设僧道录两司，以缁黄污秽之流而厕玉佩铿锵之地。其何以示后嗣而正四方乎？"(허봉，1988：444)然而，李恒福的诗歌中不仅未见对道教或明朝多元文化的批判，反而表现出对道教神仙信仰的认同，与战争前朝鲜文学中对明朝多元文化的批判形成反差。

李恒福《朝天录》中对明朝道教文化的认可与壬辰战争中朝鲜民众极端的负面体验有关。残酷的战争给朝鲜社会各阶层造成巨大的打击，大批人员伤亡获被掳到日本。据不完全统计，在1592年至1593年日军第一次进攻过程中有很多女子遭到暴行，仅记录在《东国新续三纲行实》的女子"义烈"而亡事件就有435件，实际遇害人数远高于此(이숭녕，1966：223)。更多的人流离失所，国王和官员也在战争初期颠沛流离，王子甚至成了日军的俘虏。失去亲人和家园的痛苦以及朝不保夕的不安定感给整个民族造成巨大的心理创伤，而只谈生不谈死的性理学难以提供精神慰藉。因此，能够提供非现实性解决方案的神仙之说、风水之说、命数之说等等重新回到人们的视野之中。举例来说，国王宣祖本是坚定的性理学信奉者，战后却开始相信命数之说(한명기，2000：142)，也多次让人通过明军聘请明朝的风水先生(실록청，1608—

1618：12）。这种倾向不仅限于国王一人，而是在整个社会蔓延。例如，战争期间，朝鲜性理学最为纯正的学者李滉、曹植的弟子郑琢（1526—1605年）专门抄写过一本书，内容全部是法术、符箓、咒语、占卜、奇门遁甲等等（박종천，2016：83），作者意图通过道教的神秘法力为国家排忧解难。这种种例子说明，为了解决眼前的危机，正统的性理学者也不得不求助于"怪力乱神"。

除此之外，入朝明军也为扩大道教文化在朝鲜半岛的影响发挥了作用。在明太祖朱元璋的提倡之下，关羽信仰在明朝发展到一个新阶段，成为军人的精神支柱，朝廷先后在南京、北京建关羽庙，进行祭祀（包诗卿，2008：154）。这曾受到士林派文人许葑的强烈质疑——"云长之精神气魄，死后不能扶汉之亡，而乃云佐佑太祖于数千载之下者。宁有是理哉？（허봉，1988：409－419）"但到了二十余年后的壬辰战争后期，明军汉阳崇礼门外建起了一座关王庙。柳成龙记载，"庙成，上亦往观之。余与备边司诸僚随驾诣庙庭，再拜"（유성룡，1988：321）。明军将关羽信仰带到了朝鲜，得到了朝鲜上层的认可，而对道教神仙的顶礼膜拜也就成了一件自然而然的事。

战争给整个朝鲜王朝造成巨大的冲击，战争的磨难使士林派学者一个多世纪以来苦心经营的性理学垄断地位产生了动摇，人们开始从神秘的宗教文化中寻求安慰，明朝的关羽信仰、风水思想等也随着人员流动传入朝鲜，契合了当时朝鲜民众的心理需求，促进了朝鲜社会思想文化的多元化，以神异之力为标签的道教文化从上层开始被重新接纳。因此，在这一时期李恒福等朝鲜文人能够坦然接受明朝的道教文化，灵验的道教神仙形象由此诞生。而在认可多元文化这一点来说，朝鲜王朝与明朝开始趋同。

4. 空虚的国库：个人特殊体验提供原因

如前所述，李恒福描写了亲厚的明朝人，表达了友好的态度，描述灵验的神仙，表现出对明朝多元文化的认可，但是他并未陷入对明朝的盲目肯定，而是以较为冷静的态度进行观察，并揭示出明朝的危机。

通过明朝各地给使节提供车马、馆舍，李恒福觉察到明朝财政的困窘。"东征事起，一路车马凋弊。守驿之官，至于典衣贳马，广宁尤甚。吾等一行，因此留二日不得发。"（이항복，1991：427）一路行来，各地驿馆官吏要典卖衣服给使臣租赁车马，广宁甚至无计可施到让使臣停下等候。使节沿路入住的馆驿也不乐观，"乱后，馆宇颓圮，人不得处。权寓于馆夫草房，隘陋不可言"（이항복，1991：427）。一品大员被迫借宿馆夫的茅屋，足以让人想象出馆舍的破败程度。

文中还记录了广宁商人罢市事件，进一步证实了明朝财政的困窘。

> 行到广宁留一日，时一城商贾皆闭铺不坐市，列肆寂然。下人凡有所需，多不得买卖。怪问其由，广宁人言，都御史李植将拓地于辽右，驱出鞑房，筑城于旧辽阳，发民起城役，加征科外商税。至於人家间架，皆有税以助其役。辽民因大怨，一时废肆（이항복，1991：449－450）。

广宁商贾罢市,是因为都御史李植为了在旧辽阳筑城,强迫百姓增服徭役,并且增收商税。李恒福了解发现,在辽东筑城的建议是前辽东总兵李成梁所提,目的是加强对女真的防御,保障北部的安全,从当时及后来的局势发展来看,建议具有合理性,但当时因"东征事起,议竟不行",如今朝鲜战事接近尾声,此事被重新提起(이항복,1991:449—450)。但是在"东征"之后,明朝财政已无力负担这笔费用,只能额外向百姓加征赋税徭役,因而引发了罢市。

在此前的朝鲜文学中,对于明朝的社会经济状况一般从城市面貌和民生两个角度入手描写。如15世纪诗歌写"雕甍连画栋,甲第耀琼瑶。绛帐笼朱屋,红尘匿玉桥",用华美的意象写建筑之宏伟壮丽。"万口日喧阗,东西大市边。连衽遮似屋,挥汗落成泉。酒饼开千店,金钱列百廛"(성현,1988:268)以夸张的手法描绘商业的繁荣。文中提到的广宁在15世纪朝鲜文人的笔下同样是"城池深峻严兵卫,人物繁华乐鼓钟"(최숙정,1988:26)的"繁庶真名都"(권근,1996:61)。进入16世纪,性理学思想影响越来越大,文人们越来越多地关注民生。"年年菽粟不登场,哀哀赤子多流亡。草根木实无留藏,在处道馑还相望。鬻妻卖子不充肠,啖人之肉如啖羊"(소세양,1988:328),描写明朝饥民的悲惨处境,表达爱民思想。

李恒福观察和书写明朝的视角与前人有很大的不同。他描写车马凋敝、馆舍破败、商人罢市,并不是要揭示官吏或商人等某一团体的困境,而是将焦点集中在明朝的财政方面,从国家宏观经济角度看待这个问题,体现出老练务实的官员特有的视角。他在描写这些现象的同时,断定其根本原因都是"东征事起,府库虚耗"(이항복,1991:445),承认壬辰战争期间援朝抗日是导致明朝财政危机的主要原因。这种说法不无道理。壬辰战争是明军在境外作战,规模大,持续时间长,导致所需军费激增。据初步估算,明军在壬辰战争中投入白银2000万两以上(万明,2018:107)。巨大的战争费用很快就将明朝在万历初期张居正改革积累的财富消耗殆尽。当战争进行到第七年,即李恒福访明的1598年,明朝已经财源枯竭,出现了财政危机(万明,2018:104)。朝廷只能靠增税、卖官等手段补充财源,却进一步加剧了内部矛盾。李恒福《朝天录》中有关描写就从一个侧面反映出这一现实。

李恒福在出使途中见微知著,透过凋敝的车马、颓坍的馆驿、停业的市集,看出明朝深刻的财政危机,并将其归因于壬辰战争中派军援朝,这源于他在战争期间个人的特殊体验。壬辰战争期间,他五次出任兵曹判书,作为军方首脑与明朝兵部、驻朝军方统帅协调,安排对明军的补给供应等等。其文集中"赴刘提督军议事"(이항복,1991:160)"杨经理在镇江城,召使来议军事"(이항복,1991:168)等记录以及给明朝官员的二十多封书信证实他与明朝官员联系密切,因而能更加深刻地体会到明朝对这场战争的巨大投入。仅以粮草为例,考虑到朝鲜筹措粮草不易,明朝在派军入朝前准备好粮草,并于开战之际运到两国边境地区(陈尚胜,2012:174—182)。除去军饷,明朝先后派出二十万大军在朝鲜驻扎六年之久,所需粮草的购置和运输费用也是一笔巨大的开支。对此,直接负责与明朝交涉相关事宜的李恒福自然深有体会。因此,他能够透过表象看出明朝财政困窘的本质,并指出其根源在于"东征"。这种归因方式承认明朝为壬辰战争付出的巨大代价,从而突出了明朝对朝鲜的恩重情深,表现出李恒福

强烈的感恩意识。

不过，需要补充的是，李恒福虽然多次强调壬辰战争是造成明朝国库空虚的主因，但也提到皇帝的骄奢淫逸（이항복，1991：445）、官员的贪墨（이항복，1991：427）同样是导致明朝财力虚耗的原因，体现出李恒福看待问题的客观与全面。

5. 结 论

如上所述，在壬辰战争结束前夕访问明朝的朝鲜重臣李恒福在《朝天录》中塑造的明朝形象可以概括为友善的人、灵验的神仙及被战争耗空的国库。与之前特别是壬辰战争爆发之前16世纪朝鲜文学中的中国形象相比，这一作品中的人物形象有了很大的改善，道教文化也从被否定的对象变为被认同的对象，对财政困境及其原因的揭示独具新意。

这些明朝形象的变化和创新与该作品产生的历史语境具有密切的关系。由于壬辰战争爆发，明朝派军入朝援助，扭转了战局，其间也救助了一些朝鲜民众，明与朝鲜的将领、官员也有了更多直接接触的机会，朝鲜对明朝和明朝人产生了大量的正面体验。作为主管军事的官员，作者李恒福对明朝的体验不仅限于此，他对明朝为战争的巨大投入有着更深的体会，这些个人的特殊体验使他对明朝和明朝人具有更大的好感，也能够更敏锐地发现明朝的财政危机，并将原因归于明朝派军援朝，强调明朝为救助朝鲜做出的巨大牺牲。与此同时，16世纪逐渐成长为朝鲜主流意识形态的性理学垄断地位产生动摇，人们开始重新从道教等多种宗教信仰中寻求精神安慰，促使朝鲜人转而认同明朝的道教文化。总之，1598年李恒福所作《朝天录》塑造的明朝形象体现出壬辰战争期间朝鲜、特别是上层对明感恩的感情，反映出这是一时期其对明认识的特点，证实援助之举对改善朝鲜民众心目中的明朝国家形象、促进其对明朝的理解发挥了作用。

参考文献

권근. 숙안산역[M]. 양촌선생문집 권지6, 한국문집총간 7집. 서울: 민족문화추진회, 1996: 61.
최숙정. 광녕위[M], 소요재집 권지1, 한국문집총간 13집, 서울: 민족문화추진회, 1988: 26.
万明. 万历援朝之战时期明廷财政问题——以白银为中心的初步考察[J]. 古代文明，2008, 12, 3: 93-107.
박종천. 임진왜란시 도교 술법의 수용——정탁의 <약포선조유묵>을 중심으로[J]. 종교와 문화, 2016, 31.z81-122.
배삼익. 동악묘 차운[M]. 배삼익: 임연재선생문집, 한국문집총간 속간 4집, 서울: 민족문화추진회, 2005: 255.
范丽琴. 福州地区古代妈祖信仰的传播[J]. 妈祖文化研究，2020(16)：6-14.
서한석. 이항복의 〈조천록〉 소고[J]. 한문교육연구 2009(32): 359-391.
성현, 영평 십수, 허백당집, 한국문집총간 14집, 서울: 민족문화추진회, 1988: 268..
소세양. 동악묘[M], 양곡선생집 권지3. 한국문집총간 27집. 서울: 민족문화추진회. 1988: 327.

소세양. 三月初六日, 帝視朝, 乃受賞賜[M], 양곡선생집 권지3, 한국문집총간 27집, 서울: 민족문화추진회, 1988: 339.

소세양. 실풍령 희작 [M], 양곡선생집 권지3, 한국문집총간 27집, 서울: 민족문화추진회, 1988: 333.

소세양. 漁陽館蓐食將发, 闻御史入州, 馹马亦不至, 怅然作[M], 양곡선생집 권지3, 한국문집총간 27집, 서울: 민족문화추진회, 1988: 333.

소세양. 영원포, 봉노수가, 양곡선생집 권지3, 한국문집총간 23집, 서울: 민족문화추진회, 1988: 328

실록청. 선조실록[M], 서울: 태백산사고본, 1608-1618.

유성룡. 기관왕묘[M], 서애선생문집 권16. 한국문집총간 52집, 서울: 민족문화추진회.1988: 321.

유성룡. 징비록[M], 고양: 역사의 아침. 2007.

이민성. 題崔陟傳. 商山有一士人, 自言渠所作[M], 경정선생집 권지4, 한국문집총간 76집. 서울: 민족문화추진회, 1991: 252.

이성형. 백사 이항복의 〈조천록〉 연구[J], 한자한문교육, 2006(17): 421-451.

이숭녕. 임진왜란과 민간인 피해에 대하여--<동국신속삼강행실>의 피해보고서적 자료를 중심으로 하여[J], 역사학보, 1962(17): 221-243.

李昶. 张宇初道教思想研究[D]. 北京: 中央民族大学博士论文, 2012.

이항복. 조천록[M], 백사선생 별집 권지5, 한국문집총간 62집. 서울: 민족문화추진회, 1991: 427-451.

장유. 오성부원군이공행장[M], 백사집, 한국문집총간 62집. 서울: 민족문화추진회, 1991: 461-468.

장유. 백사집서[M], 백사집, 한국문집총간 62집. 서울: 민족문화추진회, 1991: 151-152.

조위한. 최척전[M], 박희병: 한국한문소설 교합구해. 서울: 소명출판, 2005: 421-451.

주세붕. 送宋同知守初以奏请使如京序[M], 무릉잡고 권지6, 한국문집총간 26집. 서울: 민족문화추진회, 1988: 163.

陈尚胜. 壬辰御倭战争初期粮草问题初探[J], 社会科学辑刊, 2012, 4: 174-182.

차천로. 送李提督百首[M]. 오산집 권지2, 한국문집총간 61집. 서울: 민족문화추진회, 1991: 368-376.

包诗卿. 明代军事活动与关羽信仰传播[J]. 中州学刊, 2008, 165: 152-155.

한명기. 광해군[M]. 고양: 역사비평사, 2000.

허봉. 하곡선생조천기[M]. 하곡집, 한국문집총간 58집. 서울: 민족문화추진회. 1988:

作者简介

韩梅, 北京外国语大学亚洲学院朝鲜语系教授, 文学博士

研究方向: 中韩比较文学, 中韩文学交流史

通信地址: 北京市海淀区西三环北路2号北京外国语大学主教学楼119室

电子邮箱: hanmei@bfsu.edu.cn

朝鲜时代文人对钱谦益的批判研究[1]

北京外国语大学　李丽秋

摘　要：本文梳理了朝鲜时代文人对钱谦益批判的具体情况，主要包括批判为人、批判文风和批判观点。对钱谦益为人的批判集中于其变节降清一事，这主要受儒家忠君思想、乾隆诏书及中国文人的影响。对钱氏文风的批判主要是认为钱氏作品古文陈言、邪淫谲怪、半儒半佛，这与钱谦益提倡尊经复古、提倡宋诗风，同时主张书写性情、深受佛教影响有关。这些特点早期被朝鲜文人所积极接受，后期随着钱氏变节，对其评价逐渐趋向负面。对钱氏观点的批判分为纠正其诗文集中关于朝鲜叙述的错误、对钱谦益在《皇华集》跋中贬低朝鲜的言论提出驳斥及质疑钱氏编撰诗文集的标准，其中既有误会，也和对钱谦益变节的不满及朝鲜时代后期对清朝认识的变化有关。

关键词：钱谦益；《列朝诗集》；朝鲜时代；韩国文学；诗风

1. 序言

钱谦益（1582—1664），字受之，号牧斋，江苏常熟人，明末清初著名的学者，在文学、史学、佛学诸方面均取得了重要成就。他集文坛盟主与东林党魁于一身，其诗文创作、文学批评及学术观念对明末清初文风、学风转变起到重要作用。由于受到降清变节和参与反清复明等事件的影响，其著作在清代被列为禁书，后代对他的评价也因此受到了一定影响。尽管如此，他在中国古代文坛依然占有一席之地。尤其是在中国文坛唐宋诗之争的过程中，他极力提倡宋诗的价值，对于扭转当时复古派主导的"唯唐是尊"局面，以及其后诗风由唐转宋产生了重要影响。

钱谦益的诗文集通过种种途径传入了当时的朝鲜王朝，对朝鲜时代中后期文人也产生了一定的影响。朝鲜时代中期也是朝鲜诗坛唐风盛行的年代，钱谦益诗文集的流入及其对宋诗价值的提倡，又直接或间接地影响到了当时的文人，对之后朝鲜时代诗风流向转变产生了一定的作用。[2]

由于种种原因，朝鲜时代文人对钱氏的态度各有不同，既有接受，也有批判。本文将重点

---

[1] 北京外国语大学2019年度一流学科建设自主选题项目"韩国古代诗坛对唐宋诗风的接受研究"阶段性成果，项目编号：YY19ZZA013。

[2] 李丽秋. 朝鲜时代文人对钱谦益的接受[J]. 东疆学刊，2021, 38(1)：99.

梳理朝鲜时代文人对钱谦益批判的具体表现并分析其背后的原因。此前学界有过一些关于朝鲜时代文人对钱谦益接受及批评情况的研究，这些研究或注重某些特定文人对钱谦益的接受，[1]或侧重于朝鲜时代个别文人与钱谦益文学思想的对比，[2]或列举一些对钱谦益的关注现象与批评等等，[3]均为本研究提供了良好的借鉴。但现有研究中有存在部分误读，对朝鲜时代对钱谦益批判情况的整体把握不够清晰。

本文将在现有研究的基础之上，根据现存文献中朝鲜时代对钱谦益批判的实际情况，从针对钱谦益的为人、作品及观点的批判的三个方面系统梳理朝鲜时代文人对钱谦益的批判情况，并分析这些现象背后的原因，以期勾画出朝鲜时代对钱谦益接受与批判情况的全貌。

2. 批判为人

总体来看，17世纪末到18世纪初钱谦益作品传入朝鲜后，受到了极大关注。此后18世纪末、19世纪初，其作品广为流传，引发广泛关注，朝鲜文人对其作品和文学观的理解也随之加深。19世纪末，朝鲜文人对钱氏作品的兴趣有所减退，但仍然受到了各方面的关注。

尽管如此，无论在明末清初还是在朝鲜时代，钱谦益降清失节一事均饱受诟病，这一事件也是朝鲜文人初期和中期对钱谦益接受潮流受到影响的重要因素。相关记录最早出现在18世纪中期，由于当时信息不畅，因此钱氏失节一事大约在一个世纪之后才传到朝鲜。朝鲜王朝的文人深受程朱理学影响，忠臣不事二主的忠君思想根深蒂固，而且朝鲜文人对明朝怀有很深的感情，因此很多文人在谈及此事时均采取了严厉批判的态度。

李用休（1708—1782）在《记钱牧斋事六则》中便讽刺了钱谦益前后不一的处事态度："平生以节义自命"，为降清的东林党人王永吉、王铎所做的墓志碑文中却使用了"皇清"的说法，"前后相反"，愧对为明殉难的弟子瞿式耜及自杀殉国的妻子柳如是。李用休甚至以钱谦益与韩敬的庚戌科场案为据，认为钱氏与韩敬争状元失败仅得探花，因此怀恨在心，引发了明末的朋党之战，证明其心胸狭隘。[4]

朴趾源（1737—1805）在《热河日记》中指出，朝鲜王朝很多先辈文人并不知晓钱谦益失节

1　김하라，《유만주(俞晩柱)의 전겸익(錢謙益) 수용》，《한국문학》，2014，Vol.65 (3).
　　김하라，《俞晩柱의「錢牧齋年譜」연구》，《한국한문학연구》，2015，Vol.57 (3).
　　심경호，《燕岩의 錢謙益論》，《漢文教育研究》，1988，Vol.2.
2　박경남，《王世貞을 바라보는 두 대가의 시각》，《古典文學研究》，2011, Vol. 39.
　　이영남，《다산과 청대학자 전겸익의 문학사상 비교》《한국어언문학》，2009，Vol.69.
3　이국진，《조선후기 문인들의 전겸익 한시에 대한 관심과 의미》《한문학논집》，2015，Vol.41.
　　윤지훈，《조선후기 문인들의 전겸익 비평》．《대동문화연구》，2010，Vol.69.
　　류화정，《조선후기 전겸익의 수용과정과 인식 양상》《한국한문학연구》，2015，Vol.57.
　　김윤조，《조선후기 한문학에 있어서의 전겸익》，《대동한문학》，2000、Vol.13.
4　"牧斋平生以节义自命，语及清人，必奴之。晚岁作王永吉王铎墓志，乃称皇清，何前后相反也。不惟有愧于其门生瞿稼轩，乃不如其姬柳氏之杀身纾难也。""庚戌殿元，乃属韩敬，于是嫉韩如仇，构捏挤排，使不得安于朝，余波延及韩之师友。辛亥京察尽逐汤宾尹诸人，以成明季党锢之祸。噫，甚矣，韩之魁元，自以才得，初不借力于汤，当时诸贤之集，可以为证。牧斋以天下之人为皆无目耶？"李用休，《记钱牧斋事六则》，《惠寰杂著》．

一事，阅读钱氏的《有学集》和《初学集》等，抄其诗文，将其列在民族英雄文天祥、谢叠山之下。[1] 这一记录从侧面佐证了朝鲜中期很多文人并不了解钱谦益失节一事，钱氏诗文集对当时的朝鲜文人产生了极大的影响。

徐浩修（1736—1799）在《燕行纪》中记载了钱谦益在清史中被列入"贰臣传"乙编一事，将其归为于"进退无据者"。[2]

洪直弼（1776—1852）指责钱氏"国亡苟活，受伪爵""可谓瞿吕之罪人矣。"[3] 洪翰周（1798—1868）认为其"大节已亡，他无可论""既不忠于明，又不忠于清""前后无当"。[4] 从这一言论中可以看出，失节一事导致他对钱谦益采取了全面否定的态度，这也在某种程度上代表了当时不少文人的看法。

洪翰周的叔伯堂兄洪奭周（1774—1842）批判钱谦益"文一如其人，秽恶藏于骨髓，有或效之，终不可涤濯。"[5] 这一评论引用了清代桐城派文人方苞对钱谦益的苛评"其秽在骨""不得为苟"，从中可见桐城派的影响。

18、19世纪正是中韩文人交流频繁的时期，从洪奭周引用方苞对钱氏苛评可以推测，当时文人渐渐了解到了中国对钱氏的批判，对钱氏态度亦有所改变。1769年乾隆翻检钱谦益的《牧斋初学集》，随即下诏禁毁钱谦益的所有著作。这一事件对朝鲜文人产生了极大的影响，很多文人对钱谦益的评论中均引用了乾隆诏书中的语句，朝鲜文人心目中钱谦益的形象和对他作品的评价也随之发生了变化。

朴趾源在《热河日记》中就有如下记载：

"今见乾隆诏斥受之，谓其自诩清流，腼颜降附，诡托缁徒，丧心无耻，可谓愧杀钱谦益。……今皇帝斥钱谦益诏有曰：犹假借文字，以自图掩饰其偷生者。可谓洞照其奸情矣。"[6]

同为北学派的李德懋（1741—1793）在《青庄馆全书》中引用了乾隆诏书的内容，斥钱氏"自诩清流，腼颜降附"。成海应（1760—1839）也认为"钱谦益龚鼎孳等自诩名流，而腼颜降附，皆无耻者。"[7]

---

[1] "我东先辈，不知受之失身，徒见其有学初学等集，未尝不为之伤惜，抄其诗文，多列之文丞相、谢叠山之下。"朴趾源，《热河日记》，《燕岩集》卷15。
[2] "清史以明臣降附者，编为贰臣之传，为人臣事二姓者戒。祖大寿洪承畴之以有勋绩，在甲编。如钱谦益辈之进退无据者，在乙编。"徐浩修，《起燕京至镇江城》16日条，《燕行纪》卷4。
[3] 洪直弼，《梅山集》第八卷。
[4] "城陷以前，大宗伯率百官出降，至奉炉为班首。大节已亡，他无可论……至亲撰沈归愚所编钦诗别裁序文，有曰谦益忠乎孝乎，其得免生前族诛亦倖也。既不忠于明，又不忠于清，可谓前后无当也。"洪翰周，《钱谦益》，《智水拈笔》。
[5] "望溪为人作碑讫其义未尝踰累纸，虽平生亲知，叙其行止一二事，非所识有征者，不为之下笔，其自重于文如此。尝言钱谦益，文一如其人，秽恶藏于骨髓，有或效之，终不可涤濯，其志尚亦可见矣。"洪奭周，《鹤冈散笔》卷6。
[6] 朴趾源，《铜兰涉笔》，《热河日记》。
[7] "钱谦益龚鼎孳等，自诩名流，而腼颜降附，皆无耻者也。清悉搜此曹，著为贰臣传，以示彰瘅。"成海应，《风泉录》二，《研经斋全集》卷32。

值得注意的是，乾隆诏书中的确提到了这些内容，不过原话是"至钱谦益之自诩清流，腼颜降附；及金堡、屈大均等之幸生畏死，诡托缁徒，均属丧心无耻！"可见"自诩清流，腼颜降附"说的是钱谦益，但"诡托缁徒，丧心无耻"说的却是明末遁迹佛门的逃禅遗民金堡和屈大均。朴趾源将这些罪状全部加在了钱谦益头上，显然有失公允，从中可以窥见他对钱谦益的反感。

当然，也有些朝鲜文人颇为同情钱谦益的遭遇，例如李喜之读过《有学集》后便"歔欷沾洒，惜其人，悲其文而叹其世。"[1]这反映出了朝鲜文人对钱谦益变节一事抱有两种不同的态度，这种情况也和中国对钱氏的评价相似。徐世昌在《晚晴簃诗汇》中便有这样的描述："牧斋才大学博，主持东南坛坫，为明清两代诗派一大关键。誉之者曰：'别裁伪体，转益多师'；毁之者曰：'记丑言博，党同伐异'"。

18世纪大量燕行使前往北京，与中国文人进行文化交流，在这一过程中，他们了解到了中国对钱氏评价的变化。洪大容（1731—1783）在《干净洞笔谈》中便记录了他向严诚和潘庭均打听钱谦益文集注本的情况，两国对钱氏为人均褒贬不一，毁誉参半。[2]

综上所述，朝鲜文人对钱谦益的批判既是深受儒家忠君思想影响的必然结果，更受到了乾隆诏书的影响，同时也可以看出中国文人影响的痕迹。

3. 批判文风

除了为人以外，朝鲜文人对钱谦益的文风也提出了批判，主要问题可以总结为三点。

第一，古文陈言、缺乏新意。

较早提出这一观点的是徐宗泰（1652—1719），认为钱氏"喜用古文陈言全句，且多奇僻鬼怪之语，不可为则。"文章虽美，却不能信于后世。[3]

洪奭周在《答舍弟宪仲书》中谈到了对钱谦益《初学集》看法变化的心路历程，十年前初读时，认为"迂余婉丽"，"其论文章又能深喻利病"，但"后复得其书读之，已自悔其不审矣"，

---

[1] "余读明钱牧斋谦益《有学集》，未尝不歔欷沾洒，惜其人，悲其文而叹其世也。"李喜之，《钱牧斋文抄序》，《凝斋集》卷2。

[2] "余曰：'钱牧斋何如人？'兰公曰：'此公雅绰有'浪子'，此真知己。'余曰：'浪子知几洁身，辞爵禄而远引，恐牧斋少此一著.'兰公曰：'少年为党魁，末路乃为降臣. 文章名世，要是国家可惜人.'力闇曰：'使其早死，今人亦无訾之者.'兰公曰：'名德不昌，乃有颐期之寿.'力闇曰：牧斋人品无可言.'余曰：'恐是反上落下之人.'力闇颔之. 余曰：'牧斋文集有注本耶？'兰公曰：'诗有注本，乃钱曾所注.'余曰：'文则无注耶？'兰公曰：'然.'……力闇曰：'摁以'可惜'二字毕之，不必烦言.'余曰：'尊教甚当.'兰公曰：'弟岂以牧斋为然者耶？'力闇曰：'我辈以笔代舌，一日之叙，只抵半日，语以简省为贵. 兰兄好支离，咬文嚼字，真无奈他何.'兰公笑曰：'此等说语，殊可不必."洪大容，《干净洞笔谈》。

[3] "钱牧斋集笔路所溢，喜用古文陈言全句，且多奇僻鬼怪之语，不可为则。""以是令人见之，只赏其造语文辞而已，自不得信其语。文章虽美，何能信于后世哉？"徐宗泰，《钱牧斋集》，《晚静堂集》第11卷。

认为"钱氏之书,信手开卷,藻缋满眼,徐而察之,殆无一篇无陈言。"[1]

18世纪中后期文人李岬(1737—1795)则通过批判钱谦益批判了明人的学宋风潮,认为陈子龙、钱谦益等人提倡宋诗风,却只学得皮毛,不但没有创新,文风反而更显陈腐之气。[2]

第二,邪淫谲怪、哗众取宠。

持这一观点的代表性学者为丁若镛(1762—1836),他将钱谦益和尤侗、袁枚、毛奇龄等人划为一类,认为他们"邪淫谲怪,一切以求眩人之目者是宗是师",批判了几位中国文人文风淫邪、哗众取宠。[3]

洪奭周也认为,钱谦益的诗文和袁宏道一样,"如优倡伎女,晌目冶容,终日作泾言亵语"。[4]

对这一点,对钱谦益持接受态度的金昌协(1651—1708)认为其"信手写去、不窘边幅""时有冶情,少典厚严重之致,又颇杂神怪不经之说",但同时也肯定了其"超脱自在,无硇凑捆缚"。[5]

金昌协的弟子李宜显(1669—1745)也认为钱谦益的文章"骀荡恣肆,下笔滔滔""格力不高",[6]但能摆脱拟古派的影响已属不易。

第三,半儒半佛、不伦不类。

很多文人在谈到钱谦益时均谈到了这一点,从前面的论述可知,丁若镛在批判钱谦益时指出其"似儒似佛"。朴趾源在《热河日记》中批判钱谦益"其身世半华半胡,其文章半儒半佛"。[7]钱谦益本身是汉族,"半华半胡"是在嘲讽其变节降清一事,进而联系到其文章"半儒半佛",批判其文学深受佛教影响。作为实学者和北学派领袖,朴趾源的观点自然也影响到了其他人,李德懋对钱谦益也有类似评价,认为钱氏"平生半汉半胡,学问乍佛乍儒",这一评价

---

[1] "示及抵醇溪书中有云钱氏初学集步趣庐陵,为失言,其当甚易。十年前尝得是集,一寓目颇爱其迁余婉丽。大与历下太仓异轨,其论文章又能深喻利病,而平生所心折,惟归熙甫一人。遂意其真有所得於欧曾。当抵书时,率尔有是言。后复得其书读之,已自悔其不审矣。唐宋以来,能言之士亦至众矣。独推庐陵为正宗者,以其辞必己出,文必征实,而未尝为雕镂涂泽之习也。钱氏之书,信手开卷,藻缋满眼,徐而察之,殆无一篇无陈言。若使古人,无年经月纬,州次部居,草亡木卒,骨腾肉飞等成语,不知此老将何以充其卷帙。"洪奭周,《答舍弟先仲书》,《渊泉集》。

[2] "盖诗则明季以来,变于陈子龙,清初又变于钱牧斋,其本则专尚宋。而乃反遗其骨理,掊扯其毛皮,弃其深精。描摹其陋劣,便又宋人之腐臭也。"李岬,《燕行记事》之《闻见杂记》(上)。

[3] "尤侗、钱谦益、袁枚、毛牲之等,似儒似佛,邪淫谲怪,一切以求眩人之目者是宗是师。"丁若镛,《五学论》三,《与犹堂全书》卷11。

[4] "且袁宏道钱谦益,非近世之所靡然推为巨子者耶? 读其文如优倡伎女,晌目冶容,终日作泾言亵语,往往令人闷然而拍手。"洪奭周,《答李审夫书二》,《渊泉集》卷16。

[5] "近观牧斋《有学集》,亦明季一大家也。其取法不一,而大抵出于欧苏。其信手写去,不窘边幅,颇类苏长公,俯仰感慨,风神生色,又似乎欧公。但豪逸骀宕之过,时有侠气,亦时有冶情,少典厚严重之致,又颇杂神怪不经之说,殊为大雅累。然余犹喜其超脱自在,无硇凑捆缚,不似弇州太函辈一味剽袭耳。"金昌协,《杂识》,《农岩集》卷34。

[6] "明末钱牧斋之文,骀荡恣肆,下笔滔滔,极其所欲言而止。虽格力不高,要非王李余派寻逐影响者之类,亦自不易。"李宜显,《陶峡丛说》,《陶谷集》。

[7] "钱牧斋谦益,字受之,其身世半华半胡,其文章半儒半佛。"朴趾源,《铜兰涉笔》,《热河日记》。

也和对其为人的评价密切相关:"毕竟狼失后脚,狈失前脚"。[1]

位居高堂的正统大臣南公辙(1760—1840)虽然并非北学派,但也体现出实学思想及北学倾向。他认为钱谦益"放逸者近于荡子","一汉一满,半儒半佛","揎然诋先辈而不自知议其后者在,可哀也已"。[2]这一评论和朴趾源相似,同样联系钱谦益的为人,进而否定其人其文。

值得注意的是,有不少批判钱谦益的学者都和洪奭周一样,经历了由接受到批判的转变过程。比如对钱谦益持批判态度的丁若镛,早期谈到李用休的文风时,认为"其为文奇崛新巧,不在钱虞山、袁石公之下",[3]可见他对钱谦益曾经是持肯定态度的,认为"奇崛新巧"是李用休和钱谦益共同的优点,但在后期这些却变成了缺点——"邪淫谲怪""眩人之目"。

无独有偶,同样对钱谦益持批判的洪翰周早期在评价徐有渠时,曾提到其"力治古文,专学牧斋",认为其"为近日一名家",[4]表现出欣赏的态度。但后期对钱谦益"徐而察之",却认为"殆无一篇无陈言"。洪翰周的叔伯堂兄洪吉周(1786—1841)早期也曾醉心于钱谦益诗文,但后期却劝人烧毁其著作。[5]这种双重评价也体现出朝鲜文人对钱谦益评价的矛盾心态,以及从初期的接受到后期开始批判的变化过程。

对钱谦益文风的批判一方面与钱谦益本身文学思想的特点不无关系。钱谦益的文学思想与晚明的时代思潮是相对应的,晚明的实学、心学两种思潮同时影响钱谦益,使他的思想呈现出矛盾的两面:一方面是尊经复古、经世致用,另一方面是儒禅合流、高蹈凌虚。表现在文学思想上,钱谦益提倡尊经复古,重视世风世运,主张抒写性情,这是钱谦益文学思想中重要的组成部分,也是与晚明的时代思潮紧密联系在一起的。

崇祯、天启年间的思想主潮是尊遗经,贬俗学,兴实学,钱谦益提倡尊经复古,重视世风世运,正是与这种时代主潮相对应;而晚明的心学思潮把心灵的本然状态当作终极的理想境界,肯定日常生活与世俗情欲的合理性,唤醒了潜伏于人们内心的各种欲望,钱谦益主张抒写性情,抒写无法遏止的情感,抒写那些儒家诗教之外的香艳之情,正是受晚明心学思潮影响的

---

[1] "钱东涧,平生半汉半胡,学问乍佛乍儒,文章非谑非谜。毕竟狼失后脚,狈失前脚。"李德懋,《青庄馆全书》卷49。

[2] "然而牧斋之变之者,亦未为得矣,真逼者涉于稗官,放逸者近于荡子,何以服弇州哉……彼牧斋一汉一满,半儒半佛,其平生何如人也?揎然诋先辈而不自知议其后者在,可哀也已。"南公辙,《读弇州牧斋二集》,《金陵集》卷14。

[3] "是生讳用休,既为进士,不复入科场,专心攻文词。淘洗东俚,力追华夏。其为文奇崛新巧,要不在钱虞山袁石公之下。"丁若镛,《贞轩墓志铭》,《与犹堂全书》卷15。

[4] "枫石徐公有渠,字准平,判书浩修子,保晚斋文衡命膺孙。世掌丝纶,文翰传家。而枫石又力治古文,专学牧斋,又精于天文历学。……余在丁亥春,以沁殿官,始交枫石于沁都,果知其为近日一名家也."洪翰周,《枫石徐有渠条》,《智水拈笔》。

[5] "仆与足下,同心而一体,常欲足下道德出于古人,交章伤六经,仆获享其美誉。今者足下之所读,于中国则弇山牧斋之文,否则东人集耳……弇山牧斋,或赝知为文,或俳之鸟言,大雅君子所恫然不欲累日而浣唇者也,足下奚慕于斯而读之乎?……仆愿足下亟投弇山牧斋二书于焰,束东人诸集于庋,取昔所读圣人之书而益读之,俾仆得以偕进于道,不胜万幸。"洪吉周,《自贻岘山子书》,《岘首甲稿》。

结果。[1]这一特点初期作为强调"性情"新诗风被朝鲜文人所接受,对于改变朝鲜时代的拟古和尊唐风潮起到了一定的作用。但后期随着钱氏变节一事传入朝鲜,朝鲜文人对其评论随之转向,从肯定转为否定。"尊经复古"变成了"古文陈言","书写性情"变成了"邪淫诡怪"。

"半儒半佛"是对钱谦益作品中体现出的佛教倾向的批判。牧斋自幼生长的虞山钱氏是一个极具奉佛传统的家族。在浓厚奉佛氛围影响之下,自少时起便与佛教有着不解之缘。明亡后,因其降清这一不可否认的事实颇受时人诟病,佛教思想在其心态转变过程中起着重要作用。钱谦益学博识广,旁贯三教,思想上会通儒释,强调佛教之政治功用,对诸宗利弊均有一己之评价。他的诗文创作与文学批评也深受佛教的熏染,在为文经历及文风转变中,佛教直接或间接地起到不同程度的影响。[2]

与尊崇佛教的高丽时代不同,朝鲜时代文人深受儒家思想影响,朱子的性理学占有绝对地位,因此这种排斥似乎情有可原。但同样深受佛教影响的苏轼在朝鲜时代依然被朝鲜时代的文人广泛接受,为什么钱谦益却饱受诟病呢?从前面的论述中可以发现,这种批判大多是和钱谦益的为人联系在一起的,可见无论是"古文陈言""邪淫诡怪",还是"半儒半佛",这三种批判都和钱谦益变节一事有着千丝万缕的联系。

4. 批判观点

对钱谦益观点的批判主要可以分为三类,首先是纠正其诗文集中关于朝鲜叙述的错误、修补纰漏,这一类观点相对客观;其次是对于钱谦益在《皇华集》跋中贬低朝鲜的言论提出驳斥;最后是对钱氏编撰诗文集的标准提出质疑,认为其以人论诗,有失公允。

第一,纠正朝鲜叙述错误。《列朝诗集》传入朝鲜后,很多朝鲜文人接受的同时,也认真地指出了其中的部分错误,包括作品的选择、作者的考证等等。

李德懋在写给清代文人李调元(1734—1803)的书信中指出了中国诗集中的考证问题:

> "大抵中国之书,于海外之事,每患纰缪。《列朝诗集》《明诗综》东国小传,考证非不该洽,而亦多颠错,势所固然。先生之学,地负海涵,著书汗牛,搜讨极博。若及东国故迹,须当移书,质问于不佞,则可以一正从前之伪舛。其于东方,荣亦大矣,先生其鄙之。"[3]

其中直指《列朝诗集》和《明诗综》中关于朝鲜诗人小传的考证问题,朱尊彝的《明世综》主要参考了钱谦益的《列朝诗集》,而《列朝诗集》中关于朝鲜诗人的部分主要是参考了吴明济的《朝鲜诗选》,当时各种条件有限,内容难免存在疏漏,个别信息不全。例如,金时习和李达的真名并未出现,仅分别以梅月堂和荪谷均的号列入其中。李德懋在书信中希望李调元能纠正其中的问题,"一正从前之伪舛"。

南九万认为《列朝诗集》所选俞汝舟妻三首诗并非佳作,作者还有更好的作品未被收录。

---

1 丁功谊. 钱谦益文学思想研究[D]. 北京:首都师范大学,2005:73-80.
2 王彦明. 牧斋与佛教[D]. 福州:福建师范大学,2013:1.
3 李德懋,《李雨邨调元》,《青庄馆全书》卷19。

对于诗集中所录许筠(1551—1588)《感遇》一诗,提出能否断定许筠为该诗作者尚存疑问。

韩弼教(1807—1878)指出,相国李德馨原本为忠臣,而钱谦益《初学集》中却真伪颠倒,记录内容不实。[1] 此外,月山大君李婷乃德宗长子、朝鲜时代第九代国王成宗之兄,李婷的作品集《风月亭集》1727年刊印,注者姓名不详,其中对作者及诗中个别字进行了考证与记录,并指出了《列朝诗集》中的错误。钱谦益未经仔细考证,介绍作者信息时,误将李婷当成了女子,所选之诗也和朝鲜许筠《国朝诗删》的记载有较大出入。对此,《风月亭集》的注者有理有据地对钱谦益的记载进行了修正。这种修正弥补了钱谦益的不足,也表现了朝鲜诗家对本国文学遗产的负责态度。[2]

第二,驳斥钱谦益《皇华集》跋中贬低朝鲜的言论,这既是朝鲜诗人对钱谦益批判的一种表现,该言论也是影响朝鲜诗人对钱谦益评价的重要因素之一。

朝鲜王朝将明朝使节的创作与朝鲜君臣唱和的诗词文赋结集,印成24部《皇华集》传世。钱谦益在《皇华集》跋中有这样一段话:

"本朝侍从之臣,奉使高丽,例有《皇华集》。则嘉靖十八年己亥,上皇天上帝泰号、皇祖皇考圣号,锡山华修察颁诏播谕而作也。东国文体平衍,词林诸公不惜贬调就之,以寓柔远之意,故绝少瑰丽之词。若陪臣篇什,每二字含七字意,如'国内无戈坐一人'者,乃彼国所谓东坡体耳,诸公勿与酬和可也。"[3]

钱谦益看了嘉靖十八年(1540年)的己亥《皇华集》之后,认为明代文人附和朝鲜平衍的文体,"故绝少瑰丽之词"。而且朝鲜流行的所谓"东坡体""每二字含七字意",劝诫勿与朝鲜文人唱和。这段话主要是己亥《皇华集》中的《是日颁诏作东坡体一绝》,认为"国内无戈坐一人"属于朝鲜"东坡体"拙劣之作。这番言论被朝鲜文人解读为钱谦益鄙视朝鲜,贬低朝鲜文人的文学创作水平,很多文人纷纷表达不满之情,其中以朴趾源态度最为激烈。

"我朝忠顺皇明,且将三百年一心慕华,尤贤于胜国。而东林一队,辄不悦朝鲜。钱牧斋为东林党魁,则以鄙夷我东为清论,可胜愤惋耶?至于东国诗文,则尤为抹杀,其'跋皇华集'曰:……我东文体,诚如所论,而何乃卑薄若是?"[4]

通过上文可以看出,朴趾源将对钱谦益的不满扩大到了对东林党的愤怒。李德懋也认为"愚案中原人之侮朝鲜,如朝鲜俗之贱庶人,殊失大公之义。"[5]

当然,也有一些朝鲜文人对此态度较为理性,认为当以此自勉,发奋图强。如李夏坤

---

1 韩弼教,《班荆丛话》(下),《随槎录》卷六。
2 王国彪,朝鲜诗家对《列朝诗集》的接受与批评[J],齐鲁学刊,2013(1):137-141.
3 钱谦益,《跋皇华集》,《有学集》卷46。
4 朴趾源,《热河日记》,《燕岩集》卷15。
5 李德懋,《盎叶记三》东坡体条,《青庄馆全书》卷56。

（1677—1724）便以此事勉励前往日本的朝鲜使者，[1]申光洙（1712—1775）也以此为耻，主张发奋图强。[2]成海应（1760—1839）在写给朴在先的诗集序言中承认东人之诗"局于地，虽以大家自命者，亦往往有恶诗"，并以钱谦益嘲笑东人一事为例，认为朴在先"独能追古学"，"一洗东人之陋"。[3]

但实际上，经考证，对于引发争议的《是日颁诏作东坡体一绝》，其作者既非钱谦益认为的"陪臣"，也不是朴趾源所认为的朝鲜文人金安国，而是明使华察。之所以出现这一误会，是因为二者均错误地理解了《皇华集》的体裁。《皇华集》中明使的诗作在前，朝鲜的诗作在后，作者的名字标在每首诗的最后，自《丙午皇华集》开始才改为将作者列在诗题之后，因此这首诗的作者应该是明使华察。[4]可见，这场事件是钱谦益和朴趾源的双重误会引发的一场乌龙，但却激发了不少朝鲜文人对钱谦益的反感。

第三，质疑钱谦益诗集的选择标准，进而到质疑其编撰史书的客观性。由于钱谦益提倡宋诗，在筛选收录诗文集诗作时也体现出这一倾向，这引发了部分朝鲜诗人的质疑。

李宜显就对此进行过批判：

"但牧斋素不喜王李诗学，掊击过酷，故北地沧溟弇园诸作所录甚少。此诸公诗什繁富，就其中抄出，岂不及于无甚著名者之一二篇？而彼则滥收，此则苛汰，亦似偏而不公矣。"[5]

李宜显批判对唐诗风的盲目推崇，但他也认为钱谦益不喜欢推崇复古的李攀龙和王世贞，故而诗集中很少收录他们的作品，反而收录一些无名之辈之作，这种做法"偏而不公"。

南克宽（1689—1714）认为，公安派和竟陵派均很有才华，钟惺尤为出众，汤显祖亦属一流，诗胜其文，而钱谦益却"扶抑多偏，不可据也"[6]。

李用休也对钱谦益的诗集选择标准提出了质疑：

"牧斋列朝诗集中，最与程嘉燧，次则李流芳王志坚诸人，此皆其阿好朋比者。今观其诗，酸寒寡陋，比之于汤霍林，则齐晋之于邾莒。……若使此人作史，其与夺之不公，必乱后世之心目。"[7]

---

[1] "昔钱虞山戒皇朝学士勿轻与东人酬答，夫以我朝事大之礼，东槎诸公，慕华之诚。中州人尚疑之如此，况岛夷诡诈百出者乎？然则今日为使者，当知其所当勉也耳矣。"李㙫坤，《送日本上使洪士能致中序》，《头陀草》册15。
[2] "钱谦益曰勿与高丽人唱和，诸君高丽人也，不耻诸？愿圣直，以吾言告之。"申光洙，《近艺隽选序》，《石北先生文集》卷15。
[3] "贞蕤朴在先诗集几卷，在先为文章，既自知其超诣，常爱惜之。虽片文只字，未尝漫弃。间尝经事变，亦无所亡失，哀然如此。东人之诗，局于地，虽以大家自命者，亦往往有恶诗，多为中州人所笑，钱牧斋集中云勿舆高丽人相酬酢者是已。在先独能追古学，其格律声调，皆足师法，一洗东人之陋，要当见知于后世乎。"成海应，《朴在先诗集序》，《研经斋全集》卷9。
[4] 심경호，《燕岩論錢謙益》，《한중인문학연구》，1997년 2권，313쪽。
[5] 李宜显，《陶峡丛说》，《陶谷集》。
[6] 南克宽，"公安竟陵才具等耳，然论所就，钟殊胜之，汤若士亦一流人，诗胜其文。钱氏扶抑多偏，不可据也。"《谢施子》，《梦呓集》坤。
[7] 李用休，《记钱牧斋事六则》，《惠寰杂著》。

李用休认为，钱谦益在《列朝诗集》中对程嘉遂的评价最高，其次为李流芳、王志坚等，这些人都是钱谦益的"阿好朋比"，认为其选择标准是因人而定，并非依据作品。钱谦益选诗尚如此不公，如果作史，"必乱后世之心目"。

还有其他一些文人对钱谦益的历史记载提出质疑，丁若镛认为，"牧斋虽钜工，议论多偏颇"，并认为其在《东征二士录》中对平壤大捷的记载多有不实之语：

"钱处山东征二士录，非公言也。李提督平壤一捷之后，固有玩敌老师之失，然东援大功，悉归之于市井小人沈惟敬，此可谓直笔乎？由是观之，温体仁未全为非，而东林之祸，间亦有天所不厌者。"[1]

尹愭（1741—1826）也指出钱谦益的记录有不实之处，[2] 洪翰周认为钱氏"心术之病，平生伎俩""纂草明史""不无颠倒是非"，甚至对绛云楼失火一事幸灾乐祸。[3]

对诗集选择标准的批判体现了对唐宋诗风的不同倾向以及"拟古"与"创新"之争，矛盾的是，在这些批判钱谦益的朝鲜文人中，有不少人依然深受钱谦益的影响。比如李德懋早期就曾创作过钱谦益的次韵诗，李用休的文学论也深受钱谦益的影响，他主张个性主义，强调奇新，反对拟古主义，其文学与思想均深受明末阳明学的影响，思想方面受到何心隐的"万物一体说"和"万人平等说"，文学方面受徐渭、袁宏道和钱谦益影响最大，这些均与17世纪后期之后出现的诗风创新变化密切相关。[4]

对钱谦益抨击最为猛烈的朴趾源，本身也深受钱谦益的影响。研究显示，在稗史小品文和小说等非传统文学方面，朴趾源深受金圣叹等影响，而在传统文学方面，却深受钱谦益的影响。[5] 但朴趾源不愿意朝鲜文学被认为从属于中国文学，因此实际上是利用抨击钱谦益来达到这一目的，同时也为自己的"法古创新"主张造势。在批评复古方面，朴趾源有一部分主张是借用了钱谦益的成果。就连朴趾源的弟子徐有渠也是"力治古文，专学牧斋"，被洪翰周评价"为近日一名家"，从中也可窥见朝鲜文人对钱谦益的矛盾态度。

这种矛盾的态度首先与对钱谦益为人的负面评价有着密切的关系，可以看出，针对其观点的批判往往带有强烈的感情色彩，有时甚至表现出"意气用事"的一面，可见钱谦益变节一事直接影响到了对他的全面评价。朝鲜文人自身也意识到了这一点，对钱谦益批判较多的洪翰周也承认钱氏"博学文章""冠绝一世"，指出清人"舍其人推其文""范围甚宽"，"不似我国之规模"，这实际上从侧面佐证了对钱谦益为人的负面看法影响了朝鲜文人对其文学作品及文学思

---

1 丁若镛，《与犹堂全书》卷2、卷14。
2 "宣庙发使为镐辨诬，丁遂革职。然丁附东林，其子讼其父于东林党中，钱牧斋亦信而记之于集中，亦可见东林之虚踈而君子之易欺也。"尹愭，《论壬辰事》，《无名子集·文稿》册10。
3 "又尝纂草明史，未成而楼竟失火，尽焚其书。老未更成文，必可惜。而其心术之病，平生伎俩也，当不无颠倒是非，亦无足惜也。"洪翰周，《钱谦益条》，《智水拈笔》。
4 박용만，《惠寰 李用休의 文學論에 대한 考察》，《개신어문연구》，개신어문학회，1999，Vol.16，172쪽。
5 김윤조，《조선후기 한문학에 있어서의 전겸익》，《대동한문학》，2000，Vol.13。

想的判断与评价。[1]

此外，这种矛盾的态度与朝鲜时代后期文人对清认识的变化亦不无关系。1637年"丙子之役"之后，朝鲜向清太宗皇太极俯首称臣，两国确立了以朝贡体系为主的宗藩关系，朝鲜正式成为清朝的藩属国。朝鲜虽然在军事上、政治上臣服于清朝，但在内心将清视为"夷"，这种文化认同持续了上百年。而随着清朝在政治趋于稳定，经济越来越繁荣，并且对朝鲜不断施恩，朝鲜对清朝的态度与认识逐渐发生转变。尤其是到了18世纪，康乾盛世实现了政治上的"大一统"，这些都给朝鲜带来了强烈的震撼。经过了百余年的交流与调整，朝鲜对清认识逐步发生了转变，从最初的抵制与反抗逐渐转变为接受与学习。而以朴趾源为代表的"北学派"的出现，则为朝鲜对清观的转变提供了新的契机。尽管北学派内心充满了"尊明排清"的情绪，将"中华文化"与清朝统治区别对待，形成了独特的华夷天下观，但他们仍然在一定程度改变了朝鲜对清的传统认识，使北学中国成为朝鲜社会改革和发展的必然。对钱谦益接受与批判并存的态度也可以视为是他们这种独特的华夷观的一种体现。

5. 结语

本文从对钱谦益为人的批判、对作品的批判及对观点的批判梳理了朝鲜时代文人对钱谦益批判的具体情况。实际上，钱谦益的文集传入朝鲜王朝之后，对朝鲜文坛产生了深远的影响，朝鲜文人普遍对其持接受态度。但朝鲜时代中后期，随着燕行使者前往中国，了解到了钱谦益变节一事，朝鲜文人对钱谦益的评价开始转为负面。但朝鲜文坛并未对其全盘否定，而是处于接受与批判并存的状态。对钱谦益的接受对朝鲜中后期诗坛对宋诗风的接受产生了一定的影响，也为诗坛后期走向唐宋兼宗的局面奠定了基础。

总体来看，对钱谦益为人的批判几乎贯穿于三种批判之中，这既是表象之一，也是引发后两种批判的原因之一。由于朝鲜文人深受儒家忠君思想的影响，因此对钱谦益变节一事十分鄙夷，但实际上又有很多人接受了钱谦益的文学观，因此无论是哪种批判，均体现出接受与批判并存的矛盾倾向。这种矛盾倾向既有对钱谦益文学中体现出来的尊经复古、书写性情和佛教倾向从不同角度解读的因素，也有因双方误解而导致的原因，同时也是朝鲜对明清认识的变化以及北学派独特的华夷观的一种体现。

今后，有必要对金昌协、李宜显和俞晚柱等接受钱谦益的代表性人物，以及洪翰周、李用休和朴趾源等对钱谦益接受与批判共存的代表性人物进行进一步的深入研究，结合当时中韩两国文学交流的具体情况、朝鲜时代国内的风云变化等时代背景及这些人物所属学派、交流人物与个人因素等，深入地分析其对钱谦益接受的原因、具体的表现，以及这种接受对朝鲜诗坛产生的具体影响，从而揭示朝鲜诗坛诗风的变化过程乃至东亚诗文学交流的全貌。

---

[1] "然其博学文章，则冠绝一世，故中国人士至今舍其人而推其文，每见清人文字，无不以虞山先生称之。中国之范围甚宽，不似我国规模也。"洪翰周，《钱谦益》，《智水拈笔》。

参考文献

韩国古典综合DB（https://db.itkc.or.kr/）
钱谦益，《初学集》、《有学集》、《列朝诗集》。
成海应，《研经斋全集》。
丁若镛，《与犹堂全书》
韩弼教，《随槎录》。
洪大容，《干净洞笔谈》。
洪翰周，《智水拈笔》。
洪吉周，《岘首甲稿》。
洪奭周，《鹤冈散笔》。
洪奭周，《渊泉集》。
洪直弼，《梅山集》。
李德懋，《青庄馆全书》。
李　岬，《燕行记事》。
李喜之，《凝斋集》。
李夏坤，《头陀草》。
李宜显，《陶谷集》。
李用休，《惠寰杂著》。
南公辙，《金陵集》。
南克宽，《梦呓集》。
朴趾源，《热河日记》。
申光洙，《石北先生文集》。
徐浩修，《燕行纪》。
徐宗泰，《晚静堂集》。
尹　愭，《无名子集》。
丁功谊. 钱谦益文学思想研究[D]. 北京：首都师范大学，2005.
王国彪. 朝鲜诗家对《列朝诗集》的接受与批评[J]. 齐鲁学刊，2013(1): 137-141.
王彦明. 牧斋与佛教[D]. 福州：福建师范大学，2013.
김윤조，《조선후기 한문학에 있어서의 전겸익》，《대동한문학》，2000, Vol. 13.
김하라，《유만주(俞晚柱)의 전겸익(錢謙益) 수용》，《한국문학》，2014, Vol. 65(3).
김하라，《俞晚柱의「錢牧齋年譜」연구》，《한국한문학연구》，2015, Vol. 57(3).
박경남，《王世貞을 바라보는 두 대가의 시각》，《古典文學研究》，2011, Vol. 39.
박용만，《惠寰 李用休의 文學論에 대한 考察》，《개신어문연구》，1999, Vol. 16.
류화정，《조선후기 전겸익의 수용과정과 인식 양상》，《한국한문학연구》，2015, Vol. 57.
심경호，《燕岩의 錢謙益論》，《漢文教育研究》，1988, Vol. 2.
심경호，《燕岩論錢謙益》，《한중인문학연구》，1997년 2권.

이국진,《조선후기 문인들의 전겸익 한시에 대한 관심과 의미》,《한문학논집》, 2015, Vol. 41.
이영남,《다신과 청대학자 전겸익의 문학사상 비교》,《한국언어문학》, 2009, Vol. 69.
윤지훈,《조선후기 문인들의 전겸익 비평》,《대동문화연구》, 2010, Vol. 69.

作者简介

李丽秋,北京外国语大学亚洲学院教授、博士生导师

研究方向:韩国古典文学、中韩比较文学及韩中翻译等

通信地址:北京市海淀区西三环北路2号北京外国语大学主教学楼119室(100081)

电子邮箱:liliqiu@bfsu.edu.cn

东亚现代文学中的朝鲜抗日英雄叙事[1]

山东大学 牛林杰 汤振

摘 要： 20世纪初，朝鲜沦为日本殖民地，很多朝鲜志士流亡海外，在中国、俄罗斯、美国等国家开展抗日运动。随着第二次世界大战的爆发，朝鲜的抗日独立运动逐渐成为世界反法西斯战争的重要组成部分，引起了国际社会的广泛关注，并成为东亚作家关注的重要主题。其中，东亚作家对朝鲜抗日英雄的文学叙事最为引人注目。抗日语境下，东亚文学的朝鲜抗日英雄叙事体现了知识分子反侵略、反殖民的东亚精神。

关键词： 东亚现代文学；朝鲜独立运动；抗日英雄叙事

1. 引言

朝鲜是20世纪初东亚最早开展抗日运动的国家之一，因而备受国际社会瞩目。自1905年《乙巳条约》签订始，朝鲜反抗日本帝国主义侵略的抗日独立运动便如火如荼地展开。由于日本殖民者施行高压政策，朝鲜独立运动志士纷纷流亡中国、俄罗斯、美国等国家并在海外继续进行抗日独立事业。20世纪上半期在朝鲜独立运动过程中涌现出了安重根、尹奉吉、李范奭、金若山等无数抗日英雄，这些抗日英雄的事迹极大地鼓舞了朝鲜人民的抗日斗志。同时，他们的事迹也激起了东亚各国人民的抗日意识与反战意识，深受各国人民的尊敬和推崇。在东亚许多国家的文学作品中都出现了反映朝鲜抗日英雄的文学叙事。

中国文人创作了大量以朝鲜抗日志士安重根、尹奉吉、李范奭等为题材的小说、传记、诗歌、戏剧、随笔等作品。1941年，尼姆·威尔斯（Nim Wales）和金山创作的以朝鲜抗日革命家金山生平为主题的传记作品《阿里郎之歌（The Song of Ariran）》在美国出版。二十世纪二三十年代在金陵大学（现南京大学）任教的美国著名女性作家赛珍珠（Pearl S. Buck）以朝鲜独立运动等历史事件为素材创作了小说《不死的芦苇（The Living Reed）》。这两位作家都长期在中国居住，对东亚文化有着深刻的理解。因此，本文将其东亚主题的作品作为东亚文学的一部分。抗日战争时期在中国境内从事反战活动的日本反战作家与开展抗日独立运动的朝鲜义勇队联系密切，并通过散文、随笔、演讲等作品塑造了金若山等朝鲜抗日志士形象。

---

[1] 国家社科基金重大项目中期成果"二十世纪东亚抗日叙事文献整理与研究"（项目号：15ZDB090）

目前，国内外从东亚抗日叙事的视角研究朝鲜抗日英雄叙事的论文不多，主要是相关资料挖掘不够。另外，为深入研究东亚现代文学中的朝鲜抗日志士叙事，本文将通过对中、美、日等各国文学叙事资料的发掘与整理，在梳理朝鲜抗日志士题材叙事作品的基础上，对各国叙事的特征进行初步的分析。

2. 中国近现代文学中的朝鲜抗日英雄叙事

中国近现代文学中的朝鲜书写，始于朝鲜亡国。1894年甲午中日战争后，东亚地区的势力结构发生了重大变化。面对日本的霸权与野心，中国近代知识分子开始对国家前途表示担忧。与此同时，邻国朝鲜陷入亡国危机，并最终沦为日本的殖民地。朝鲜的亡国给中国知识分子带来了巨大冲击。

近代著名学者梁启超曾创作《朝鲜亡国史略》，分析了朝鲜亡国的过程及原因。此外，中国文人还曾撰写《朝鲜亡国演义》《朝鲜痛史》及《日本灭高丽惨史》等纪实性历史书籍，以朝鲜亡国为镜鉴，从中摸索历史教训。与此同时，中国文人还对朝鲜抗日独立运动给予特别关注，创作了大量的相关题材作品，尤其以安重根、尹奉吉、李范奭等朝鲜抗日英雄为题材的叙事作品数量最为丰富，涵盖小说、传记、诗歌、电影、戏剧及随笔等各种文体。

2.1 安重根叙事

1909年10月26日，安重根在哈尔滨火车站刺杀日本要人伊藤博文，成为20世纪初东亚地区的重大事件。安重根事件不仅对东亚的政治局势产生了重要影响，也对东亚文学创作影响深远。由于当时中国与朝鲜同样面临亡国危机，中国文学作品中出现了大量有关安重根的叙事作品，其中包括小说、诗歌、传记等多种体裁。

以安重根为题材的代表性小说有胡显伯的《亡国泪》[1]、黄世仲的《朝鲜血》[2]、鸡林冷血生的《英雄泪》[3]、倪轶池、庄病骸的《亡国影》[4]、海沤的《爱国鸳鸯记》[5]、双影的《亡国英雄之遗书》[6]、资弼的《安重根外传》[7]、杨尘因的《英雄复仇记》等。

安重根事件发生后不到一个月，胡显伯便以安重根事件为原型创作并发表了小说《亡国泪》。胡显伯（1880—1948），即胡震，字显伯，笔名箫史，是扬州地区著名的律师和实业家，曾接受孙中山的三民主义并参与同盟会的秘密活动。辛亥革命后，曾担任扬州军政分府政法科科长，之后从事律师工作。《亡国泪》于1909年11月12日至1910年1月2日在《图画日报》连载，其中插画由当时著名画家张树培完成。《图画日报》高度评价该小说："一字一泪，读之令人发

---

[1] 箫史. 亡国泪[N]. 图画日报，1909—1910.
[2] 黄世仲. 朝鲜血（伊藤传）[N]. 南越报，1909—1910.
[3] 鸡林冷血生. 英雄泪[M]. 上海书局，1911.
[4] 倪轶池，庄病骸. 亡国影[M]. 国华书局，1915.
[5] 海沤. 爱国鸳鸯记（箕子镜）[N]. 民权素，第6—7期，1915.
[6] 双影. 亡国英雄之遗书[N]. 礼拜六，第90期，1916.
[7] 资弼. 安重根外传[N]. 小说新报，第5期第1号，1919.

无限感慨"[1]，并向读者推荐。该小说总共由28小节构成，主要登场人物有白玉清、李永和、安重根等。《亡国泪》的故事梗概大致如下：朝鲜遭到日本帝国主义的侵略，法部次官白玉清和陆军所长李永和为恢复朝鲜国权，奔赴荷兰海牙参加万国和平会议，以讲述朝鲜被日本侵略之惨状，希望赢得欧美各国的同情和支持，结果却令人大失所望。李永和不得已制订刺杀伊藤博文的计划，但以失败告终，最终殉国。白玉清也陷入绝望，跳海自杀，多亏附近渔民搭救得以幸存。后来，白玉清结识了李永和的旧部安重根。他们制订了十分周密的计划，安重根最终成功刺杀伊藤博文。小说中，作者胡显伯高度赞扬了为恢复朝鲜独立而进行抗日斗争的白玉清、李永和及安重根等爱国志士们的救国精神和义烈精神。同时，期待中国也能出现像安重根一样的爱国志士，并鼓舞中国民众进行反帝反封建的斗争。

短篇小说《亡国英雄之遗书》于1916年2月刊载于《礼拜六》杂志，作者署名双影。作者在小说中并未明确表明自己的名字和国籍，只是采用了"吾""吾国"这样的词语。"东方某暗杀案发现之前一日"则意味着1909年10月26日安重根事件发生的前一日，这也暗示着朋友处得到的小册子是安重根的遗书。作品流露出对处于亡国危机中的祖国前途的忧虑，以及为祖国复仇的意志。

《安重根外传》于1919年1月发表于《小说新报》，作者署名资弼。小说较为详细地记述了安重根的生平和义举经过、结果，包括安重根的出生和成长过程，安重根、禹德淳和曹道先等制订暗杀计划并实施的过程，以及义举之后的审判直至被执行死刑等情节。

此外，以安重根为题材的小说作品还有黄世仲创作的《朝鲜血》，该小说自1909年末至1910年5月7日于《南越报》连载。1911年由鸡林冷血生创作的小说《英雄泪》则描述了安重根的一生。1915年5月，《民权素》第7期刊载了海沤的《爱国鸳鸯记》，作者以其本人在哈尔滨义举现场的所见所闻为根据，对安重根事件进行了描述。倪轶池、庄病骸的《亡国影》分为上、下两卷，于1915年6月由上海国华书局出版发行。

以安重根为题材的诗歌有梁启超的《秋风断藤曲》、汪笑侬的《赠朝鲜刺客》、黄季康的《感安重根事》、汪洋的《敬题安重根先生传》、程善之的《金缕曲题安重根》、徐雅衡的《健儿行——纪朝鲜志士安重根事》等。

梁启超（1873—1929）是中国近代著名的思想家、政治家、教育家、史学家、文学家，也是维新派的代表人物。梁启超以安重根事件为题材创作了长诗《秋风断藤曲》。推测《秋风断藤曲》创作于1909年10月末至12月末之间。该诗较为抒情地描绘了安重根义举的相关状况，表达了梁启超对该事件的感受与看法。从艺术风格来看，全诗保持了"七言"古诗的旧风格，形式上采用96句长篇律诗的形式，而内容上却体现了爱国启蒙的"新意境"。

> 不识时务谁家子，乃学范文祈速死。
> 万里穷追豫让桥，千金深袭夫人匕。
> 黄沙卷地风怒号，黑龙江外雪如刀。
> 流血五步大事毕，狂笑一声山月高。

---

1 箫史. 亡国泪[N]. 图画日报，1909—1910.

>前路马声声特特，天边望气皆成墨。
>阊门已失武元衡，博浪始惊仓海客。
>万人攒首看荆卿，从容对簿如平生。
>男儿死耳安足道，国耻未雪名何成。
>
>——《秋风断藤曲》节选[1]

诗人刻画了安重根为国毅然献身的英雄大丈夫形象，并高度称赞安重根的爱国精神。全诗详细地描述了安重根的悲壮义举，借"豫让"之典故表现了安重根刺敌的坚定信念和义侠精神。"黄沙卷地风怒号，黑龙江外雪如刀"则正面衬托了安重根刺杀伊藤博文的强烈意志和勇猛气势。全诗慷慨激昂，格调与梅村之诗相似，气势则如初唐四杰。

中国近代著名戏剧家汪笑侬也曾创作安重根题材的诗歌《赠朝鲜刺客》。作者认为与过去历史上出现的众多刺客相比，安重根是为国献身、境界高尚、大仁大义的伟大刺客。与此同时，诗人呼吁中国民众向安重根学习，与帝国主义列强作斗争，拯救国家于危亡之中。

中国现代文学中也有很多以安重根为题材的传记作品，较具代表性的有侯官南公的《安重根传》[2]、叶天倪的《安重根传》[3]、郑沅的《安重根》[4]、张九如的《安重根遗事》[5]、杨南邨的《安重根》[6]和胡寄尘的《安重根小传》[7]等。

叶天倪的《安重根传》于1919年在上海刊行，全文主要由正文"安重根"、附录1"碧血集"和附录2"韩国诸义士传"等三部分构成。正文部分与朴殷植的《安重根传》较为相似，应该受后者影响较大，文中作者叶天倪高度称赞安重根为"世界伟人"。

郑沅的《安重根》分为上、中、下三篇。上篇为程清的《安重根传》以及吴传绮、易顺鼎、蔡元培等26位知名人士所作的后记和题词，中篇为郑沅所作《安重根略史》，下篇为附录，收录了郑沅所编述的《韩人杀卖国奴之历史》及安重根之弟安定根所作《安定根之血泪语》。这部作品对于中国读者了解安重根生平经历、加深对安重根义举的认识发挥了重要作用。

安重根事件同样成为正处于发展初期的中国近代电影的热门素材，出现了以安重根为题材的电影剧本，安重根题材的电影也得以成功制作和上映，这便是1928年由郑基铎与全昌根在上海制作的电影——《爱国魂》。电影以朴殷植的《爱国魂》为蓝本，由全昌根进行剧本创作。全昌根是与安重根一同进行沿海州义兵运动的全济益的儿子，对安重根的生平史实较为熟悉。电影的发行方大中华百合公司希望通过刻画安重根这一人物形象，激励中国民众勇于抗争，期待中国也能出现像安重根一样的爱国义侠烈士。

中国文学中的安重根叙事作品在当时中国文人中间广为传阅，并引起巨大反响。许多文人

---

1 梁启超. 秋风断藤曲[M]. 饮冰室文集之四十五. 中华书局, 2008.
2 侯官南公. 安重根传[N]. 克服学报, 第2期, 1911.
3 叶天倪. 安重根传[M]. 上海, 1919.
4 郑沅. 安重根[M]. 上海, 1920.
5 张九如. 安重根遗事（续）[N]. 心报, 第19期, 1920.
6 杨南邨. 安重根（亡国痛史）[M]. 上海进益社, 1928.
7 胡寄尘. 安重根小传[N]. 儿童世界（上海1922）, 第23卷第12期, 1929.

在阅读了安重根相关叙事作品之后，纷纷创作诗歌或文章以表达自身对安重根义举的看法和见解。例如，陶毅的《书安重根传后》[1]肯定了安重根大无畏的刺敌精神，但却认为安重根的见识并不深刻。吴传绮的《侠烈行白葭居士属作》[2]认为与其刺杀外贼伊藤博文，不如暗杀李容九、李完用等朝鲜国内的卖国贼，后种作法更为明智，并号召中国民众打倒全中国的卖国贼。中国的文人志士通过接触安重根叙事作品，加深了对朝鲜抗日志士的认识和理解。

2.2 尹奉吉叙事

1932年4月29日，尹奉吉在中国上海虹口公园投掷炸弹，成功刺杀日军大将白川义则。中国文人通过小说、剧本、诗歌等多种体裁的文学作品塑造了抗日英雄尹奉吉的形象。

小说方面的代表作品为潘子农的短篇小说《尹奉吉》[3]。潘子农为二十世纪三四十年代著名的剧作家与话剧演员。在尹奉吉金泽殉国前14天，即1932年12月5日，《尹奉吉》被《矛盾月刊》（第1卷第3—4期合刊）发表。此小说由六节构成，第一至三节叙述了尹奉吉为寻求民族独立，途经青岛来到上海，接受刺杀任务并成为爱国团一员的过程。第四节描写了义举当日，即4月29日的情况。第五节节录了登载于义举第二天，即4月30日《时事新报》的相关报道（阅兵式与纪念仪式，炸弹爆炸及其结果，日军的搜索等）。在最后一节里，作者盛赞尹奉吉："这伟大的朝鲜青年将一个伟大的印象留在世界上每个人之内心。"

《复仇》[4]是1933年2月孙俍工创作的独幕剧。此剧本主要描述了尹奉吉在义举前与同志兼恋人李凤兰离别的场面。剧中男主人公的名字被设定为尹壮吉，但由剧情来看，可以确认尹壮吉即为尹奉吉。《复仇》深刻地表现出尹奉吉抵抗日本侵略的强烈意志、英勇的斗争精神以及为国捐躯的牺牲精神。

1933年3月，夏家祺发表了儿童剧本《尹奉吉》[5]。此剧为三幕儿童剧，第一幕为"密议"，第二幕为"别亲"，第三幕为"炸白川"。因儿童剧本的特性，每一幕都比较短小，人物间的对话也相对简单。

现代历史剧《尹奉吉》[6]为陈适于1934年5月发表在《黄钟》第4卷第6期的作品，共2幕。陈适在作品后记里称："此稿取材于韩人爱国团编印之《屠倭实记》中之《虹口炸案之真相》一文，虽剧情有所增删，但自信不致远离事实。"[7]作品通过描绘尹奉吉与妻子、孩子离别的场面，展现出战乱中的亲情，同时还刻画出尹奉吉为国献身的英雄形象。

在诗歌方面，歌颂尹奉吉的代表性诗歌作品有冯玉祥的《尹奉吉》[8]、老梅的《义士行》[9]、

1　陶毅. 书安重根传后. 郑沅，安重根[M]. 1920.
2　吴传绮. 侠烈行白葭居士属作. 郑沅，安重根[M]. 1920：6.
3　潘子农. 尹奉吉[N]. 矛盾月刊. 1932（1—3/4）.
4　孙俍工. 复仇[N]. 前途，1933（1—3）.
5　夏家祺. 尹奉吉—儿童剧本[N]. 地方教育，1933（42）.
6　陈适. 尹奉吉—现代的两幕史剧[N]. 黄钟，1934，4（06）.
7　同上。
8　冯玉祥. 尹奉吉. 玉祥诗集[M]. 1934.
9　老梅. 义士行二：咏尹奉吉义士虹口炸案[N]. 光复，1941，1（04）.

隐庵的《赠尹奉吉》[1]，以及陈伯君的《朝鲜义士尹奉吉歌》[2]等。

冯玉祥在诗歌《尹奉吉》里悼念了尹奉吉并高度评价了其为国捐躯的大仁大义。冯玉祥作为中国著名的军阀，在诗中哀叹了中国遭受日本侵略的悲惨又耻辱的现实，同时又大声疾呼："尹奉吉，在哪里？"，"尹奉吉，我等你！"作者赞美了尹奉吉的英雄精神和抗日精神，并呼吁中华民族进行抗日斗争。

老梅（1882—1961），本名景梅九，是著名的文学家、媒体人，也是辛亥革命元老、民族革命的先驱。1902年景梅九赴日留学，1906年在日本加入同盟会。辛亥革命后，他反对专制，撰写《讨袁世凯檄文》，谴责袁世凯。此外，他还反对蒋介石，主张积极抗日。老梅的诗歌《义士行》由3组纪念诗歌构成，第一首纪念李奉昌，第二首纪念尹奉吉，第三首纪念在大连试图刺杀关东军司令官和南满铁路总裁的崔兴植、柳相根、李盛元、李盛发。第二首诗描述了尹奉吉在朝鲜沦为殖民地后的悲惨境遇与义举。其中，通过详细描述尹奉吉刺杀白川的过程，传达出尹奉吉为祖国的自主与独立而甘愿牺牲的坚定意志。诗人将尹奉吉描述为豪侠，表达出对朝鲜抗日英雄的尊敬与叹服之心。同时，诗人站在民主革命的立场上，期待中国也出现如尹奉吉一样反抗日本帝国主义侵略的志士。此外，诗人还呼吁两国人民携手抵御日本侵略，表现出了国际联合意识。

2.3 李范奭叙事

李范奭出生于1900年，是朝鲜著名的抗日独立运动家，1915年随吕运亨流亡中国，1916年在杭州体育学校学习6个月，后以第一名的成绩于云南讲武学校毕业。1919年任新兴武官学校教官、北路军政署教官，1920年成为士官练成所部长。同年10月在青山里大捷中，作为第二梯队指挥官积极辅佐总司令金佐镇，1923年成为高丽革命军骑兵队长。1925年，李范奭作为苏联联合民族军绥芬地区的指挥官参加了苏联革命战争，之后历任中国抗日军黑龙江省军作战科科长、中国军欧洲军事视察团团员等职。1934年任洛阳军官学校韩籍军官队长，后又任中国陆军三路军参议级高级参谋、中国第三集团军55军军团参谋处处长，1940年转任中国中央训练团中队长。1940年9月，大韩民国临时政府组建光复军司令部后，任第二支队长，参加与美军的协同作战。1945年成为光复军参谋长（总长），1946年6月返回韩国，曾担任大韩民国首任国防部部长。

1942年，在中国进行抗日独立运动的李范奭与中国作家无名氏（本名卜乃夫，1917—2002）相识，两人十分投缘，结下了深厚的友谊。为方便采访，无名氏搬入李范奭的住所与其共同生活。在4个月左右的时间里，每天晚上从8点到12点，无名氏都与李范奭畅谈。他在了解到李范奭的个人经历及抗日独立运动的相关事迹后，以此为题材，创作了《红魔》《龙窟》《北极风情画》《骑士的哀怨》《露西亚之恋》等一系列小说。

《红魔》讲述了1907年8月朝鲜军中队长金佐镇及其部下姜载河因反抗日本强制解散大韩帝国军队的命令而负伤，在逃亡途中得到青年李箕的帮助而生存下来的故事。《龙窟》是《红魔》

---

1 隐庵. 赠尹奉吉[N]. 枕戈，1932（10）.
2 陈伯君. 朝鲜义士尹奉吉歌[N]. 舆论，1940（01）.

的续篇，主要通过主人公李箕批判了皇族亲日派的丑态，故事结尾通过描述李箕与其朋友组织自强体育会反抗日本殖民统治，暗示未来朝鲜的希望。

《龙窟》与《红魔》中登场的青年皇族李箕即是以李范奭为原型创造出的人物形象，是一个富有正义感，极度憎恨吞并朝鲜的日本帝国主义，具有强烈民族意识与抗日热情的革命新生代。作家描述朝鲜革命新生代的目的是使朝鲜人看到独立的希望，同时，还暗含着激发中国国民的抗日意识，唤醒其反抗意识以将日本帝国主义驱逐出去的深意。

《北极风情画》依据李范奭在苏联的经历创作而成，主要描述了朝鲜抗日军人与波兰少女的爱情故事。小说意境优美、想象力丰富、结构独特，是无名氏的代表作。

关于朝鲜抗日英雄的中国现代文学作品具有十分鲜明的特征。主要包括：内容层面上的丰富性、体裁层面上的多样性和作者层面上的多元性等。

3. 以朝鲜抗日英雄为题材的美国作品

中国抗战作为世界反法西斯战争的重要组成部分受到世界多国作家的关注，并成为他们文学创作的主题。例如美国的埃德加·斯诺（Edgar Parks Snow, 1905—1972）、安娜·路易斯·斯特朗（Anna Louise Strong, 1885—1970）、艾格尼丝·史沫特莱（Agnes Smedley, 1890—1950），格兰姆·贝克（Graham Peck, 1914—1962）、赛珍珠（Pearl Buck, 1892—1973），英国的李约瑟（Joseph Needham, 1900—1995）、田伯烈（Harold John Timperley, 1898—1954）、乌特莱（Freda Utley, 1898—1978），苏联的艾德林（Eydlin Lev Zalmanovich, 1909—1985）、罗格夫（Rogoff, 1909—1988），日本的石川达三（1905—1985）、鹿地亘（1903—1982）、绿川英子（1912—1947）等，这些作家历经艰险来到中国，亲身经历中国的抗日战争并以此为基础开展文学创作活动。其中，在中国开展民族独立运动的朝鲜人也在美国作家的作品中作为主人公出现，最具代表性的便是朝鲜独立运动家金山与美国作家海伦·斯诺在延安偶遇后共同创作的《阿里郎之歌》。

金山（1905—1938）原名张志乐，出生于平安北道龙川，1920年左右来华，曾在新兴武官学校学习6个月，到达上海后负责临时政府机关报《独立新闻》的编辑与印刷工作。金山因此结识了许多独立运动家并接触到孙中山的作品，开始信仰共产主义。1925年7月，金山去往广州并加入中国共产党。1926年，金山开始担任朝鲜革命青年同盟干部、《革命行动》副主编，同时也在中山大学学习外语、经济、哲学，并加入叶挺独立团。随着抗日战争的全面爆发，1938年金山到达延安并在抗日军政大学任教。在延安他见到了海伦·斯诺并口述自身经历，海伦·斯诺以此为素材于1941年以尼姆·威尔斯的笔名在美国出版了与金山合著的《阿里郎之歌》。

海伦·斯诺（Helen Foster Snow, 1907—1997）与身为记者的丈夫埃德加·斯诺一起在1930年代采访了很多中国的革命家并留下了大量著作。埃德加·斯诺与中国共产党的领导人交情颇深，作为西方记者第一个走访了延安等地区并创作了《西行漫记（*Red star over China*）》。海伦·斯诺著有《续西行漫记（*Inside Red China*）》，后在延安遇到朝鲜独立运动家金山并创作了《阿里郎之歌》。

《阿里郎之歌》是接近于报告文学或纪实的叙事作品，主人公金山虽然是参加中国革命的国际共产主义者，但作家在作品中将其刻画成革命领导者、抗日独立志士、知识分子的形象，使人物更具魅力。读者通过金山这一人物可以窥见二十世纪二三十年代殖民地青年的形象。此书的出版向国际社会披露了朝鲜的悲惨状况，强调了朝鲜革命志士反帝斗争的正当性，引发了国际社会对日本帝国主义的谴责。海伦·斯诺在中文版序中也称此书出版后在美国社会引起了很大反响。

T.A.比森（T.A Bisen）在《星期六文学评论（The Saturday Review of Literature）》上写道："金山的传略是一本极好的人类的文献……生动地叙述了一个朝鲜爱国者、革命家和流亡者的心理发展过程和内心的探索，常常引起人们痛苦的共鸣"。塔拉纳希·达斯（Taranaki Darth）在《今日印度（India Today）》写道："……关于勇敢、冒险和罗曼蒂克爱情的令人叹为观止的故事……"《巴尔的摩太阳报（Baltimore Sun）》写道："本书思想和文字之美紧紧吸引着人们，因为金山既是一个诗人，又是一个朝鲜的造反者。"《檀香山星报（Honolulu Star-Advertiser）》写道："这本书是对导致最近的失败主义心理的犬儒哲学的一副强有力的解毒剂。它对马基雅维利恰成对照，回复到托尔斯泰的人道主义。对比之下，像使人呼吸到了一股清新、鲜凉的山地空气……"尼姆·威尔斯对（金山的）生平和为人的叙述给英语和世界以新的魅力、美好、真诚和力量。菲力普·阿德勒（Philip Adler）1942年在《底特律新闻（The Detroit News）》写道："本书叙述了朝鲜人……在西伯利亚和中国的斗争……斯诺女士为朝鲜人的事业而积极奔走……书中叙述的故事是非常引人入胜而新鲜的。"[1]

曾获得1938年诺贝尔文学奖的美国女性作家赛珍珠也创作了以朝鲜为背景的《不死的芦苇》《新年》等作品。《不死的芦苇》于1963年在美国发表，同年韩国便有译本出版，引起大众热议。《不死的芦苇》作为一部以朝鲜为舞台的长篇小说，记述了自旧韩末至1945年朝鲜半岛解放金氏家族四代人波澜壮阔的人生历程，通过严密的考证、巧妙的构思与极具活力的文字展示了过渡期的朝鲜历史与文化。此书在美国一经出版便十分畅销，《纽约时报》等媒体盛赞其为"《大地》之后的杰作"，也是赛珍珠送与韩国的珍贵礼物。

小说讲述了生活在日本殖民统治下的主人公金一翰家族的抗日独立活动。1910年日本吞并朝鲜半岛之后，金一翰夫妇被迫回到家乡，教导儿子连春和连焕读书。连春为进行独立斗争离家后从事地下运动，连焕与同事、同时也是虔诚的基督徒结婚，"三一运动"之时为救火中的妻女惨死，连焕的儿子金阳成为孤儿，在祖父家中长大。因从事独立运动被捕的连春出狱后，以"不死的芦苇"之名在中国各地继续从事独立运动，一时成为传奇人物。小说题目"不死的芦苇"既是金连春的化名，也是小说最具象征性的词语。赛珍珠以完成度极高的文学作品展示了逆境中坚韧不屈的朝鲜半岛人民的民族性。

海伦·斯诺与赛珍珠从西方人的视角以朝鲜独立运动相关事件为素材进行创作，不仅在韩美两国，在东西方文化交流与增进理解方面也具有十分重要的意义。

---

[1] 尼姆·威尔斯，金山. 阿里郎之歌——中国革命中的一个朝鲜共产党人[M]. 新华出版社，1993：1.

4. 在华日本反战作家的朝鲜义勇队叙事

随着抗日战争的全面爆发，日本部分左翼作家流亡中国，在中国从事反战活动，其代表人物有鹿地亘、绿川英子、池田幸子、青山和夫等。他们在国民政府的扶持下，积极开展反战宣传、演讲、教育和改造战俘等工作。与此同时，他们与鲁迅、郭沫若、冯乃超等中国文人、作家保持着密切的交往，携手开展文艺反战活动。以这些反战作家为核心建立起来的日本反战同盟与朝鲜义勇队、中国台湾义勇队，以及其他朝鲜抗日志士形成了紧密的抗战同盟关系，国际联合抗战氛围浓厚。在华日本反战作家特别关注朝鲜的民族解放运动，他们与朝鲜抗日志士的交流活动也成为他们作品创作的素材。

朝鲜义勇队每年3月1日均会举办"三一运动"纪念活动，日本反战作家以发表演讲或是纪念祝词的形式进行声援。1939年3月1日，鹿地亘出席"三一运动"纪念活动并发表了题为《三一节纪念祝词》的演讲，他在讲话中肯定了"三一运动"的伟大意义，赞扬了朝鲜独立运动人士的斗争精神，并为他们的反抗行为感到骄傲、自豪。他带领朝鲜义勇队队员们庄严宣誓，要打倒日本法西斯主义，创造平等、自由、友爱的新制度，完成血盟的艰巨任务。[1]

1940年朝鲜义勇队成立两周年之际，日本反战作家青山和夫发表《朝鲜义勇队的两周年》一文，高度评价朝鲜义勇队："在中国抗战中成长的朝鲜义勇队，是国内朝鲜革命团体联合起来的最优秀的组织和最有力的实践队伍"[2]。他们在抗战的前线和后方，配合中国军队瓦解日本侵略军的行动，特别是对敌宣传工作成绩突出，加深了两国间的友谊。青山和夫指出朝鲜义勇队在中国抗战中的重要地位，向在艰苦条件下成长起来的朝鲜义勇队表达了敬意。

反战作家鹿地亘与朝鲜义勇队队长金若山之间一直保持着密切的革命友谊，据鹿地亘回忆录记载："1939年8月，押送朝鲜人战俘到义勇队的时候，我见到了久违的朋友金若山队长……"，鹿地亘对朝鲜义勇队作了如下评价：

> 在异国土地上参加抗日战争的朝鲜爱国志士们在金若山队长的指挥下建立起了朝鲜义勇队，他们与为支援祖国抵抗外敌入侵成立的中国台湾义勇队是中国抗日战场上两支特殊的抗日力量。特别是朝鲜义勇队，他们是以在黄埔军校接受过军事训练的青年军人为骨干组成的一支数百人的队伍。其中一支分队由武汉北上，进入延安和华北地区；另一支队伍作为保卫武汉的先锋队积极抗战，与国民党军队一起，活跃在湖北、湖南、广西、四川等各个前沿阵地上，并与之后建立的日本反战同盟紧密协作、携手抗战。[3]

在金若山队长的带领下，鹿地亘参观了朝鲜义勇队的兵营，将自己的所见所感细致记录如下：

> 义勇队借用了武昌市内的一家相对较大的民宅作为兵营。石头院子的周围有四间房屋。集合命令一出，近五百名身穿草色军装的年轻人，浩浩荡荡地集结在一起，一下子就把院子塞满了……

---

1 鹿地亘，冯乃超. 三一节纪念祝词[N]. 朝鲜义勇队通讯，1939(06)：3—4.
2 青山和夫. 朝鲜义勇队的两周年[N]. 朝鲜义勇队通讯，1940(38)：5—6.
3 鹿地亘. 日本兵士の反戦運動[M]. 日本：同成社，1962：26.

队长宣布开会，向队员们介绍了我并请我做简短发言。事实上，直到现在，我也不敢相信在这种地方会有如此多的一群朝鲜年轻人，着实有点被这气势吓到了。而青山却从背后催促我，"你快说两句吧"，我心情激动地走上前去，十分坦率地表达了我能够在此与众多朝鲜兄弟们相见，内心感到无比兴奋，让我们一起携起手来，竭尽全力共同与侵略者们作斗争。这番讲话引起了热烈的掌声。[1]

朝鲜义勇队金若山队长对日本反战同盟也表现出友好的态度，在与日本反战同盟一起组织的联欢会上，他指出，"日本反战的兄弟们与我们朝鲜义勇队一样，是反法西斯斗争的亲密战友……为了解救日本军阀压迫下的朝鲜人民大众，我们团结一心，打倒我们共同的敌人——日本军阀！"[2]。

日本反战作家池田幸子还深入到朝鲜义勇队家属当中，撰写了关于朝鲜义勇队家属的访问记。在《朝鲜义勇队的家属》[3]一文中，记录了池田幸子在金若山（朝鲜义勇队队长）的邀请下来到义勇队家属的住所参观访问的情况，那里井然有序的生活状态和热情的氛围给她留下了深刻的印象，加深了她对朝鲜革命者的敬畏心。

日本反战作家笔下的朝鲜义勇队叙事是现代文学上罕见而珍贵的资料，具有文学和历史资料的双重属性。通过这些资料不仅可以见证日本反战作家与朝鲜义勇队之间的人文交流活动，还可以窥见东亚抗日联合统一战线的形成过程，帮助我们更好地了解东亚文学的互动与交流。

5. 结论

朝鲜半岛的抗日民族独立运动是反殖民、反侵略的正义斗争。整理和研究东亚文学，以及世界文学中有关朝鲜抗日独立运动的叙事资料具有重要的意义和价值。

中国的文人们面对日本的野心和侵略感到前所未有的危机，出于对祖国命运的担忧，对朝鲜的亡国和民族解放运动表现出极大关注，并立足这一主题进行文学创作，从而警醒对国家命运漠然视之的中国大众。抗日战争全面爆发之后，中国作家转而从国际联合抗战的层面对朝鲜的抗日志士进行文学书写。中国文坛上有关朝鲜独立运动的叙事，不论是数量还是主题都表现出多样化的特征。

抗日战争时期，在华美国记者海伦·斯诺和小说家赛珍珠也与朝鲜独立运动人士有着密切接触，并以此为主题进行文学创作。他们的作品以西方人的视角去描写朝鲜的抗日运动，具有独特的视角价值和史料价值。另外，这些作品均以英文创作并在美国出版发行，这为国际社会更好地了解朝鲜的抗日独立运动做出了重要贡献。

在日本军国主义压迫下，日本反战作家也纷纷流亡中国，他们与遭受日本殖民压榨的朝鲜独立运动者在中国的土地上相遇并惺惺相惜，建立起超越国家和民族界限的抗日统一战线。在这一历史进程中，日本反战作家的朝鲜抗日叙事也成为东亚文学中珍贵的精神财富。目前学界对抗日独立运动背景下中朝、中日作家间的交流和文学叙事的研究几乎还是空白状态。因此，

---

1 鹿地亘. 回想记：抗日战争のなかで[M]. 东京：新日本出版社，1992：206—207.
2 张恩铎. 欢迎日本战友[N]. 朝鲜义勇队通讯. 1941(39)：13—14.
3 池田幸子. 朝鲜义勇队家属访问记[N]. 东方战友，1939(06)：4.

对这一主题的深入研究对于阐明日本殖民侵略时期，东亚各国作家之间的交流、思想传播、联合意识等具有重要价值。

参考文献

郭英剑. 赛珍珠与亚洲[J]. 江苏大学学报：社会科学版，2016, 5.
吕元明. 被遗忘的在华日本反战文学[M]. 长春：吉林教育出版社，1993.
李宗远，张丽丹. 国际友人与抗日战争[M]. 北京：中国民主法制出版社，1999.
尼姆·威尔斯，金山. 阿里郎之歌——中国革命中的一个朝鲜共产党人[M]. 北京：新华出版社，1993.
朴宰雨. 韩国三一运动与中国五四运动之对话[M]. 北京：中国社会科学文献出版社，2001.
山田敬三，吕元明. 中日战争与文学[M]. 长春：东北师范大学出版社，1992.
谢仁敏. 晚清小说《亡国泪》考证及其他[J]. 明清小说研究，2009, 2.
김재욱. 「尹奉吉 의거를 제재로 한 중국 현대문학 작품과 그 특징」[J]. 한국독립운동사연구, 제55집, 독립기념관 한국독립운동사연구소, 2016.
박재우. 「중국 현대작가의 한인 항일투쟁에 대한 반영과 묘사」[J]. 중국학연구, 제35집, 중국학연구회, 2006.
윤병석. 「安重根의사 傳記의 종합적 검토」[J]. 한국근현대사연구, 제9집, 한국근현대사학회, 1998.
장효군. 「중국 근대문학 속의 安重根 형상 연구」[D]. 전남대학교 석사학위논문, 전남대학교 대학원, 2009.
최형욱, 「梁啟超의「秋風斷藤曲」탐구」[J]. 동아시아문화연구, 제49집, 한양대학교 동아시아문화연구소, 2011.
韓詩俊. 「안중근에 대한 중국학계의 연구성과와 과제」[J]. 한국근현대사연구, 제59집, 한국근현대사학회, 2011.

作者简介

牛林杰，山东大学外国语学院教授，文学博士
　　研究方向：韩国文学
　　通信地址：山东省济南市历城区洪家楼5号山东大学外国语学院
　　电子邮箱：niulj@sdu.edu.cn

汤振，山东大学文学院在站博士后，文学博士
　　研究方向：中韩比较文学、中国现当代文学
　　通信地址：山东省青岛市即墨区滨海路72号山东大学人文社会科学青岛研究院
　　电子邮箱：tangzhen20081005@126.com

新文学教育理念下的韩国文学史教育目的、目标与内容体系研究
——以中国四年制大学韩国语系学生为对象

北京大学 南燕

摘　要：韩国语教育中韩国文学史教育有着不可或缺的重要意义。但遗憾的是，韩国文学史教育却一直处于一种原地踏步的窘境。究其根源就在于文学（史）教育理念的滞后，加之没有课程标准的体系研究，导致教材编写、教学方法和评价方法的设计都存在诸多问题。为改善韩国文学史教育的现状，本文汲取韩国文学教育的经验，积极引入新的文学（史）教育理念，并借鉴韩国国语教育中的文学（史）教育目的、目标和内容体系，结合韩国语系学生具体的特点和学习需求，重新定位了韩国文学史的性质，设定和构建了韩国语教育中韩国文学史的教育目的、目标与内容体系。

关键词：中国韩国语系；新文学教育理念；韩国文学史；教育目的与目标；内容体系

1. 前言：韩国文学史教育的意义与中国韩国文学史教育现状

文学是一门语言艺术，是一种文化，是思考的产物，亦是一种沟通（우한용，1997：33-58）。文学所具有的这些本质特点使得它不仅在母语教育，在外语教育中也都不曾缺席，而占有非常重要的地位。[1]依据文学的这些本质特征，外语教育中的文学教育通常被分为三个层面（윤여탁，2007：76-95）：一是以提高语言运用能力为目标的文学教育，二是以提高文化能力为目标的文学教育，三是以提高文学能力为目标的文学教育。[2]前两者属于通过文学进行的语

---

[1] 对于外语教育中文学的有用性，学者们通常引用J.Collie and S.Slater的如下总结（J.Collie and S.Slater，1987：3-6）。1）文学可以提供有价值的、真实的材料。2）文学可以提供丰富的文化信息。3）文学可以提供丰富的语言材料。4）文学可以与个人体验相联，从而扩大个人体验，并培养学生的想象力。

[2] 而其实依据文学是思考的产物、是一种沟通这一特点，还可以有第四个层面的文学教育，就是以个人成长（思维能力、想象力、自我与他人理解等）为目的的文学教育，学者황인교就曾在论文《외국어로서의 한국문학교육의 가능태》（황인교，2001：409-434）中提到过。但在实际的教学中，由于学时所限，和以文化能力培养为目的的文学教育模式一样，这一模式的教育也很难单独开设成一门课程，只能融于其他模式的教育当中。但这一模式其实与教育的终极目的更为相符。

言文化教育，后者是对文学本体的教育。在科目设置上，通常是将前两者融合在一起，在"综合韩国语（初中高级韩国语）"课程中予以涉及；后两者融合在一起，以"文学史"或"文学作品选读"的课程形式呈现。[1]

其中，文学史的学习有着不可替代的重要意义。首先，文学史知识是必须学习掌握的文化常识，是必须具备的最基本的文学素养与文化素养。作为语言艺术的文学是各民族最为宝贵的文化遗产，亦是文化理解的重要途径与手段，也是渗透于其语言思维的文化基础。文学史作为有关文学的体系性知识，是非常重要的文化常识（김정숙，2002：6）。只有学习掌握了文学史，才能够实现与对象国人（韩国人）的无阻碍沟通。而综合韩国语课上接触的文学作品数量极其有限，它所能展现的只能是韩国文学极其有限的冰山一角；[2]文学作品选读只是对个别作品的体验与解读，无法提供史的全局轮廓；只有文学史课程可以让学生系统掌握韩国文学（史）常识。

其次，学习文学史可以以一种最为生动的方式了解韩国的历史文化，了解韩国人的生活史、精神史，了解当今韩国文学文化赖以存在的过去，从史的视角去理解作为人类文化一部分的不同民族的历史文化，从而开拓学生的文化视野，拓宽历史意识的维度（曹文轩，2018：6-7），进而更好理解个人、集体存在的价值与意义。在研究人类精神的多个人文学领域中，文学是最能将个人与社会具体而又广泛地维系在一起的方式（박인기，2001：20），书写个人经验的文学亦是比专门记载历史的史书、传记等更为生动和完整地记录集体经验的活的方式（曹文轩，2018：6-7）。

第三，文学史的学习可以提供理解作品所需要的背景知识脉络（schema），理解作品创作的时代价值，将所有作品置于史的脉络当中，从全局角度予以审视。依据读者反映理论，文学作品具有多义性，可以依据每个读者的不同经验予以不同角度的阐释，但作为某一时代某一作家的产物的文学作品必然具有其原始的创作意图与意义，而有理有据地还原这一意义则需要必要的史实背景知识。

第四，文学是人学，文学是对人生最直接、最生动的记录。通过文学，人们可以身临其境地了解过去、感知现在、勾勒未来，进而理解广阔的人生，理解他人与自我，掌握生活的智慧。文学史展现的就是一幅如"清明上河图"般的人生历史画卷。通过韩国文学史的学习，可以了解韩国人的人生发展历程，为理解当下韩国人的生活、言行、文化等奠定基础，同时还可以学习诸多宝贵的人生智慧。

第五，文学史的学习有助于练就"以史观今、以今观史"的辩证视角。历史的解读是多角

---

[1] 有的学校的课程设置里同时设有文学史和文学作品选读课程，而有的学校是开设一门。同时设置两门的学校，目的是为了补充文学史教育的时间，让学生接触到更多的文学作品。但现实是大多数学生都只为修学分而选课，通常不会选修两门文学课，所以往往只会开设一门。而由于文学史学习的必要性和学生们没有作品阅读体验的这一特点，无论开设哪一门课程，其授课性质都是一样的，都需要兼具文学史和作品选读的内容。

[2] 综合韩国语课程主要以提高学生的韩国语语言运用能力为基本目的，以人文素养提高为终极目标，课程需要涉及各种体裁文章，涉及的文学作品也大都是实用性较强的当代作品。并受限于学生的语言水平，通常每学期共学习15篇文章，其中文学作品最多也就只有四五篇。

度的，文学史也不例外。学习文学史，不是照本宣科地去记忆和复述历史，而是要从历史中去汲取有助于今天文学发展或现实生活的经验，同时又要从今人的视角去对过去的作品予以新的阐释，这样一个互为影响的过程中，逐渐形成"以史观今、以今观史"的审视态度，从而勾勒出属于每一个人的文学史（정재찬 외，2015，140–144）。

总而言之，文学史的学习（教育）是基本的文学文化素养教育、历史文化教育、历史意识教育、人生（人性）教育、思维教育，文学史学习重要而且必需。然而在现实中文学史的教育却不尽如人意。一线教学当中依旧在沿用几十年不变的"文学史背景知识的讲解和作家介绍→文学作品主题和时代价值的还原性解读"这一传统教学模式。虽然在作品主题和时代价值阐释时也会让学生各自发表意见，某种程度上实现了学生中心的教学方式，但是这种学生中心却是有限的，因为作品解读之前的历史背景知识的讲解和作家介绍限制了学生思考的维度，灌输了一种先入为主的常规性的"偏见"，这显然不利于学生结合自身的体验从更多样的角度对作品进行理解和阐释，限制了文学史学习的意义。而导致这种局面出现的根本原因就在于文学（史）教育理念的滞后。目前普遍认为文学教育就是"文学作品＋教育"，培养的就是经典作品解读赏析的能力。基于这种理念的文学史教育也就等同于"经典作品解读＋文学史知识＋教育"模式。这种观点将文学缩略为文学作品，将教育缩减为技能的培养。然而，众所周知，文学是个多维的概念，它不等同于作品，教育也不等同于技能的培养，它应该是以培养人为终极目标的，所以文学（史）教育应该是一个更为复杂的概念与过程，其内涵及教育意义也更丰富与深远。

换言之，传统的韩国文学史教育关注的是对客体"文学文本"的学习，而忽略了教育的主体"人"的培养，它缩小了文学史教育的意义。而基于这样一种理念，也就导致目前所编写的16部文学史教材编写体例陈旧，千篇一律；[1] 文学史教育方法和评价方法单一无趣。[2] 因此，为改善目前韩国文学史教育的现状，需要从问题的根源入手，纠正既有文学（史）教育理念的偏颇，重新定位韩国文学史教育，明确韩国文学史的目标和内容体系，构建文学史课程标准，[3] 为教材编写和教学方法、评价方法的研发提供理论依据。

---

[1] 已有的文学史教材大都按照文学史时代划分，以叙述方式（或知识介绍方式）撰写，每一年代的内容采用"背景知识（历史文化→文学界动态）→作家作品简介"的模式叙述。也有为数不多的教材考虑到学生作品阅读体验的不足，以作品阅读和赏析为主，用表格形式简单介绍文学背景知识，但"背景知识→作品学习"的模式没有改变。关于韩国文学史教材的具体分析可以参考论文《중국인 학습자를 위한 한국 문학사 교재 개발 연구》（남연，2012：161-167）。

[2] 目前文学史教学的基本模式是先对文学背景知识做简单介绍，之后再介绍作品，有的会添加具体作品的阅读和赏析；授课方式是老师讲述与学生做报告相结合，教育评价大体分笔试和论文两种。教学与评价方式单一，并偏重知识的传授，脱离教育的终极目的，这不仅很难激发学生的学习兴趣，而且也将教育引向了误区。

[3] 目前没有公认的韩国文学史课程标准，也没有关于文学史教育课程标准的相关研究，只有남연（2004）、장영미（2015）、南燕（2019）三篇研究韩国教育中整体文学教育课程标准的论文。

2. 韩国文学史教育的重新定位

在重新确立韩国文学史目标与内容体系之前，需要明确韩国文学史教育的定位和性质。这里需要考虑到两方面的因素，一是从本体论的角度出发，关注文学（史）教育概念（理念）的转变；二是从教育的角度出发，关注学生的需求。

众所周知，随着人们认识的不断发展，文学和教育的概念也发生了转变，这也必然带来文学（史）教育的概念的变化。文学的概念从最初强调教诲作用的"文以载道"，逐步发展为认识到其艺术想象功能的"语言艺术"，再到视文学为一个动态的活动系统的"文学活动（包括世界、作者、作品、读者在内的文学现象）"，再到视文学为一种文化传承于实践的"文学文化"。教育也从强调知识的学问中心教育、学科主义教育到强调能力、过程的经验主义教育，发展为强调人性培养的人本主义教育。根据文学观和教育观的演变，文学（史）教育的概念也经历了一个变迁的过程，从最初的文本中心教育（文学是静态的作品的文学观＋学问中心教育观），发展为文学现象中心教育（文学是由作家、作品、世界、读者构成的动态结构的文学观＋经验主义教育观或人本主义教育观），再到创造和享有文学活动的教育（文学是文化实践的文学观＋人本主义教育观）。前两者都是以文学本体为中心、强调对文学这一客观对象的学习与能动性接受的教育，但却忽略了"文学（史）教育"中"教育"这个重要因素。"创造和享有文学活动的教育"这个概念弥补了这个缺陷，囊括了文学本体和教育的各个要素（教师、学习者、教育内容、课程标准等诸多要素）。这一概念摒弃了以学习对象"文学"为核心的旧观念，遵循"以人性教育（培育人）为根本目的"的教育的本质属性，着眼于"学习者"的成长与变化，强调文学与生活的紧密性，强调学习者作为文学文化的创造者与享有者的主体性。由此，文学（史）教育不再只停留在对伟大作家作品的赏析与能动性的解读，而是要让学习者积极参与到文学文化的创作当中，在这一过程中实现个人的成长等社会目标。可见，文学（史）教育概念从强调"文学本体"逐渐演变为强调"育人"，而这也是从教育的角度，而非文学的角度去定义文学教育的必然结果。[1] 所以，韩国语教育中的文学（史）教育也应当与时俱进，着眼于文学的多维定义和教育的育人层面，将文学史教育定义为一种以文学本体学习为手段的育人教育，而非技能的教育。

此外，韩国文学史的定位还需要考虑到学习者的需求。这里有三点因素需要考虑。首先，韩国语专业的学生作为韩国语零起点的学生，相对于母语话者的韩国人来说具有很多特点，其中最为关键的一点就是缺乏丰富的韩国文学作品阅读体验。文学史的学习必然要建立在丰富的文学作品阅读体验之上，没有阅读体验，不仅无法理解文学史角度的文学赏析与评论，而且包括这些评论和所谓的历史文化背景知识也只能是一种需要死记硬背的客观的知识存在，无法成为学生可以能动理解并且内化于心的文化底蕴。一切的知识都应该通过具体的实践（作品阅

---

[1] 对于文学教育概念的认识转变的发展过程可参考구인환 외（2017：36），우한용（1997：11），김대행 외（2017：5）。

读)来内化,才能够转化为个体真正理解掌握的内容。[1] 这一特点也就决定了韩国文学史教育的基础性,也就是说韩国文学史教育应当以文学作品学习为主、辅以文学史背景知识(历史时代文化背景、作家生平等)的学习,让学生初步了解韩国文学文化概况,而不能忽略作品阅读,像传统文学史教材那样直接用作家作品评论知识来代替。[2]

其次,对于韩国语专业的学生来说,学习韩国文学史主要是为了了解对象国韩国的文化(文学),这也决定了韩国文学史教育不以学习文学本体论理论知识为重点,而是以韩国文学现象(文化现象)为主要学习对象。但不以学习文学本体论知识为重点,并不意味着学习过程中不涉及这些内容。因为文学作品的接受与产出、文学现象的理解必然要依据一定的理论知识,因此在实际教学过程中,需要由授课老师适宜地涉及这些内容,但是这些内容不作为文学史教育的教授对象。

再者,韩国文学史的学习主体是本科生,本科阶段学习的终极目的是"旨在通过通识教育和专业教育帮助学生树立正确的世界观和价值观,**提高人文与科学素养,促进学生全面发展**,以满足社会和经济发展需要"(教育部,2018)。也就是说,本科阶段的学习切中的是学生**综合素质(人文素养和科学素养)**的培养。这一要求决定了本科阶段的学习内容必然是教养性质的,而非强调知识或技能的职业教育或强调研究技能的专业领域研究教育。[3] 换言之,本科阶段的教育应该是一个注重人性培养的、通识性的人文社科教养类教育。

综上所述,韩国文学史的定位已然清晰:**韩国文学史教育是一项基础教养类教育,是学习者通过具体的文学作品阅读赏析了解韩国文学形成的历史脉络和韩国文学文化,并在这一过程中实现学习者人格完善(人性教育)的教育活动。**

3. 韩国文学史教育目的与目标的设定

教育目的是关于教育过程预期成果的价值趋向,表现出普遍的、总体的、终极的价值。教育目标含有"里程"的意义,表现个别(特殊)的、部分的、阶段(具体)的价值(钟启泉,2003:346)。教育目标是为实现教育目的而被具体化的内容,往往可以视同为教育内容,二者没有明确的分界(김창원,1992:345-347)。以往的文学史教育只是笼统地将目标设定为让学生了解和掌握文学史常识,了解代表作家、作品,能够独立阅读和赏析部分代表作品,而缺少对"目的"的考量。而对于韩国文学史教育性质的重新定位必然带来对这一不完整的目的与目标的反思。

---

[1] 经验主义教育观则强调对知识的学习过程。它与强调对知识内容本身的学习的传统的学问中心(或者学科中心)教育观并非对立矛盾,而是一种互补。因为不存在没有知识内容的经验学习,而不经过探究学习过程又无法真正理解知识(배장오,2005:172-173)。

[2] 假设另外开设了文学作品阅读课程,如果和文学史课程配套授课,那也就等于文学史课程的延伸,依旧是强调文学史的讲述需要有作品阅读做基础。如果不是配套授课,为了区别于文学史课程,就可能会按照主题或体裁类型等体系进行作品赏析,所涉及的作品就未必能涵盖文学史各个年代的代表作品。

[3] 本科生阶段也需要注重对学生科研能力的培养,但这需要以培养学生具有一般人文素养和科学素养为基础。脱离了综合素质培养的科研能力的训练,和一般职业学校的技能培养没有区别。

那么该如何设定韩国文学史的教育目的与目标？笔者认为从两方面进行考量。首先是韩国语教育中文学教育的总体目的与目标。文学史教育隶属于文学教育，因此从宏观角度来讲，文学教育的目的与目标亦是文学史教育的指向。第二，可以从韩国国语教育中韩国文学史的教育目的与目标中获得一些启示。

关于韩国语教育中文学教育的总体目的与目标，可以借鉴依托最新文学教育理念而设定的韩国国语教育中的文学教育目的与目标。因为文学教育的目的与目标是依据文学本质属性所设定的，所以无论学习对象是谁，其目的与目标的指向都不会改变。在国语教育中，依据文学是语言艺术、是文化、是思考的产物、是一种沟通这四个属性，通常将文学教育的目的设定为四个：一是可以提升语言能力（语言属性），二是可以培养审美思维能力和想象力（艺术属性和思考产物的属性），三是可以对生活有一个整体的把握，培养全人的品质（文化属性），四是可以传承文学文化，参与文学文化的创造（文化属性）。[1]

为实现这一文学教育目的，需要设定一个可以观察到学习者变化的具体的目标，就是"文学能力的培养"。对于文学能力的概念、范围及包括的要素，各位学者的意见稍有不同，[2] 但大致可以定义为"学习者主动参与文学现象（活动）、创造文学文化时所必要的能力"，具体包括文学性的沟通能力、文学性思考能力、文学知识、文学经验、对文学的价值认识和态度（한국 교육부，1997：150）。文学能力的构成要素包括知识、实际技能、态度。知识就是指相关的文学知识，它是实际技能和态度形成的基本条件，并且要与学习者的经验相结合，通过具体的实践来学习。技能是指文学的接受（包括享有、反应、分析、解析、评价等）与产出（包括创作、文学性写作、批评性写作等），通过这些技能活动，文学能力（文学感受性、文学想象力、文学性的沟通能力、语言洞察力、创新性的思考能力、创新性的沟通能力等）才得以形成与提高。态度是最深层次的能力，包括动机、判断、意志等情感要素和价值观、思维方式、社会思潮等意识要素。态度可以分个人和社会两个层面，个人层面指的是个人对文学的重要性与价值的理解与接受，包括"通过文学实现对人与世界的理解""理解和享有文学之美和价值""对人与世界的整体把握""审美能力的培养"等；社会层面指的是理解文学的价值与意义并积极参与民族文化、民族文学、共同体文化的发展（정재찬 외，2015：64-67）。

由于韩国语教育中的文学教育的对象是非母语话者的外国人，所以在具体的教育目标和内容设定上肯定会有一些区别。这里有两点需要特别指出。首先是外国学习者所具有的"他者"的立场。韩国文学对于外国学习者来说是非本民族的文学，因此对于韩国特有的意识形态和情感很难产生共鸣或连带感，无法形成"共同体意识"，就是说对于韩国文学文化，在某些层面

---

1 关于文学教育目的的具体论述可参考구인환 외（2017：38-67）、김대행 외（2017：73-110）、정재찬 외（2015：48-62）、김상욱（1996：23-31）。

2 对于文学能力的概念、范围及包括的要素，各位学者的意见稍有不同，大致上可以分为狭义和广义两种定义。前者认为文学能力应该是对文学固有的符号与文法的理解能力，强调对文学知识的理解、经验的获取、文学文本的产出能力和消费能力以及文本的解析能力；后者则认为文学能力是一种包括文化能力和主体意识形成在内的广义的能力，着眼于文学与人精神机能的关系，强调文学性的感受力、文学性的思考能力、文学性的判断能力、文学性的意志力等。韩国1997年制定的第七次国语课程标准依据后者的观点，可参考정재찬 외（2015：63）。

外国学习者只能持有一种"理解和了解"的态度，而无法实现真正的"融入"。[1] 其次是文学史课程需要融入课程思政教育理念。课程思政理念是把思想政治理论课和专业课相结合，以"立德树人"为教育根本任务的综合教育理念。外语学科教育要培养有坚定"四个自信"、家国情怀，有全球视野，有扎实的外语专业本领的复合型外语人才；培养学生系统学习并掌握习近平治国理政思想，更好地理解当代中国国情，理解中国的发展与成就；提升学生讲好中国故事、推动中国走向世界的能力；培养学生具有正确的世界观、人生观和价值观，以及良好的道德品质。[2] 也就是说韩国语教育中的文学教育应当融入思想、人生、国情等方面的教学，培养学生的社会主义思想意识和爱国情怀。

至此，可以从宏观的角度对韩国语教育中的文学教育的目的与目标做一个概述：**韩国语教育中的文学教育旨在培养学习者的韩国文学能力（文学知识能力、文学接受与产出能力、对文学价值的认知和积极参与文学活动的态度），进而提高学习者的语言能力、审美思维能力和想象力，提高学习者在对韩民族人生的整体把握与理解的基础上对自我和他人人生的理解能力，提高学习者理解韩国文化和反观中国文化的能力，并在这一过程中完善人格，养成理解并客观看待中韩两国文学文化的态度。**

下面来看一下韩国国语教育中对文学史教育目的目标的设定。韩国国语教育课程标准中也没有对文学史教育目的目标做专门明确的规定，但可以通过文学史教育的相关研究来一窥其内容。学者구인환认为，文学史教育的意义在于帮助学生确立文学观、扩充文学知识、在一个通时的视角下理解文学、理解生活的发展过程、对人生有总体把握、了解民族文学的特殊性（구인환 외，2017：354-366）。学者노진환认为文学史的教育目标应该是从共时、通时的视角来审视作品的意义，探究文学样式的变迁、以此为基础理解韩国文学的传统（发展脉络），进而对韩国文学有一个总体的认识（노진한，1992：1,81）。学者김성진认为文学史教育需要延伸至对"智慧"的追求（김성진，1999：567-571）。学者임경순将文学史看作是主体性形成的过程，所以认为文学史的教育目的应当是自我主体性的形成（임경순，2000：391）。韩国文学史目的与目标的设定也从只关注文学知识的传授逐步转变为关注包括学习者主体意识的形成和智慧习得在内的个人精神成长。

参照上述两方面的内容，可以将文学史教育的目的与目标细化为如下：**韩国语教育中的文学史教育旨在通过培养学习者的韩国文学能力（文学史相关知识、文学接受与产出能力、对文学价值的认知和积极参与文学活动的态度）来提高学习者的语言能力、审美思维能力和想象力；通过共时、通时视角下的韩国文学作品的接受和产出来了解韩国文学的发展脉络（文学观念的形成、文学样式的变化等）；提高学习者在对韩民族人生的整体把握与理解的基础上对自我和他人人生的理解能力；了解韩国文化（历史文化、精神文化）的发展过程，借此反观中国文化；并在这一过程中完善人格，获得人生智慧，并养成理解并客观看待中韩两国文学文化的态度。**

1　对于这一点详细论述可以参考김승환（2002：73-79）。
2　石坚，《外语类专业课程思政建设探索与实践》，高校教师课程思政教学能力培训第9讲，2021，11.25.

4. 韩国文学史教育内容体系的构建

教育内容是课程标准中最为核心的内容，主要包括知识（事实、说明、原理、定义等）、技能与过程（听说读写、计算、推测、批判性思维等）、价值与态度（善恶、正误、美丑等观念）三大要素（배장오，2005：140）。在前面的论述中也可以看到，以往韩国语教育中的文学史教育没有明确的内容体系，只是以"文学史背景知识＋文学作品简介或讲读"为大致的授课内容，但文学史的教育内容肯定不仅仅止于此。笔者认为依旧可以借鉴韩国国语教育中文学教育的内容体系，然后再根据作为外国人的韩国语学习者的特点来适当做以调整，进而勾勒出韩国语教育中韩国文学史教育的内容体系。

韩国自1945年颁布最初的国语教育课程标准之后，至今已修订11次。而自1997年第7次国语课程标准才开始依托真正意义上的文学教育理论构筑文学教育内容体系，之后在2007、2009（2012）、2015年又有了一定的修订与完善。韩国的国语教育一直以来都分为国民共同课程（相当于必修）"国语"和选修课程（如读书、语法、写作、文学等）。其中与文学相关的是国语科目和文学科目，分别近似于韩国教育中的"综合韩国语"和"文学史（文学作品选读）"。

表1 韩国"文学"科目教育内容体系（1997-2015）

	知识	技能	态度
1997	**1) 文学的本质** －文学的特点、功能、体裁分类、价值 **2) 文学与文化** －文学文化的特点、韩国文学的特点和历史脉络、世界文学的现状和发展脉络、文学的临近领域	**1) 文学的接受与创作** －文学接受与创作的原理，文学的接受、对文学创新性重构、文学创作	**1) 文学的价值与对待文学的态度** －对文学价值的认识、对文学活动的积极参与、对待文学的态度
2007	**1) 文学的本质特点** －文学的概念、作用、体裁分类 **2) 文学的地位** －文学与文化、韩国文学的范围与历史、韩国文学与世界文学	**1) 文学活动** －文学接受、文学产出、文学沟通	**1) 文学与生活** －文学与自我、文学与共同体、文学的生活化
2009 (2012)	**1) 韩国文学范围与历史** －韩国文学的传统与特点、韩国文学与社会、韩国文学题材分类与发展脉络、韩国文学的普遍性与特殊性	**1) 文学的接受与产出** －文学作品的构成原理、文学与临近领域、文学与媒体、对文学的批判性接受与创新性生产	**1) 文学与生活** －文学与自我、文学与思维、文学与生活的多样性、文学与共同体
2015	**1) 文学的本质** －语言艺术、真善美 **2) 韩国文学的本质特点和历史** －韩国文学的概念与范围、韩国文学的传统与特点、体裁变迁过程、文学与时代、韩国文学与外国文学、韩国文学的变迁史	**1) 文学的接受与产出** －作品的内容与形式、作品的脉络、文学的临近领域、作品的接受与沟通、作品的重构与创作、文学与媒体	**1) 对待文学的态度** －自我省察、对他者的理解、共同体的文化发展

以上是自1997年以来修订过的各课程标准中"文学"科目的内容体系。可以看出，大体的内容体系框架（知识、技能、态度）没有改变，只是在局部内容上有所增减，或者采用了不同的用语。首先在知识领域方面，有关韩国文学特点和文学史教育的内容越来越细化与丰富，由最初的"韩国文学的特点和历史脉络（1997）"的笼统概述，逐步发展为"韩国文学的范围与历史、韩国文学与世界文学（2007）"，"韩国文学的传统与特点、韩国文学与社会、韩国文学题材分类与发展脉络、韩国文学的普遍性与特殊性（2009/2012）"，"韩国文学的概念与范围、韩国文学的传统与特点、体裁变迁过程、文学与时代、韩国文学与外国文学、韩国文学的变迁史（2015）"。到2015年的课程标准，文学史教育内容最为详细，有助于实际教学的切入。

课程标准中"韩国文学与世界文学（或外国文学）及"韩国文学的普遍性与特殊性"部分很有启发性。以往的文学史教育只关注了韩国文学本身的特点和发展脉络，没有关注过韩国文学与其他国家、民族文学的关系。而事实上，这样的一个对比、关联，反而能够更好地反映韩国文学的独特特点以及它作为世界文学一分子的共性。而且，作为外国人的中国韩国语系学生，恰恰又具有得天独厚的优势，他们自幼学习的是中国文学，受中国文学文化的熏陶，拥有中国文学阅读体验，因此天生带有一种"比较"的视角，可以将韩国文学与中国文学相关联、对比，审视韩国文学的特点。

在技能领域方面，最初只包含"文学接受与创作的原理、文学的接受、文学的创新性产出（1997）"三个内容，后来适应于时代的变化、文字媒介的变化以及强调文学的对话性（对个人精神成长的作用），逐步添加了"文学与临近领域、文学与媒体、文学沟通"等内容。"文学接受与创作原理（1997）"也逐渐细化为"作品的内容与形式、与作品赏析相关的要素（作家、社会文化、互文性）、作品的接受与沟通、作品的重构与创作（2015）"，更加突出了将知识融于作品接受与创作实践当中的宗旨。

上述这些内容是文学接受与创新性产出过程中需要依据的理论基础。由于这是针对韩国高中生的文学教育课程标准，因此必然需要涉及相关的理论背景知识。但对于作为外国人的中国韩国语学习者（大学生）来说，这部分内容就需要删除。如前所述，韩国语教育中的韩国文学史教育是一个对对象国文学现象、文学文化的学习，而不是对文学本体的学习，所以不应纳入有关文学本体论的相关内容，但在实际教学时，教师需要依据这些理论进行指导，并让学生理解和了解。

在态度领域方面，最初包含的是"看待文学的态度（对文学价值的认识、对文学活动的积极参与、对待文学的态度等内容（1997）"，这首先过于抽象，而且表述上也偏重于强调个体对待文学的态度，不能体现文学对个体带来的变化。之后的视角转变为"文学与自我、文学与思维、文学生活化、文学与共同体等（2007、2009/2012）"，开始强调文学对个体的影响和个体对社会的认识与理解，这种变化体现了文学指向"个人成长"的根本特性，也与教育的宗旨相符。在2015年的课程标准里，依据态度分个人与社会两个层面的理论，进行了更为科学而凝练的概述："自我省察、对他者的理解、共同体文化的发展"。如前所述，作为外国人的中国韩语学习者具有"他者"的立场，因此对于"共同体文化的发展"的内容，需持有的是一种客观的理解的立场，而非融入其中、与韩国人形成共同体意识。此外，作为外国人学习外语和外国文学的使命之一就是介绍外国文学文化，因此在态度领域中，还需添加"喜爱韩国文学、客观了解作为文化共同体的韩国文学文化的态度"的内容。

至此，韩国语教育中韩国文学史的教育内容体系可以大致勾勒如下：

表2　韩国语教育中文学史教育内容体系

知识	技能	态度
韩国文学的本质特点和历史 -韩国文学的概念与范围、韩国文学的传统与特点、韩国文学与中国文学 -韩国文学的变迁史（体裁变迁过程、时代变迁与文学变迁、作家群的演变）	**韩国文学作品的接受与产出*** -诗歌、小说、剧（话剧、剧本）随笔的接受与创新性重构、产出 *在具体作品接受和产出的过程中，注意依托作品的内容与形式、作品赏析相关因素（作家、社会文化背景、互文性等）、文学与临近领域的关系、文学与媒体的关系等与文学作品接受和产出相关的理论知识进行切入。	**对待韩国文学的态度** -个人：自我省察、他者的理解、文学的生活化（文学实践）对人生的理解、思想道德素养的提升 -社会：理解作为文化共同体的韩国文学并对其产生兴趣、对韩国文学文化的客观理解认知、对中国文学文化的反观与进一步认知

这里需要再次重申的是，以上三个领域的内容不是各自分离独立的，而是有机统一的，即知识和态度领域的内容一定要通过技能学习（具体作品学习）来完成。其次，要从关注文学本体延伸至关注作品对个人成长的影响。第三，各领域内容还有待细化。这部分可以由教材编写者来填补，但课程标准里提供一个大致可参考的内容。

关于"韩国文学的特点与历史"这一领域，有关文学历史的呈现方式有按照年代顺序、按照体裁或主题的历史演变顺序等几种方式。关于韩国文学的特点，这里可以提供笔者根据1997年第7次课程标准及之后各修订版本编写的《国语》《文学》教材所整理的有关韩国文学特点的相关内容，[1] 以供参考。

表3　《国语》和《文学》教材中涉及的韩国文学特点

领域	特点	代表作[2]
主题意识和价值观	"恨"与"兴"	《公无渡河歌》《离去》《续美人曲》、黄真伊时调、《凤山假面舞》《金达莱花》《杜鹃鸟》《追忆》
	亲近自然	《青山别曲》《赏春曲》《江湖四时歌》
	人本主义	《五友歌》《祭亡妹歌》《赞耆婆郎歌》
	乐观主义	《沈清传》《东明王篇》
	儒生意识	《绝命诗》《绝顶》

1　依据1997年第7次课程标准编写的《文学》教材共18种（36本），其中有11种（22本）是一次性通过，7种（14本）是经过再审通过的，这里参考的是一次性通过的11种（22本）教材。根据2007课程标准编写的《文学》教材共14种（23本），根据2009（2012）课程标准编写的教材共11种（11本），根据2015课程标准编写的教材共10种（10本）。
2　表格中的斜体字部分是笔者添加的一些代表作品。

续表

领域	特点	代表作[2]
形式	三音部、四音部	《西京别曲》《阿里郎》《金达莱花》《游子》《关东别曲》《论介》《漫兴》《离去的船》
	女性受难的叙事模式	《钵里公主》《温达传》
美学	讽刺与戏谑	《兴夫传》《春香传》《婆家生活歌》《春风之妻》《春春》《孟进士家的喜事》《太平天下》《俞子小传》
	含蓄与坚韧	《金达莱花》
	哀婉悱恻	《不能忘记》《离开的路》等
	善于打破规则，富于变化	《鸟群也飞离了世界》《镜子》《乌瞰图》

以上是对各版本教材研究统计的结果。可以看到，对于韩国文学特点的总结偏重于基于古典文学的传统特点，而对于现代文学的特点涉及较少，因此，需要基于相关的研究成果予以补充。[1] 随着研究的深入，以及文学文化的发展，韩国文学特点也会被不断地补充，特别是中国学习者作为一个有着中国文学体验的"比较者"，可能会从比较的视角挖掘出韩国学者不曾看到的韩国文学的特点，这些都将在日后的研究中不断予以更新。

对于技能领域，前面也已论述，主要应围绕不同体裁的作品，培养学生作品接受与创新性产出的能力，但在指导过程中，需要纳入相关理论背景知识。因此，在上述内容体系表里，用"*"标注并予以说明。对于具体选取那些作品，需要教材编写者们根据不同的选取标准（文学史特点、文学脉络）来确定。

关于态度领域，具体细化的内容需要取决于选取的作品，可以在具体的教材编写中体现出来。但这里可以提供一个大的方向（정재찬 외（b），2015：27-29，34-35，55）。首先，关于"自我省察"部分，应当以作品中的"有价值的经验"为鉴，去审视学生（读者）个人的生活与共同的生活。具体来讲，一是可以以作家的问题意识或作品中人物或话者的视角等作品内部要素为基准来审视学生（读者）自己的生活。二是可以省察作品中所关注的生活的意义。三是对于作品所关注的生活意义，可以从新的角度提出新的问题。

其次，关于"对他人的理解"部分，应当以学生（读者）的生活为基准，去审视作品中各种人物和话者的生活，进而发现他们生活所具有的独特性，进而理解生活可以具有多样性，由此还可以再进一步去理解社会当中的弱者们的生活，对他们予以关心与关怀。

关于"理解作为文化共同体的韩国文学"这一部分，可以从两个角度切入。一是通过文学作品等与作者沟通，接触各种社会团体的思想和情感，了解社会的根本特点。二是学生（读者）可以通过作品中描写的社会和个人的问题来参与到社会变迁发展的进程当中。也就是说通过作品与韩国社会的成员（韩国国民）的多种情感和思想进行交流，来参与到社会发展的过程

---

[1] 这里可以提供一下笔者的一些研究心得。笔者认为作为韩国现代文学的特点，可以补充"民主思想、战争文学、对殖民统治的反抗、女性文学、'傻子'形象、宿命论、巫俗思想、产业化、网络文学、共同体思想、多文化"等内容。此外古典文学部分，还可以添加"宏益人间思想"这一内容。

当中，进而实现对韩国"共同体文化"的理解。[1]

5. 结语

其实不仅仅是韩国语教育，其他语种的文学史教育都因没能摆脱旧有文学及文学教育观念的影响，始终处于一种原地踏步的窘境。笔者希望能够借此篇文章，引起外语文学教育者的关注，重新审视文学概念，积极引进新的文学（史）教育理念，为外国文学史教育寻找一个新的突破口。

文学（史）教育改革的根本在于理念的改变，理念的转变带来教学目的、目标、内容、教材、教学法、评价方法的改变。从"作品"转向"人"，教学内容不再只关注作品，更多关注的是作品对学生的影响，不是要求学生怎么靠近所谓的标准的理解答案，而是从学生多样的角度（标准）去审视作品，发现学生的理解与作者原创意图间的差异，在这样一个比较的过程中让学生发现自我，理解他人，理解韩国文学文化。进一步讲，从教学方法的整体设计上来看，将不再是先理解文化背景、作家生平之后再去欣赏作品，而应该是让学生先欣赏作品，从各自的角度去分析，之后再对比作家的意图。在分步骤阅读作品时，特别是小说等叙事文体，每一步都要考虑结合学生的体验来理解。关于教学法的研究，笔者将在后续研究中予以探讨。

参考文献

구인환 외, 문학교육론(개정 7판) [M], 서울: 삼지원, 2017, 36, 38-67, 354-366.
김대행 외, 문학교육원론[M], 서울: 서울대학교 출판부, 2017, 5, 73-110.
김상욱, 문학교육목표: 문학능력[A], 소설교육의 방법 연구[M], 서울: 서울대학교 출판사, 1996, 23-31.
김성진, 지식교육으로서의 문학사 교육에 관한 연구[J], 국어교육100, 서울: 한국어교육학회, 1999, 567-571.
김승환, 외국인 학습자에 대한 한국문학교육 방법론[C], 효과적인 한국어 보급과 지원 체제의 활성화 방안 논문집, 제3차 한국어 세계화 국제학술대회, 2002: 73-79.
김정숙, 문학사 교육, 어떻게 할 것인가(2) [J], 프랑스 어문교육 14집, 한국 프랑스어문 교육 학회, 2002, 6.
김창원, 문학교육과정 설계의 절차와 원리[J], 국어교육77, 서울: 한국어교육학회, 1992, 345-347.
남 연, 중국인 학습자를 위한 한국문학 교육과정에 관한 연구[J], 한국어교육15-3, 서울: 국제한국어교육학회, 2004.
남 연, 중국인 학습자를 위한 한국 문학사 교재 개발 연구[J], 한국어 교육23-4, 서울: 국제한국어교육학회, 2012, 161-167.
노진한, 문학사 교육 방법론 연구[D], 서울대학교 석사학위논문, 1992, 1, 81.
박인기, 문학을 읽는 이유[A], 문학과 문학교육연구소 편, 문학의 이해[M], 서울: 삼지원. 2001, 20.

---

[1] 这一部分的原文是"通过作品与社会共同体成员的多种情感和思想进行交流，积极主动地参与到社会发展的过程当中，进而形成共同体的连带感"。但由于韩语系的学生是非母语话者的外国人，无法谈及民族共同体文化连带感的形成，因此改写为"对共同体文化的理解"。

배장오, 교과교육론[M], 서울: 서현사, 2005, 140, 172-173.
우한용, 문학교륙과 문화론[M], 서울: 서울대학교 출판사, 1997, 11, 33-58.
윤여탁, 외국어로서의 한국문학교육[M], 서울: 한국문화사, 2007, 76-95.
임경순, 자아정체성 형성으로서의 문학사교육[J], 선청어문28, 서울: 서울대학교 국어교육과, 2000, 391.
장영미, 중국내 대학 한국어교육에서의 문학 교육과정에 대한 연구 문학 관련 교과목 개설 현황과 학습자들의 요구조사를 중심으로[J], 한중인문학연47, 춘천: 한중인문학회, 2015.
정재찬 외(a), 문학교륙개론Ⅰ[M], 역락, 2015, 48-62, 64-67, 140-144.
정재찬 외(b), 문학교륙개론Ⅱ[M], 역락, 2015, 27-29, 34-35, 55.
한국 교육부, 제7차 국어 과목 교육과정[N], 서울, 1997, 150.
황인교, 외국어로서의 한국문학교육의 가능태[J], 외국어로서의 한국어교육26, 서울: 연세대학교 언어연구교육원, 2001, 409-434.
曹文轩，文学的意义[M]，《课程．教材．教法》2018年第2期、2018, 6-7.
教育部，高等学校非通用语种类专业本科教学质量国家标准[N], 2018.
南燕，在中韩国文学教育现状与文学教育体系的重建[M]，中国外国文学学会第十五届双年会暨"新中国70年外国文学研究"研讨会论文集，2019.
石坚，外语类专业课程思政建设探索与实践，高校教师课程思政教学能力培训第9讲、2021.11.25
钟启泉，现代课程论[M]，上海：上海教育出版社，2003, 346.
J. Collie and S. Slater, Literature in the Language Classroom: A Resource Book of Ideas and Activities[M], Cambridge University Press, 1987, 3-6.

作者简介

南燕，北京大学外国语学院朝鲜（韩国）语言文化系副教授，博士
研究方向：韩国文学教育，韩国现代文学
通信地址：北京市海淀区颐和园路5号北京大学外国语学院新楼
电子信箱：seoulnan@pku.edu.cn

《楞严经谚解》汉字词研究[1]

延边大学朝汉文学院　金光洙

摘　要：《楞严经》是佛教的一部极为重要的经典。《楞严经谚解》是对宋代僧人戒环注疏的《首楞严经要解》，由朝鲜世祖用韩文添加口诀，韩继禧、金守温等人在慧觉尊者信眉的帮助下翻译的谚解书。其木刻本于1462年（朝鲜世祖八年）在刊经都监问世。木刻本《楞严经谚解》是刊经都监刊行最早的佛经谚解，对之后的佛经谚解起到了典范的作用，因此意义重大。

笔者在考察《楞严经谚解》中汉字词汇的基础上，分析佛经谚解中的多种词汇类型和与儒经谚解、诗歌谚解不同的各种汉字词的特性，以及前期中世纪朝鲜语中的词汇特性。

关键词：楞严经谚解，佛经谚解，汉字词

引言

《楞严经》是佛教的一部极为重要的经典。《楞严经谚解》是对宋代僧人戒环注疏的《首楞严经要解》，由朝鲜世祖用韩文添加口诀，韩继禧、金守温等人在慧觉尊者信眉的帮助下翻译的谚解书。

据《楞严经谚解》的跋文显示，1449年（世宗三十一年）世宗下令由首阳大君着手翻译，但未能如期完成。1461年（世祖七年）孝宁大君向世祖申请翻译该书和《永嘉集》，仅用时两月便完成，并于同年10月在校书馆以乙亥字刊行了400本。但这部匆忙刊行的活字本中有很多错误，于是将其进行修改后，1462年刊经都监重新刊行了木刻本。

刊经都监制作的《楞严经谚解》册板，到15世纪末一直保存在官衙和寺庙中，后同其他册板疑似消失。进入16世纪后，地方寺庙刊行了复刻本。该木刻本《楞严经谚解》是刊经都监刊行最早的佛经谚解，对之后出自刊经都监的其他佛经谚解起到了典范的作用，因此意义重大。

本文中笔者在考察《楞严经谚解》中汉字词汇的基础上，分析佛经谚解中的多种词汇类型和与儒经谚解、诗歌谚解不同的各种汉字词的特性，以及前期中世纪朝鲜语中的词汇特性。

---

[1] 本文为国家社会科学基金重大项目"朝鲜汉字资源文献整理与研究"（项目批准号：18ZDA306）、延边大学外国语言文学世界一流学科建设公共科研项目（项目合同编号：18YLG01）的阶段性成果。

1. 音节分布

在佛经谚解中，汉字词汇通过翻译进入朝鲜时，以双音节居多，其次是3音节、4音节、单音节，此外5、6、7、8个音节均有分布。经考察，《楞严经谚解》汉字词分布主要如下。

1.1 名词

1.1.1 单音节汉字词

汉语作为单音节语言，一个独立音节就可作为一个意义单位独立成词。在古代汉语中单音节词在数量上占据绝对优势地位。《楞严经谚解》中出现的"峰、鳳、伏、紼、福、府、婦、復、賦"等汉字均作为单音节词拥有其自身意义。此类汉字词早前便涌入朝鲜语，丰富了朝鲜语词汇系统。

《楞严经谚解》中的单音节汉字词主要如下：

[1] 이 西天ㅅ글 양지라 樴는 일다 홈 곧ᄒᆞ니라<1461楞解10,75a>

[2] 緣은 브틀 씨오 塵은 드트리라<1461楞解1,3a>

[3] 藏이 이시면 어듭고 굼기 이시면 볼ᄆᆞ니<1461楞解1,59a>

[4] 裘는 갓오시오 毳는 터럭오시라<1461楞解6,96b>

[5] 疊은 븟 일후미라<1461楞解5,18b>

[6] 豺ᄂᆞᆫ 狼이 類라<1461楞解8,86b>

除此之外，还有"邊，表，別，餅，藏，冊，策，豺，禪，場，車，嗔，觸，船，串，窓，淡，誕，黨，蕩，道，頂，定，東，凍，動，毒，牘，耳，餌，筏，法，風，鳳，佛，腹，蝮，覆，肝，感，觀"等单音节汉字词汇。

1.1.2 双音节汉字词

在《楞严经谚解》中，双音节词汇占42.6%。古代汉语词汇中原本单音节词占多数，但随着汉语音节结构逐渐简化，音节之间的区别性标识逐渐减少，随着时代的发展，新事物、新概念不断产生，为了精准表达，消除歧义，增加了音节，形成了复合词构词法。由此，双音节词代替单音节词在数量上占据了优势。[1]在佛经谚解中，也可以观察到词的双音节化倾向。

《楞严经谚解》中的双音节汉字词主要如下：

[1] 큰 隨順이 ᄀᆞ자 身心이 安隱ᄒᆞ야<1461楞解9,11a>

[2] 글 업시 說法ᄒᆞᄂᆞ 고대 큰 寶珠를 得ᄒᆞ며<1461楞解9,105b>

[3] 이 부텻긔 布施혼 因緣으로 福 得호미<1461楞解10,90b>

[4] 地位ㅅ 마리 업스시고 純히 妙法을 니ᄅᆞ샤<1461楞解1,18b>

[5] 般若ㅅ 큰 慧를 도ᄋᆞ샤<1461楞解1,20a>

[6] 中間ㅅ 섯구멘 闕ᄒᆞ니 鼻根에 마초아 보건댄<1461楞解4,97b>

[7] 모ᄃᆞᆫ 香과 臭氣예 니르리니<1461楞解3,7a>

[8] 生死와 妙常괘 ᄒᆞᆫ 가지로 六根을 因호ᄆᆞᆫ<1461楞解5,6a>

---

[1] 据统计，现代汉语中双音节词占70%以上。(刘焱，《现代汉语概论》，上海教育出版社，59页，2020年)

[9] 모든 律儀예 愛樂ᄒ야<1461楞解9,3b>

[10] 別業은 惑 니ᄅ와도미 달오믈 니ᄅ시니<1461楞解2,79b>

除此之外，还有"妙常, 中根, 哀慕, 愛河, 八臂, 魃鬼, 半劫, 寶華, 報境, 本根, 鼻入, 畢淩, 辯才, 變化, 氷雪, 兵戈, 波離, 不非, 財寶, 菜蔬, 藏心, 草木, 豺蘖, 禪觀, 懺悔, 常名, 瞋心, 塵垢, 成人, 甘蔗, 肝腦, 感觸, 淸淨, 撞擊"等双音节汉字词汇。

1.1.3　3音节汉字词

《楞严经谚解》中也涉及一定数量的3音节词汇，多由双音节词汇为基础构成。如"緣覺+法, 怨害+鬼, 願心+住, 越化+地, 雜+惡生, 畜生+趣, 傳送+鬼, 慈悲+心, 次第+定, 大+悲光"等。

[1] 八萬劫엣 잇ᄂ 衆날이 業流ㅣ 灣環ᄒ야<1461楞解10,7b>

[2] 卑劣慢과를 흔삑 다 發호매 니르러<1461楞解9,77a>

[3] 無明 도ᄌᄀᆯ 주기니를 일후미 阿羅漢이라<1461楞解1,25b>

[4] 愛見魔ㅣ ᄃ외야 如來種을 일흐리니<1461楞解6,109a>

[5] 業力이 더 盛흔 젼ᄎ로 猛火聚 ᄃ외ᄂ니라<1461楞解5,66a>

[6] 漢ㅅ 班惠姬ㅣ 皇后ㅅ 스ᄉ이 ᄃ외야<1461楞解6,20a>

[7] 어드우믈 다 보아 大千界를 비췰씨<1461楞解5,43b>

[8] 白飯王의 子ㅣ니 天眼을 證得ᄒ니라<1461楞解5,43b>

[9] 모든 阿斯陀이 長命求ᄒᄂ니와로<1461楞解10,60b>

[10] 大海心에 나 水穴口에 ᄌᆞ마셔<1461楞解9,34a>

除此之外，还有"鼻識界, 比丘戒, 畢竟無, 徧常論, 不動地, 不可說, 常住果, 出世間, 大悲光, 大佛頂, 大小腸, 等世間, 第一劫, 動顚倒, 多羅木, 惡叉果, 法供養, 煩惱魔, 方便門, 非無色, 風魃鬼, 風神王, 佛光明, 甘蔗王, 根本智, 國夫人"等3音节汉字词。

1.1.4　4音节汉字词

《楞严经谚解》中也涉及4音节汉字词汇。4音节汉字词多是由双音节汉字词结合形成的复合词。如"塵勞+煩惱, 塵勞+萬法, 菩提+因緣, 塵塵+刹刹, 懲心+辯見, 凡夫+業果, 身命+色力, 神通+滿足, 阿鼻+地獄"等。

[1] 이룰브터 塵勞煩惱를 뻐 니르왇ᄂ니라<1461楞解4,15b>

[2] 八識元由는 오직 부텨와 八地菩薩로 能히 다ᄋ면<1461楞解10,14a>

[3] 寶覺眞心이 各各圓滿컨마른<1461楞解4,54a>

[4] 鞭杖檛棒 여러 이리 잇ᄂ니<1461楞解8,86b>

[5] 百億 日月은 곧 百億刹土ㅣ라<1461楞解6,34b>

[6] 다ᄉᆺ찻 鉢羅奢佉는 形이 이다 닐오미니<1461楞解7,84a>

[7] 波羅蜜多 아니며 菩薩法 아니라<1461楞解4,48b>

[8] 安樂妙常이 혼 가지로 이 六根이라<1461楞解5,6b>

[9] 阿毗達磨는 十方薄伽梵의 혼 긼 涅槃門이라<1461楞解5,15a>

[10] 優劣을 골히샤 耳根圓通을 불기샤<1461楞解4,97a>

除此之外，还有"安樂妙常，八大惡星，白骨微塵，白衣居士，百萬億人，半分微細，薄伽尊號，寶覺眞心，本覺明心，本來有邊，別作別造，不滅不生，不思議力，藏心妙性，差別疑惑，禪定智慧，朝夕生滅，大悲神力，大乘誹謗"等4音节汉字词。

1.1.5 5音节、6音节、7音节汉字词

《楞严经谚解》中5音节、6音节、7音节汉字词汇均有出现。

5音节汉字词：

[1] 일후믄 닐오디 大智舍利弗와 摩訶目犍連과 摩訶拘絺羅<1461楞解1,27a>

[2] 富單那와 迦吒富單那와 鳩槃茶와<1461楞解7,50b>

[3] 이 사ᄅᆞ믄 三十六地獄애 드ᄂᆞ니라<1461楞解8,112a>

[4] 精明호믄 元明覺生滅 업슨 性을 得호미라<1461楞解9,51b>

[5] 妙覺眞體動 업스며 허룸 업순디라<1461楞解9,48a>

6音节汉字词：

[1] 阿庾多阿庾多ㅣ 혼 那由他ㅣ라 ᄒᆞ시니<1461楞解7,49b>

[2] 겨트로 法界六道衆生애 미처<1461楞解6,44a>

[3] 恒沙諸佛如來ㅣ 空界예 徧滿커시든<1461楞解9,61b>

[4] 모든 사람들히 부텻 涅槃菩提法身을 가져<1461楞解9,97a>

[5] 이런ᄃᆞ로 眞如妙覺明性을 發ᄒᆞ나<1461楞解4,46b>

7音节汉字词：

[1] 能히 寶明妙性眞空海예 믄득 드러<1461楞解5,51b>

[2] 이 眞實ㅅ 首楞嚴畢竟堅固ㅣ라<1461楞解1,8b>

[3] 四威儀一切行中에 오히려 虛혼 거즛 이리 업거니<1461楞解6,112b>

[4] 恒河沙諸法王子ᄅᆞᆯ 다 디니ᄂᆞ니와로<1461楞解6,35a>

[5] 곧 如來藏元明心妙ㅣ 곧 므스미며<1461楞解4,50b>

8音节汉字词：

[1] 永히 그츓디니 이 일후미 第一增進修行漸次ㅣ라<1461楞解8,6a>

[2] 十二類生의 本覺妙明覺圓心體ᄂᆞᆫ 十方佛와 둘 업스며<1461楞解9,43b>

[3] 富樓那彌多羅尼子와 須菩提와 優波尼沙陀 等이<1461楞解1,27a>

[4] ᄒᆞ물며 이 中엣 生住異滅分劑頭數ㅣ ᄯᆞ녀<1461楞解4,102b>

[5] 부톄 室羅筏城祇桓精舍애 겨샤<1461楞解1,23a>

[6] 八萬四千爍迦羅首에 니르며<1461楞解6,38b>

除此之外，9到16音节词汇均有出现。

[1] 이 光明祥瑞를 알면 菩提涅槃根源淸淨禮를 得호리라 <1461楞解1,80a>

[2] 貪嫉欺詐諂曲嗔恚邪見을 머리 여휠씨라<1461楞解5,62a>

[3] 또 일후미 灌頂章句諸菩薩萬行首楞嚴이니<1461楞解8,60b>

[4] 니르샨 悉怛多般怛羅無上寶印淸淨海眼과 灌頂章句는<1461楞解1,9a>

[5] 一心으로 내 佛頂光明摩訶悉怛多般怛囉無上神呪를 외오게 호라<1461楞解7,2b>

如上所述，《楞严经谚解》的汉字词汇与其他儒经言解或诗歌谚解不同，呈现出多种音节构成。

这种双音节到8音节的汉字词通过合成或派生形成，举例如下：

合成法：

汉字词+固有词：東+녀글

汉字词+汉字词：

百寶：百寶光明，百寶蓮華，百寶輪掌，百寶色

百千：百千大海，百千燈，百千劫，百千界，百千日，百千色

金剛：金剛藏，金剛幻，金剛乾慧，金剛王幻，金剛心

寶明：寶明空海，寶明空覺，寶明妙心，寶明妙性

每常：每常國土，每常日中，每常世間，每常妄心

本來：本來常住，本來處所，本來界，本來法界，本來見覺，本來界，本來魔，本來明，本來如來藏，本來色，本來生滅，本來眚類，本來世界衆生，本來因緣，本來因緣自然，本來有邊，本來眞如

派生法：

不(불)-：不還天，不滅，不明，不生，不思議，不退住，不信，不正見，不正知

魔(마)-：魔道，魔弟子，魔界，魔境，魔力，魔羅，魔民，魔女，魔人，魔師，魔事，魔屬，魔說，魔外，魔王

1.2 谓词

汉字词词汇除充当名词以外，还可以构成谓词(动词，形容词)，主要是"名词+-호다"形式，以及附加后缀"도외/르외"而派生的特殊形容词。

1.2.1 "-호다"形谓词词汇

《楞严经谚解》中"名词+-호다"形汉字词主要如下：

[1] 禪 닷고딘 罪를 避호미어늘 도르혀 殺을 行호며<1461楞解6,95b>

[2] 다숫 報中에 다 當홀 根의 報受호논 相이 잇거늘<1461楞解8,97a>

[3] 萬里예 瞬息은 變易得호니 니리라 <1461楞解9,116a>

[4] 道窮究호매 뜨들 일흔 젼ᄎ로<1461楞解10,69b>

[5] 볼ᄀ 무ᅀᅳ미 本來圓滿ᄒᆞᆯ 딛더디 住ᄒᆞᆫ 무ᅀᅳ믈 아나<1461楞解2,21b>

[6] 精眞妙明ᄒᆞᆫ 本覺이 두려이 조하<1461楞解10,76b>

[7] 衆生ᄋᆞ로 空性을 證覺眞空發ᄒᆞ샤를 닙ᄉᆞ와<1461楞解5,50b>

[8] 三昧聞熏聞修혼 지숨 업슨 微妙ᄒᆞᆫ 히므로<1461楞解6,23a>

[9] 阿難아 엇뎨 五陰이 本來如來藏微妙ᄒᆞᆫ 眞如性고<1461楞解2,108b>

[10] 諸佛證ᄒᆞ샨 無上正覺本眞發現ᄒᆞᆫ 明淨ᄒᆞᆫ 性이라<1461楞解1,44a>

除此之外，还有"阿練若正ᄒᆞ-，安靜ᄒᆞ-，變易得ᄒᆞ-，標ᄒᆞ-，參預ᄒᆞ-，常非常ᄒᆞ-，傳ᄒᆞ-，待接ᄒᆞ-，當ᄒᆞ-，頂法發明ᄒᆞ-，動搖ᄒᆞ-，發心至誠ᄒᆞ-，福德智慧ᄒᆞ-，孤露ᄒᆞ-，許ᄒᆞ-，昏迷ᄒᆞ-，寂靜妙常ᄒᆞ-，兼ᄒᆞ-，煎ᄒᆞ-，降伏ᄒᆞ-，戒備ᄒᆞ-，微塵顚倒ᄒᆞ-，無爲眞如ᄒᆞ-"等谓词词汇。

1.2.2 特殊形容词

《楞严经谚解》中附加后缀"ᄃ외/ᄅ외"派生而成的特殊形容词主要如下：

[1] 受苦ᄅ외다：一切 딛딛ᄒᆞ미 업스며 一切 다 受苦ᄃ외며<1461楞解5,59b>

[2] 疑心ᄃ외다：濟度호믈 몯ᄒᆞᆯᄃᆞᆺ 疑心ᄃ왼 젼ᄎ로<1461楞解1,26a>

[3] 精誠ᄃ외다：願行이 精誠ᄃ외야ᅀᅡ 能히 感應ᄒᆞ시게 ᄒᆞ리라<1461楞解7,7b>

1.3 副词

《楞严经谚解》中，副词主要以"名词+-히"形式出现。

[1] 議論이 難히 菩提예 마조믈 責ᄒᆞ시니<1461楞解4,71b>

[2] 두 習이 섯글 時節에 感ᄒᆞ야 變호미 倍히 勝ᄒᆞ리라<1461楞解8,73a>

[3] 다 眼根의 交互 報글ᄊᆡ 各別히 아니 니ᄅᆞ시니라<1461楞解8,97a>

[4] 神奇ᄒᆞᆫ 變과 微妙ᄒᆞᆫ 力이 一一히 ᄀᆞ리오미 업스니<1461楞解6,43a>

[5] 그 光이 晃然히 블 ᄀᆞᄐᆞ며 昱然히 盛ᄒᆞ샤<1461楞解1,96b>

[6] 持地平히 몃고삼도 오히려 有爲예 브트샤<1461楞解6,62b>

[7] 비록 妄을 덜오져 ᄒᆞ야도 虛僞倍히 더으리니<1461楞解9,38b>

[8] 元明은 本覺微妙히 불고미라<1461楞解1,82b>

[9] 이엔 土를브터 보아 種種周徧히 혜니<1461楞解10,17b>

此外，还有"倍히，錯亂히，單複히，端正히，犯濫히，忽然히，寂靜히，精微히，啾啾히，密히，難히，平等히，强히，勤苦히，曲盡히，如意히，善根永히，特別히，委曲히，位能히，習氣通히，細微히，幸히，虛僞倍히，婬逸히，永히，昱然히，中中히，種種周徧히，重重히"等副词。

1.4 叙述格助词与谓词活用

部分汉字词词汇与叙述格助词结合后与终结词尾、接续词尾、定语词尾、尊敬词尾结合进行活用，少部分汉字词与谓词词尾直接结合进行活用。

叙述形：

[1] 곧 두려운 化애 一切 發生이라 ᄒᆞ야<1461楞解10,57a>

[2] 心慮ㅣ 灰凝은 곧 無想定이라<1461楞解9,16b>

[3] 能히 비취여 應ᄒᆞᄂᆞ닌 일후미 照行이오<1461楞解8,132b>

[4] 엇뎨 正性고<1461楞解8,6b>

连接形：

[1] 生滅이 다 想心에 屬거늘<1461楞解10,15a>

[2] 다ᄉᆞᆺ 受陰은 ᄯᅩ 닐오디 다ᄉᆞᆺ 取蘊이니<1461楞解10,86b>

[3] 色과 空괘 오직 ᄒᆞᆫ 實性일ᄊᆡ 닐오디<1461楞解5,34b>

定语形：

[1] 일후미 識處定인 젼ᄎᆞ로<1461楞解9,27a>

[2] 神鬼力인 젼ᄎᆞ로 末世中에 凡愚를 자보ᄃᆡ<1461楞解9,82a>

[3] 體 오직 一眞인 젼ᄎᆞ로 일후미 眞實이라<1461楞解8,33a>

尊敬形：

[1] 일후미 大方廣이시고 因과 果왜 ᄒᆞᆫᄢᅴ 나트시며<1461楞解8,60a>

[2] 說法을 마키디 아니 ᄒᆞ샤ᄆᆞ로 妙音이시고<1461楞解6,66b>

直接形：

[1] 叔世ᄂᆞᆫ 末世라 호미 곧ᄒᆞ니라<1461楞解4,106b>

[2] 모든 衆生을 利益게 코져 ᄒᆞ논 젼ᄎᆞ로<1461楞解6,82a>

[3] 이 行이 滿足거든 반ᄃᆞ기 廻向行을 닷곯디니라<1461楞解8,35a>

[4] 비록 沙界옛 萬類라도 다 根源을 알리라<1461楞解5,26a>

除此之外，还有"明心이라, 妙覺中이라, 善見天이라, 識意라, 現業고, 香가, 屬거늘, 樂디, 自然執이사, 執金剛이로니, 千萬億倍며, 體나, 樞機며, 貝葉이어나, 樺皮어나, 萬類라도, 成熟게, 鼻體니, 瞪이오, 無量光이러시니, 本來眞인, 性顚倒ᆫ둘, 刀劍이오, 分析이시니, 應供이시고, 諸佛心地法門이시니라"等。

上述内容统计如下：

分类		用例	占比
体词	单音节	757	12.2%
	双音节	2644	42.6%
	3音节	797	12.8%
	4音节	767	12.4%
	5音节	50	0.08%
	6音节	72	1.16%
	7音节	23	0.04%
	8音节	33	0.05%
谓词	"—하다"形式谓词词汇	507	8.17%
副词		41	0.07%
"叙述格助词+谓词词尾"/"谓词词尾"		517	8.33%
合计		6208	100%

2. 曲用与活用

体词与体词形语法形态（格词尾、添意词尾、复数词尾）相结合实现体词曲用，谓词与谓词形语法形态（终结词尾、连接词尾、定语词尾、修饰词尾、时制词尾、尊敬词尾、态词尾）相结合实现谓词活用。《楞严经谚解》中的汉字词呈现多样化的曲用与活用现象。

2.1 曲用现象

体词曲用主要有"主格、属格、宾格、与格、位格、用格、同格"等。

主格(ㅣ/이)：

[1] 神奇혼 珠ㅣ 밧긔 조차 得디 아니호물 알리라<1461楞解4,62b>

[2] 如來ㅣ 因緣을 다 브리시ᄂ니잇고<1461楞解4,63b>

[3] 乞食이 어둘 녜 쁘디 잇ᄂ니<1461楞解6,103b>

[4] 機緣이 줌줌히 마자<1461楞解6,65a>

[5] 大衆阿難이 ᄒᆞ끠 부텻긔 묻ᄌᆞ오ᄃᆡ<1461楞解4,127b>

根据开音节与闭音节的不同，主格形态有所区分。其中，现代朝鲜语中的主格"가"未被使用。

属格(익/의)：

[1] 이 利根익 닷가 나ᅀᅡ갈 흔 ᄆᆞᄎᆞ미라<1461楞解1,21a>

[2] 六根이 미존 것 그르논 次第를 뵈샤<1461楞解1,21a>

[3] 同業의 感호미 어드우매 여희디 아니 호니<1461楞解9,46a>

[4] 重疊혼 그리멧 비치 ᄒ마 燈의 비치 아니며<1461楞解2,81a>

[5] 부텻 無見頂相앳 放光如來ㅣ 神呪 펴 니르샤믈 듣즙더니<1461楞解7,28b>

根据开音节与闭音节的不同，属格形态有所区分。同时，与格形态中附加添加音可构成定语形。

宾格(올/을, 롤/를)：

[1] 버거 楞嚴을 브트샤<1461楞解1,20a>

[2] 뜨든 利益을 혼 뿔 니필쑨 아니라<1461楞解1,26a>

[3] 結을 디아 무수미 自在를 得다 ᄒ니<1461楞解1,26a>

[4] 부텨를 조쪼와 法輪을 옮겨<1461楞解1,26a>

根据开音节与闭音节、阳性与阴性的不同，宾格形态有所区分。

与格(애/에/예, 의게)：

[1] 能히 國土애 威儀를 일우다<1461楞解1,26a>

[2] 菩薩ㅅ 智의 住혼 境에 住ᄒ야<1461楞解1,25b>

[3] 다시 機예 當혼 사르모로 發ᄒ야<1461楞解4,65a>

[4] 諸大菩薩와 阿羅漢이게 조쳐 브스시니<1461楞解6,47a>

[5] 犯ᄒ면 즁의게 브리일씨니라<1461楞解6,85b>

[6] 이ᄀ티 山海自在通王如來쯰 니르ᅀᆞ와ᅀᅡ 비르서<1461楞解5,72b>

根据阳性与阴性、活动体与非活动体、尊敬与非尊敬的不同，与格形态有所区分。

位格(에셔/예셔)：

[1] 一百 모기 方寸애셔 부춤 굳ᄒ둘 아르샤<1461楞解5,77b>

[2] ᄒ마 첫 열 서린 時節에셔 늘그며<1461楞解2,6a>

[3] 제 能히 거우루에셔 나 뿌게 브투디<1461楞解3,75b>

[4] 희예셔 오ᄂ녀<1461楞解3,75b>

根据阳性与阴性的不同，位格形态有所区分。

用格(ᄋᆞ로/으로)：

[1] 세히 다 눛ᄋᆞ로 서르 囚ᄒᆞᄂᆞ니라<1461楞解3,100a>

[2] 富那의 뜨데 性明으로 覺 삼고<1461楞解4,11b>

[3] 텻 무ᅀᆞ매 마초ᄒᆞ야 우흐로 갑ᄉᆞ오려 ᄒᆞ니라<1461楞解3,113a>

[4] 迷惑ᄋᆞ로셔 아로미 잇ᄂ 듯ᄒ니<1461楞解4,35b>

[5] 곧 佛覺으로뻐 내 무숨 사마 낢돗호디<1461楞解8,40b>

根据阳性与阴性、开音节与闭音节的不同，用格形态有所区分。

同格(와/과):

[1] 훈 가지와 달옴과로 發明ᄒ야<1461楞解4,14b>
[2] 苦와 樂과를 내야 아논 ᄆᅀᆞ미 念을 니르와<1461楞解4,16a>
[3] 相續과 執取와 計名과 四麤의 모든 相이<1461楞解4,16a>

根据开音节与闭音节的不同，同格形态有所区分。

呼格(아):

[1] 富樓那아 妄性이 이곧ᄒ니<1461楞解4,60a>
[2] 阿亂아 이곧혼 열가짓 禪那ㅣ 긿가온디 미츄미 두외야<1461楞解10,69a>

复数形态(들ㅎ):

[1] 아모 菩薩들히 人間애 와 化ᄒᄂ<1461楞解9,92b>
[2] 富那들히 말ᄉ몰 조차 아로ᄆᆯ 내야<1461楞解4,55a>
[3] 上乘에 廻向혼 阿羅漢들ᄒ로 다<1461楞解4,7a>

与现代韩国语不同，复数形态以"들ㅎ"形式出现。

添意词尾(은/은, 는/는, 도, 브터, 두려, 아):

[1] 濕은 어우로매 應ᄒ고 化논 여희요매 應ᄒᄂ니<1461楞解4,28b>
[2] 樞는 시두리오 機는 弓弩ㅅ 뼈우는 거시라<1461楞解6,19a>
[3] 無量聲佛도 쏘 風大를 브트샤<1461楞解5,77b>
[4] 漏의 緣이니 無始브터 오매<1461楞解6,105b>
[5] 부톄 文殊師利두려 니르샤디<1461楞解8,58a>
[6] 부톄 富樓那두려 니르샤디<1461楞解4,57a>
[7] 三品은 모로매 佛地라ᅀᅡ 비르서 그츠리니<1461楞解8,63a>
[8] 모로매 맛봄 時節에ᅀᅡ 잇ᄂ니<1461楞解6,55b>

谓词形转换词尾:

[1] 如ᄒᆫ 젼ᄎ로 卽ᄒ고<1461楞解8,38b>
[2] 寂靜常樂을 닐오디 涅槃이오<1461楞解4,122a>

除此之外，上述体词曲用情况还有"滅가, 滅로, 滅에, 滅와, 滅와로셔, 滅와를, 滅왜, 滅왜니, 滅은, 滅을, 滅을브터, 滅이, 滅이라, 滅이며, 滅이어든, 滅이오, 滅을","識心과, 識心엣, 識心은, 識心을, 識心의, 識心이, 識心은, 識心을, 識心이, 識緣이"等。

2.2 活用现象

"汉字词名词+-ㅎ"形谓词活用主要有"终结形、连接形、定语形、修饰形、时制形、尊敬形"等。

终结形：

[1] 歸宿홀딕 업서 ᄆᆞᄎᆞ매 漏 이쇼매 迷ᄒᆞᄂᆞ니라<1461楞解9,30b>
[2] 一切 災厄이 다 消滅ᄒᆞ리라<1461楞解7,56b>
[3] 圓澄호 覺이 本來 微妙ᄒᆞ니이다<1461楞解6,51a>
[4] 엇뎨 너 爲ᄒᆞ야 銷滅ᄒᆞ리오<1461楞解4,130b>
[5] 엇뎨 서르 應ᄒᆞ리잇고<1461楞解4,122a>
[6] 나디 아니 ᄒᆞ리니 ᄒᆞ믈며 雜形이ᄯᆞ녀<1461楞解7,56a>

除此之外，以终结形活用的词汇有"受ᄒᆞᄂᆞ니라, 發願홇디니라, 倍ᄒᆞ니라, 圓通ᄒᆞ리다, 發ᄒᆞ리라, 微흟씨라, 發ᄒᆞ논디라, 體至極ᄒᆞ샷다, 搖動ᄒᆞᄂᆞ이다, 保護호리이다, 上이로소이다, 濟度ᄒᆞ야지이다, 銷滅ᄒᆞ리오, 修證ᄒᆞ료, 搖動ᄒᆞᄂᆞ뇨, 靜ᄒᆞᄂᆞ뇨, 受ᄒᆞ니잇가, 受ᄒᆞᄂᆞ니잇고, 參預호리잇고, 菩提心決定ᄒᆞ니ᄯᆞ녀"等。

连接形：

[1] 이ᄂᆞᆫ 無心호ᄃᆡ 境이 제 니를씨 닐오ᄃᆡ<1461楞解8,138b>
[2] 일후메 有益호ᄃᆡ 實에 無益홀씨 이런ᄃᆞ로 비록<1461楞解4,73a>
[3] 부톄 發明ᄒᆞ야도 오히려 能히 도라오디 몯ᄒᆞᄂᆞ니<1461楞解4,58b>
[4] 五辛은 菜屬이언마ᄅᆞᆫ 오히려 머구미 몯ᄒᆞ리니<1461楞解6,99b>

除此之外，以连接形活用的词汇有"無爲ᄒᆞ야, 無益ᄒᆞ며, 問答ᄒᆞ니, 微ᄒᆞ고, 迷惑ᄒᆞ니, 迷惑ᄒᆞ면, 發明컨댄, 發明호ᄃᆡ, 發生ᄒᆞᄂᆞ니, 發ᄒᆞ야ᄃᆞᆫ, 背叛커니, 變커든, 變티, 佛地라ᅀᅡ, 思議ᄒᆞ야도, 想體輕擧흟씨, 屬ᄒᆞ련마ᄅᆞᆫ, 圓滿커니, 圓滿코져, 願홇딘댄, 證컨댄, 證코져, 證ᄒᆞ야도, 眞淨커늘, 澄圓ᄒᆞ며, 着ᄒᆞ다신ᄃᆞᆯ, 侵勞코져커든"等。

定语形：

[1] 여러 生앳 無始虛妄호 習이니<1461楞解4,103b>
[2] 當호 根의 報受ᄒᆞᄂᆞᆫ 相이 잇거늘<1461楞解8,97a>

除此之外，以定语形活用的词汇有"無情호, 迷호, 法執微細호, 分別ᄒᆞ던, 分別훓, 悲仰ᄒᆞᄂᆞᆫ, 修證홇, 受ᄒᆞ던"等。

修饰形：

[1] 勝호 性을 迷惑게 호미<1461楞解6,10b>
[2] 本明을 ᄇᆞ릴씨 비록 終日ᄐᆞ록 行ᄒᆞ야도<1461楞解1,81a>

除此之外，以定语形活用的词汇有"圍繞케, 終日토록, 周徧틋, 淸淨케"等。

时制形：

[1] 恒河ㅅ ᄀ새 入定ᄒᆞ얫다가 怨害鬼게됴믈 맛나<1461楞解5,74b>
[2] 本來 一界예 周徧ᄒᆞ얫다가 이제 집 안해 이션<1461楞解2,40a>
[3] 두 物이 오디 아니 ᄒᆞ얫거든 네 네 고홀 마트라<1461楞解3,45b>

尊敬形：

[1] 科ᄂᆞᆫ 글우믈 警戒ᄒᆞ야 預備ᄒᆞ시며<1461楞解8,57a>
[2] 三十二相이 ᄀᆞ장 微妙ᄒᆞ샤미 ᄠᅩ로 다ᄅᆞ샤<1461楞解1,41a>
[3] 이제 性覺眞空ᄋᆞᆯ 發明ᄒᆞ샤매 미처ᅀᅡ<1461楞解5,51b>
[4] 마ᄅᆞᆯ 드듸여 묻ᄉᆞ오믈 發ᄒᆞᅀᆞ오니라<1461楞解4,56b>
[5] 法要를 듣ᄌᆞᆸ고져 願ᄒᆞᅀᆞᆸ더니<1461楞解1,37a>

除此之外，以主体尊敬形活用的词汇有"密圓ᄒᆞ시니라, 發明ᄒᆞ샤, 發明ᄒᆞ샤믈, 發明ᄒᆞ샨, 分析ᄒᆞ샨, 因ᄒᆞ시면"等，以客体尊敬形活用的词汇有"謝ᄒᆞᅀᆞ오니라, 順ᄒᆞᅀᆞᆸ,頂禮ᄒᆞᅀᆞᆸᄂᆞ니"等。

谓词的体词形：

[1] 처ᅀᅥᆷ 信發호믈브터 賢을 건네뛰여<1461楞解8,49b>
[2] 諸佛 니ᄅᆞ샨 信호미 어려운 기픈 經은 淸淨ᄒᆞ야<1461楞解1,3b>

除此之外，以主体尊敬形活用的词汇有"安居호믈, 圍繞호믄, 疑心호미, 濟度호믄"等。

除此之外，"汉字词名词+-ᄒᆞ"形谓词活用现象在"對答호ᄃᆡ, 對答호ᄃᆡ, 對答호미, 對答ᄒᆞ더니, 對答ᄒᆞ라, 對答ᄒᆞ샤ᄃᆡ, 對答ᄒᆞ샤미라, 對答ᄒᆞ샨, 對答ᄒᆞ시니, 對答ᄒᆞ시니라, 對答ᄒᆞ야, 對答ᄒᆞ야ᅀᅡ, 對答ᄒᆞᅀᆞ오니, 對答ᄒᆞᅀᆞ오ᄃᆡ, 對答ᄒᆞᅀᆞ오믄, 對答ᄒᆞᅀᆞ와"等处也均有所体现。

同时进行曲用与活用的汉字词有"滅가, 滅로, 滅에, 滅와, 滅와로셔, 滅와를, 滅왜, 滅왜니, 滅은, 滅을, 滅을브터, 滅이, 滅이라, 滅이며, 滅이어든, 滅이오, 滅ᄋᆞᆯ, 滅커든, 滅케, 滅코, 滅타, 滅티, 滅틋, 滅홀, 滅홀디니라, 滅홀딘댄, 滅호니, 滅호ᄃᆡ, 滅호려, 滅호매, 滅호미, 滅호ᄆᆞ로브터, 滅호믄, 滅호믈, 滅혼, 滅혼디, 滅혼디라, 滅홈, 滅홈도, 滅ᄒᆞ고, 滅ᄒᆞ나, 滅ᄒᆞᄂᆞᆫ, 滅ᄒᆞ니, 滅ᄒᆞ니라, 滅ᄒᆞᄂᆞ니, 滅ᄒᆞᄂᆞ니라, 滅ᄒᆞᄂᆞ다, 滅ᄒᆞ려니ᄯᅩᆫ, 滅ᄒᆞ리니, 滅ᄒᆞ리라, 滅ᄒᆞ리어니, 滅ᄒᆞ며, 滅ᄒᆞ면, 滅ᄒᆞ샤, 滅ᄒᆞ샤문, 滅ᄒᆞ시고, 滅ᄒᆞ시니, 滅ᄒᆞ시니라, 滅ᄒᆞ야, 滅ᄒᆞᆫ, 滅ᄒᆞᆯᄊᆡ"等。

由此可见，汉字词在进入朝鲜语词汇结构后，与固有词一样发生了各种形态变化。

3. 词汇特性

经考察，进入朝鲜语词汇系统的汉字词间存在"同音、同义、类义"关系。主要如下：

3.1 同音词

[1] 百이 千에 곰호야 千二百이 이니<1461楞解4,96a>
[2] 鄭人緩의 栢과 다 精神의 化호미라<1461楞解7,88b>
[3] 西土애 실 帛패 업디 아니컨마른<1461楞解6,97a>,
[1] 이런드로 報물 感호미 또 그러니라<1461楞解7,83b>
[2] 珠와 寶와 簡冊들흔 다 수믄 奇異호 이리라<1461楞解9,106a>

除此之外，还有"倍/輩, 表/標, 冊/策, 長者/長子, 場/腸, 塵相/塵象, 膽/淡, 當/黨, 耳/餌, 法戒/法界, 法筵/法緣, 左/座, 族/足, 住/注/炷/註/鑄/主/珠/誅/銖/呪/洲/周, 重/衆/種/中/鐘/終"等同音词。

3.2 同义词

[1] 纏繞는 범글씨니 疑惑을 니르니라<1461楞解3,65a>
[2] 富那ㅣ 疑心을 뫼야 請호오니라<1461楞解4,4a>
[1] 性淸淨호 本心이 圓滿호야<1461楞解2,94b>
[2] 地水火風이 本性이 圓融호야<1461楞解4,39a>

除此之外，还有"變現/變易, 長壽/長命, 成佛/成道, 得道/得法, 發生/發現, 法因/法緣, 知識/知見, 正智/正見, 眞如/眞實, 讚歎/讚謝, 災變/災厄/災惡/災難, 雜感/雜想, 緣念/緣心, 欲貪/欲心, 欲氣/欲習/欲氣, 妖魅/妖邪, 眼/眼根, 智慧/智力"等同义词。

3.3 类义词

意义或种类上属于同一种类的词称为类义词。词与词之间没有绝对的同义关系，就专业术语而言，类义词应比同义词更加严谨、准确。

初－：初禪, 初果, 初生, 初學, 初因
大－：大悲, 大乘, 大地, 大梵, 大海, 大幻師, 大迦葉, 大家, 大涅槃, 大淸, 大聖, 大食, 大雄, 大衆
愛－：愛見魔, 愛憐, 愛染, 愛涎, 愛想, 愛心, 愛欲, 愛樂
禪－：禪觀, 禪螺, 禪律, 禪堂, 禪天, 禪悅
佛－：佛地, 佛法, 佛果, 佛母, 佛菩薩, 佛如來, 佛世界, 佛事, 佛土, 佛子
空－：空處, 空法, 空觀, 空花, 空寂, 空見, 空界, 空覺, 空理, 空昧, 空魔, 空漚, 空如來藏, 空散, 空散銷沈, 空色, 空生, 空王佛, 空相, 空心, 空中

3.4 外来语

我们把韩国语中从中国以外的其他国家语言里输入的单词称为外来语，这些外来语不仅与固有词存在根本性的差异，与汉字词也有明显差别。由于《楞严经谚解》是佛经谚解，很多佛教用语通过汉字词形式进入到韩国语词汇体系。

《楞严经谚解》中的佛教用语主要如下：

[1] 阿鼻는 예셔 닐오매 無間이니<1461楞解8,77b>

　　阿鼻(아비)[1]：<佛教>八热地狱之一，一劫中不断受苦的地狱。≒无间奈落，无间阿鼻，无间狱，阿鼻世界，阿鼻地狱，阿鼻焦热地狱，阿鼻狱。

[2] 釋迦와 彌勒과 阿閦과 彌陀와를 펴고<1461楞解7,18b>

　　阿閦(아축)：<佛教>主持东方善快净土并说法的佛陀。与西方的阿弥陀佛形成对比。≒不动佛，不动如来，阿閦婆，阿閦婆佛，阿閦佛，阿閦如来。

[3] 곧 阿含과 方等과 般若왜시고<1461楞解1,18a>

　　阿含(아함)：<佛教>【①】释迦牟尼的言行录。【②】小乘佛教经典的总称。有南传，北传。

[4] 그 中에 오직 阿賴耶識이 留ᄒ고<1461楞解9,26a>

　　阿賴耶識(아라야식)：<佛教>三识之一，万法之根本。≒赖耶，无垢识，阿赖耶，阿梨耶识，阿刺耶识，藏识。

[5] 阿羅漢이 모미 後에 이쇼ᄆ 맛나ᄂ니라<1461楞解9,41b>

　　阿羅漢(아라한)：<佛教>【①】佛教声闻中最高果位。身心六根清净，无明烦恼已断（杀贼），是对受人崇拜敬仰的圣人的一种称呼。【②】已了脱生死，证入涅槃（无生）的佛陀。≒罗汉，无生，应真。

[6] 須陀洹果와 斯陀含果와 阿那含果와 阿羅漢道와 辟支佛乘과<1461楞解6,109a>

　　阿那含果(아나함과)：<佛教>佛教声闻乘(小乘)的四果之三，为断尽欲界烦恼、不再还到欲界来受生的圣者名。≒不来果，不还果，阿那含。

[7] 無量衆生이 다 無等이 等ᄒ신 阿耨多羅三藐三菩提心을 發ᄒ니라<1461楞解6,80a>

　　阿耨多羅三藐三菩提(아누다라삼먁삼보리)：<佛教>意为无上正等正觉，即最高的智慧觉悟。≒无上正等正觉，阿耨菩提。

[8] 이 阿毗達磨는 十方薄伽梵의 ᄒ나 ᄭ 涅槃門이리<1461楞解5,15a>

　　阿毗達磨：<佛教>解说和论证佛经义理的一种体裁，成就佛教智慧的手段。≒毗昙，阿毗昙。

[9] 華嚴百二十大數에 阿僧祇는 一百 세헤 當ᄒ고<1461楞解7,51b>

　　阿僧祇：<佛教>无数极长之时节。≒僧祇，阿僧伽，阿僧企耶。【①】佛教中表示时间的概念，相当于10的104次方年。恒河沙作为数量单位时是指10的16384次方（上数）或者10的52次方（中数）。

1　《표준국어대사전》해석을 따름

[10] 모든 <u>阿斯陀</u>이 長命求ᄒᆞᄂᆞ니와로<1461楞解10,60b>

　阿斯陀：<佛教>印度圣人。释尊降诞时，为太子占相，预言身在尘世，成为全伦圣王；出家必成正觉，可得菩提。

　除此之外，还有"阿隋羅，阿陀那，阿陀那識，阿修羅，阿脩羅類，阿脩羅王，阿庾多，阿練若，阿亂，阿羅詞，阿顚迦，阿闍黎，阿那律，阿那律陁，阿那律陀，阿難，阿難大衆，阿若多，般怛囉呪，波羅蜜，波尼沙陀，伽神女，恒河沙，劫波羅，彌勒菩薩，摩登伽難，摩詞拘絺羅，娑毗迦羅，貪嗔癡慢，陁羅尼，母陀羅……"等佛教用语。

4. 结论

　朝鲜半岛自古以来就与中国在语言、文化、历史等各方面进行了积极的交流。在此过程中，中国对朝鲜半岛的语言文字产生了广泛而深远的影响。在通过中国传入的佛教思想的影响下，15世纪朝鲜半岛开始大量翻译佛经。其中《楞严经谚解》作为佛经谚解之典范，其语言形式多样，词汇种类繁多，自身存在研究特性与价值。

　本文主要分析《楞严经谚解》木刻本中涉及的汉字词，按词性分类，共计6208条。其中，名词词汇共5143条，占82.84%；谓词词汇共507条，占8.17%；副词词汇共41条，占0.66%。考察其音节分布，双音节汉字词居多，共2644条，占42.6%；单音节、3音节、4音节汉字词各有757条、797条、767条；5音节~8音节词汇极少，共计筛选出178条。

　谓词汉字词汇多呈现"汉字词名词+－ᄒᆞ다"形式，以'－ᄅᆞ외/ᄃᆞ외'为后缀的特殊形容词。且谓词汉字词汇的音节分布也以双音节为主。《楞严经谚解》也不乏存在副词充当狀语的情况，多以"汉字词名词+－히"形式出现。

　汉字词进入韩国语词汇系统后，同固有词一样，与体词形语法形态、谓词形语法形态相结合进行多样化的曲用与活用。如"分別에，分別와，分別은，分別을，分別을브터，分別이，分別이오，分別ᄋᆞᆫ，分別ᄋᆞᆯ，分別ᄋᆡ，分別타，分別티，分別호ᄃᆡ，分別호미，分別호미니，分別호ᄆᆞᆫ，分別ᄒᆞ논，分別ᄒᆞᄂᆞ녀，分別ᄒᆞᄂᆞ니，分別ᄒᆞᄂᆞ니라，分別ᄒᆞ다，分別ᄒᆞ던，分別ᄒᆞ라，分別ᄒᆞ료，分別ᄒᆞ리오，分別ᄒᆞ며，分別ᄒᆞ면，分別ᄒᆞ샤ᄆᆞᆫ，分別ᄒᆞ야，分別ᄒᆞ욤도，分別ᄒᆞᆯ"等。

　经考察，编入韩国语词汇系统的汉字词间存在"同音、同义、类义"等音义关系。如"志/智/止/知/脂/枝，震/鎭/眞，眞精/眞淨，兆/照，帳/障/章/丈，圓精/圓淨，原/媛/園/元/寃，愚/宇/右，勇/涌/庸，陰/婬/音，意/義，羊/陽，孩/骸/海/害"，"變現/變易，長壽/長命，成佛/成道，得道/得法，發生/發現，法因/法緣，知識/知見，正智/正見，眞如/眞實，讚歎/讚謝，災變/災厄/災惡/災難，雜感/雜想，緣念/緣心，欲貪/欲心/欲氣/欲習，妖魅/妖邪，眼/眼根"，"空處，空法，空觀，空花，空寂，空見，空界，空覺，空理，空昧，空魔，空漚，空如來藏，空散，空散銷沈，空色，空生，空王佛，空相，空心，空中"等。特殊的词汇有"比丘尼，毗沙門天王，波羅蜜多，波尼沙陀，利帝利，菩薩，陁羅尼，舍利弗，娑毗迦羅，觀世音菩薩"等汉字词佛教外来语。

参考文献

金光洙，姜美花．朝鲜语发展历史．延边大学出版社，2019．
金荣晃．朝鲜语历史．（朝鲜）金日成综合大学出版社，2009．
金荣洙．韩国汉字词研究．（韩国）深影社，1974．
柳烈．朝鲜语历史．（朝鲜）社会科学出版社，2005．
李得春，李承子，金光洙．朝鲜语发展史．延边大学出版社，2006．
李基文．国语学概说．太学社，1998．
安秉禧．国语史文献研究．新究文化社，2009．
安秉禧．中世語韓文資料綜合的考察．奎章閣3，서울大學校圖書館，1979．
陈尚胜．中韩交流三千年．中华书局出版，1997．
刘焱．现代汉语概论．上海教育出版社，2020．
金昌晢．汉字语形成及固有语语法限制，国语学会:国语学，2001，37(0): 177–195．

作者简介

金光洙，延边大学朝汉文学院教授，博士
研究方向：亚非语言文学、朝鲜语言
通信地址：吉林省延吉市公园路977号延边大学朝汉文学院
电子邮箱：kuangsu2821@163.com

语用身份视角下中国韩语学习者与韩语母语话者的摘要元话语使用对比研究[1]

大连外国语大学　陈艳平　王晨

摘　要： 本文结合学术论文摘要中元话语分类框架及语用身份理论，采用自建语料库与定量定性分析相结合的方法，探讨学术论文摘要中中国韩语学习者和韩语母语话者运用互动式元话语建构身份的异同。研究发现，中国韩语学习者态度标记语的使用频率显著低于韩语母语话者；学习者和母语话者建构身份的倾向依次为：陈述者＞对话者＞评价者；在陈述者身份建构上，二者的倾向均为：自信的陈述者＞严谨的陈述者；在对话者身份建构上，二者均倾向于大量提及自己而极少提及读者；在评价者身份建构上，中国韩语学习者的频率显著低于韩语母语话者。

关键词： 中国韩语学习者与韩语母语话者；互动式元话语；身份建构；身份意识

1. 绪论
1.1　研究目的

　　元话语（metadiscourse）泛指关于话语的话语（Williams，1981：195），即不传递命题内容，而被用来组织语篇和表达立场的话语手段。近年来学界针对元话语的文本组织功能和修辞劝说功能等展开大量研究，但元话语与语用学的密切联系尚未得到足够的重视和凸显，尤其是元话语与身份建构的关系问题（孙莉，2021：79）。身份是当前人文社会科学的一个热点话题，学界对其的认识经历了从本质主义向建构主义的演变过程。随着身份研究的"话语转向"，陈新仁提出了"语用身份"这一概念，将语境化的、语言使用者有意或无意选择的自我或对方身份，以及说话人或作者在其话语中提及的社会个体或群体的他者身份统称为语用身份，认为语言使用者往往需要顺应当前语境因素进行特定的语用身份选择。即，身份不再局限于仅从话语中再现，而被认为是在话语中通过各种语言或非语言手段实施、执行、体现、虚构、解构的（陈新仁，2013，2018，2020）。

　　摘要是学术论文的宣传语，是读者决定是否进行更深入的全文阅读的重要依据。学术论文

---

[1] 本研究系2020年度辽宁省社会科学规划基金项目"朝鲜语述位情态构式的语用与语法互动关系研究"系列研究成果（L20BYY015），大连外国语大学研究生教学改革项目研究成果（YJSJG2019-04），2022年度大连外国语大学研究生创新项目研究成果（YJSCX2022-123）。

摘要能全面涵盖研究目的、研究问题、研究方法及研究结果等要点，是引导读者精准快速地把握论文主要内容及作者态度的窗口。学术语篇是身份构建的主要场所（Hyland，2000），而摘要作为学术语篇的精炼部分，具有独立的文体和功能，同样是作者传递态度、建构身份以及与读者互动的重要平台。其中，命题话语承担传递事实信息的作用，而元话语在帮助作者表达立场和建构身份上具有重要意义。

本文旨在结合元话语分类框架及语用身份理论，将中国亚非语言文学（朝鲜语）专业的硕士学位论文语料，与韩国学相关专业的韩语母语话者学位论文语料进行比较，分析中国韩语学习者与韩语母语话者在摘要写作中运用互动式元话语建构身份的异同。研究结果对中国韩语学习者在摘要写作中运用合适的元话语资源有效地建构身份具有教学启示意义。

1.2 先行研究

目前韩国学界对摘要的研究主要聚焦在语言特征、语步结构等体裁特征及英文摘要写作上，如：语步分析（상민정，2015；김진웅，2019等）；摘要写作教育研究（유민애，2015；정호진，2019等）；摘要的修辞结构（김남국，2017；심은숙，2019等）。近年来，변정희（2016）曾研究过新人作者与有论文发表经验的作者在论文摘要写作中元话语方面的差异，而关于摘要中作者身份的研究还未得到有效开展。国内学界较韩国学界更早关注到摘要中作者的身份问题，但主要通过自称语资源实现（云红，2009；柳淑芬，2011等）。近来，学者开始将研究视角转向摘要中元话语与身份建构的关系问题（孙莉，2015；徐燕燕，2019），但关注点大都在英语摘要上。综上，对于摘要中作者身份问题的研究往往集中于英汉（或英英）对比方面，且更多关注期刊论文，对韩语学习者学位论文摘要中元话语与身份问题的研究尚比较薄弱，缺乏从语用层面对韩语摘要写作中元话语功能的考察，因而不利于韩语学习者对元话语的全面认识，也不利于其对韩语学术写作的理解和把握。鉴于此，本文将结合元话语与语用身份理论，考察中国韩语学习者与韩语母语话者在学位论文摘要中利用元话语资源建构身份的异同，以期进一步厘清韩语学术写作中元话语与身份建构的关系，发现中国韩语学习者摘要写作中的问题，提高其元话语意识和身份意识，更好地实现与读者的互动。

2. 研究问题与方法

2.1 研究问题

本研究具体回答以下三个问题：

（1）中国韩语学习者和韩语母语话者论文摘要中互动式元话语的使用有何差异？
（2）中国韩语学习者与韩语母语话者运用互动式元话语建构的身份类型和特征有何差异？
（3）产生上述差异的原因是什么？

2.2 语料来源与清理

本研究自建两个学位论文摘要数据库，即中国韩语学习者硕士论文语料库和韩国母语话者硕士论文语料库。所用语料均来源于两国最具代表性的论文检索网站—中国知网和韩国RISS网，随机选取2016年至2020年间发表的韩国学方向的硕士学位论文100篇（中韩各50篇）。必须承认，学位论文都经过导师不同程度的修改，不能完全代表学生的个人水平，但论文中常见的语言错误并非本研究的重点，本研究将聚焦于互动式元话语及其建构的身份在百余篇论文中的分布总量和特征展开分析论述。

所有语料限于论文的摘要部分，剔除论文题目、正文、参考文献和附录。

2.3 语料分析

2.3.1 互动式元话语的分析方法

本研究采用定量与定性相结合的方法对语料进行分析。具体来说，采用人工方式对100篇语料中元话语的类别进行辨别和标注，对每篇语料中标注的各类元话语的原始频数进行统计并运用SPSS19进行独立样本t检验，以$P<0.05$为差异进行分析。为避免语料标注的主观性，本文在进行独立样本t检验之前进行了三角互证[1]（triangulation）。

互动式元话语的类别参照Hyland（2005）的元话语分类框架。Hyland（2005）提出了元话语互动模式的两大分类——引导式和互动式。引导式元话语用于衔接篇章，而互动式元话语则用于吸引读者或表达作者的声音和立场（陈曦，2020：100）。本研究通过元话语的使用情况研究学习者在进行韩语论文写作时的读者意识和身份意识，因此聚焦互动式元话语。互动式元话语包括模糊限制语、凸显语、态度标记语、自我指称语和介入标记语五种类型，其具体功能及示例如表1[2]所示。

表1 互动式元话语类别

互动式元话语资源	功能	举例
模糊限制语	保留对命题的完全承诺	might/perhaps/possible/about
凸显语	强调对命题的确信度	in fact/definitely/it is clear that
态度标记语	表达作者对命题的态度	unfortunately/I agree/surprisingly
自我提及语	公开提及作者	I/we/my/our
介入标记语	公开提及读者或与之建立联系	consider/note that/we（包含读者的）

对语料中互动元话语类型进行识别，本文参照Hyland（2005）提出的互动式元话语的各类别示例，示例中未涉及的元话语资源参照陈艳平和潘璐霖（2020）的示例以及홍혜란和박지순（2020）的学术论文中各元话语的常用形式进行标记。

2.3.2 语用身份的分析方法

陈新仁的"语用身份观"指出语用身份具有动态性、资源型、主观性和目的性等特征，认为说话人的语用身份选择不是一成不变的，而是由当下的语境与交际需求驱动的。即，语用身份是为满足特定的交际需求进行建构的。孙莉（2015）根据摘要的写作目的总结出摘要中作者身份的四种类型：陈述者、评价者、对话者与组织者。其中，互动式元话语建构陈述者、评价者和对话者身份，引导式元话语建构组织者身份。著名应用语言学家Hyland认为，元话语塑造

---

[1] 三方包括：作者本人，语用学研究方向的韩国（韩）国语学在校大学生一名（A），国内语用研究生一名（B）。作者首先确定互动式元话语分类定义及示例，将定义告知AB后，再将各分类下的示例交由二人判断是否属于此类元话语，三方有争议的示例经过商议后统一意见从而得出结果。

[2] 引自祁亚伟，马静.学术论文引言中人际元话语的跨学科对比研究[J].上海理工大学学报（社会科学版），2020，42（03）：201-208.

的文本互动主要体现在引导和交互两个方面。引导功能是指组织篇章的手段，通过引导式元话语实现；交互功能是指用于吸引读者或者表达作者的立场和声音，通过互动式元话语实现。鉴于本研究聚焦摘要中作者的身份意识与读者意识，因此只涉及互动式元话语所建构的陈述者、对话者和评价者的身份考察。

根据各类元话语的功能可知：模糊限制语与凸显语共同承担陈述研究发现的功能，建构陈述者身份。其中，模糊限制语保留对命题的完全承诺，不进行非黑即白的判定，既陈述了作者观点，又给读者留下可讨论的余地，彰显其严谨谦逊的治学态度，因此模糊限制语建构的身份与严谨的陈述者形象相对应。凸显语表达作者对于命题的确信度，加强语气从而提升读者信赖度，树立自信可靠的睿智形象，故而与自信的陈述者身份相对应。态度标记语展现作者对命题的态度，对所述命题进行肯定或否定的判断，将自己的评价明确地传递给读者，建构评价者的身份。而自我指称语和介入标记语建构对话者身份，前者直接或间接指称作者本人，后者公开提及读者或与之建立联系，一来一回，通过文本实现作者与读者的对话。因此可以说，自我指称语与介入标记语共同建构了对话者的身份（孙莉，2020：31）。

分析互动式元话语建构的每种身份频次时，依照先前所述原则进行标记及频数统计。因摘要中每句话可能不止建构一种身份，故在统计时会将一句话中的多种身份都计算入内，若一句话中相同身份出现了多次，在统计频数时则只取一次。

3. 研究结果

3.1 元话语使用情况对比

本文基于自建的语料库，对其中五种互动式元话语资源的出现频次进行了统计与独立样本t检验，结果见表2。

表2 中国韩语学习者与韩语母语话者摘要中元话语分布情况及t检验结果

分类	样本及频次	个案数	平均值	差异性
模糊限制语	母语话者/315	50	6.30	0.456
	学习者/346	50	6.92	
凸显语	母语话者/76	50	1.52	0.463
	学习者/88	50	1.76	
态度标记语	母语话者/81	50	1.62	0.005
	学习者/46	50	0.92	
自我指称语	母语话者/145	50	2.90	0.759
	学习者/150	50	3.00	
介入标记语	母语话者/4	50	0.08	0.174
	学习者/9	50	0.18	
互动式元话语总数	母语话者/624	50	12.42	0.736
	学习者/639	50	12.78	

由表2数据可知，中国韩语学习者与韩语母语话者在摘要写作时均使用大量互动式元话语资源，且二者大体倾向一致，在总数上未见显著差异，但对个别元话语种类的选择存在差异。中国韩语学习者对元话语类型的选择倾向依次为模糊限制语>自我指称语>凸显语>态度标记语>介入标记语；母语话者的选择倾向依次为模糊限制语>自我指称语>态度标记语>凸显语>介入标记语。可知，学习者与母语话者的元话语使用情况既存在共性又存在差异：共性在于二者都大量运用模糊限制语、自我指称语和凸显语与读者进行交流，而极少使用介入标记语引导读者介入。而在态度标记语的使用上，二者存在非常显著的差异（P=0.005<0.05），母语话者更倾向于使用态度标记语来表达个人看法，而中国学习者则较少运用此种元话语进行立场表达。

中国韩语学习者在摘要写作中使用元话语的频率虽与母语话者无显著差异，但相较于母语话者，中国学习者掌握的元话语资源不够丰富。此外，中国学习者倾向使用的元话语资源与母语写作者有所不同。

3.1.1　模糊限制语

韩语母语话者学位论文摘要中最常使用的前三位模糊限制语依次为："-을 수 있다"（60.95%），"등"（12.38%）和"-을 것이다"（5.71%）。中国学习者的学位论文摘要中最常使用的前三位模糊限制语依次为："등"（26.3%），"-을 수 있다"（17.92%）和"주로"（8.67%）。可知二者在模糊限制语的使用上共性和个性并存，共性在于二者均大量使用"-을 수 있다"和"등"。差异在于母语话者还多用表示推测的"-을 것이다"，而中国学习者多用表示"主要"之义的"주로"。

3.1.2　态度标记语

在态度标记语的使用上，韩语母语话者学位论文摘要中出现最多的前三位态度标记语依次为："-어야 하다"（45.68%），"중요하다"（14.81%）和"기대하다"（3.7%）；中国韩语学习者使用较多的前三位态度标记语依次为："중요하다"（47.83%），"-어야 하다"（23.91%）和"기대하다（6.52%）"。可见在本文所选取的语料当中，母语话者最常用的态度标记语是表示"应该"之义的"-어야 하다"（45.68%），而中国韩语学习者则更倾向于使用对话题意义进行肯定的"중요하다"（47.83%）。

3.1.3　凸显语

在凸显语的使用上，中国韩语学习者和韩语母语话者的论文摘要中最常使用的前三位凸显语是相同的，均为："-는 것이다"（韩28.95%，中30.68%），"특히"（韩23.68%，中23.86%）和"가장"（韩21.05%，中18.18%）。

3.1.4　自我指称语

在自我指称语的使用上，除"본고"这一常用的自我指称语资源外，母语话者使用的自我指称语更多以"指示冠形词+연구"的形式出现，而中国学习者则更常用"指示冠形词+논문"的形式。可知母语话者在进行韩语摘要写作时怀揣研究意识，倾向于认为自己所进行的工作是研究创作；而在中国韩语学习者的认知中，更倾向于认为自己所进行的工作是论文写作，可见中国韩语学习者的研究意识有待增强。

3.1.5 介入标记语

在介入标记语的使用上，中国韩语学习者和韩语母语话者的论文摘要中都呈现出极低的使用频率，但中国学习者使用的介入标记语类型较韩语母语话者更为丰富：在本文所选取的语料中母语话者只使用了"우리"这一种形式，而中国学习者使用的介入标记语包括三种类型："우리"（55.56%），"주지하다시피"（22.22%）和"－자면"（22.22%）。

由此可见，中国韩语学习者和韩语母语写作者论文摘要中出现的互动式元话语资源既有相似，又有不同。中国学习者的元话语意识值得肯定，但各类元话语资源的丰富程度和艺术程度还有所欠缺，其掌握的元话语结构需要进行进一步的优化升级。

3.2 元话语建构的身份对比

通过观察语料，笔者发现，韩国学相关专业学位论文摘要写作者的需求涉及陈述发现、表达评价和引发互动三个层面。根据语用身份理论（陈新仁，2018），说话人具体选择哪种语用身份一般是由其当前语境下的交际需求驱动的。可知在上述三种交际需求的驱动下，中国韩语学习者与韩语母语话者在学位论文摘要写作中运用元话语建构的身份类型相同，分别为陈述者、评价者和对话者。二者在学位论文摘要中运用互动式元话语建构的各身份类型的频数及占比结果如表3、表4所示。

表3　韩语母语话者语用身份建构情况

	陈述者	评价者	对话者
原始频数	318	81	144
出现频率	58.56%	14.92%	26.52%

表4　中国韩语学习者语用身份建构情况

	陈述者	评价者	对话者
原始频数	354	46	157
出现频率	63.55%	8.26%	28.19%

由表3、表4数据可知，虽不同身份的具体占比存在差异，但中国韩语学习者与韩语母语话者的身份建构选择倾向同为陈述者>对话者>评价者。可见二者在进行学位论文摘要写作时，最频繁建构陈述者的身份陈述其研究成果，而较少建构评价者及对话者的身份表达情感态度。这与摘要是对研究论文的总结，以提供论文内容梗概为目的，一般不加评论和补充解释（Bhatia, 1993）[1]的特点有关。中国韩语学习者与韩语母语话者的具体差异主要体现在评价者身份的建构上，韩语母语话者建构评价者身份的比例大致为中国韩语学习者的2倍（韩14.92%，中8.26%）。可见相较母语话者，中国学习者在进行韩语摘要写作时较少建构评价者身份，不倾向或不擅长明确表达对自己或他人研究的态度和评价，而更倾向于建构陈述者这一稳妥的身

1　转引自"王华. 语料库驱动的学术英语写作教学模式探索——以摘要写作为例[J]. 外语学刊, 2020（01）: 49-55."

份对个人的研究成果进行解释说明。

3.2.1 陈述者身份

建构陈述者这一身份时,中国学习者和韩语母语话者均运用模糊限制语建构严谨的陈述者身份,而通过凸显语建构自信的陈述者身份。韩语母语话者最常使用"-을 수 있다"(60.95%),"등"(12.38%)和"-을 것이다"(5.71%)建构严谨的陈述者身份,而"-는 것이다"(28.95%),"특히"(23.68%)和"가장"(21.05%)最常被用来建构自信的陈述者身份。中国学习者则最常用"등"(26.3%),"-을 수 있다"(17.92%)和"주로"(8.67%)建构严谨的陈述者身份,用"-는 것이다"(中30.68%),"특히"(23.86%)和"가장"(18.18%)来建构自信的陈述者身份。双方建构各类别陈述者身份的具体频数如表5所示。

表5 陈述者身份具体特征

	严谨的陈述者	自信的陈述者
母语话者	248	70
学习者	275	79

由表5数据可知,双方都更倾向于展示给读者严谨的形象(如例[1])。

例[1]
母语话者:국어 학업 성적은 국어 학업 능력 향상 정도를 측정할 수 있게 하는 가시적인 도구로서 기능한다고 볼 수 있다.
译文:国语学习成绩可以被视作能够衡量国语学习能力提高程度的可视化工具。[1]

(김명중, 2016)

例[1]中作者添加"-ㄹ 수 있다"(60.95%)这一模糊限制语来削弱肯定的语气,给读者留下可提出异议或进行补充的空间,保留对命题进行讨论的余地。既陈述了个人的观点,又不过分强硬,给读者留下有研究能力而又严谨谦逊的作者形象。

而作者言辞过于严谨又会使读者产生对其研究结果的疑问,故而在摘要写作时自信的陈述者身份的建构也十分重要。在研究过程中我们发现,相较于韩语母语话者,中国学习者倾向于在建构严谨的陈述者身份的同时建构自信的陈述者身份(中46.84%,韩24.29%。如例[2])。

例[2]
中国学习者:특히 중국 대학의 한국어 전공자의 경우 …… 한국어 쓰기 능력이 필요할 수도 있다(严谨的陈述者).
译文:特别是中国的韩语专业大学生,……可以说韩国语写作能力是必要的。

(黄榕穗华, 2020)

例[2]中作者使用"특히"这一表示强调意义的凸显语,彰显出其研究尤其对中国的韩语专

---

[1] 本文中所有韩语例句的中文译文均为作者自译。

业大学生更有裨益。利用凸显语层层递进，建构出自信的陈述者身份，增强命题内容的可信度，给读者打下一剂"强心针"。作者紧接着运用了模糊限制语来缓和强硬语气，保留对"韩语写作能力是中国的韩语专业学生的必要能力"这一命题的完全承诺，体现陈述内容的非排他性。

3.2.2 对话者身份

建构对话者这一身份时，作者通过使用自我指称语和介入标记语分别彰显对话双方的身份。其中，自我指称语建构"我方"身份，介入标记语建构"对方"身份。中国学习者与韩语母语话者对话者身份的具体构成及数据如表6所示。

表6 对话者身份具体构成

	"我方"对话者	"对方"对话者
母语话者	140	4
学习者	148	9

由表6数据可知，中国韩语学习者与韩语母语话者在对话者身份的建构上具有相同倾向，"我方"占此身份构成的绝大部分，对方（即读者）身份极少得到提及。在"我方"身份的建构上，柳淑芬（2011）曾总结出建构作者身份所采用的三种语言手段：第一人称代词（I，my，mine，me等）、第三人称名词短语（The authors）和抽象主体（the paper/study/article）。作者参与程度由高到低排序依次为：第一人称代词＞第三人称名词短语＞抽象主体。其中第一人称代词是展示作者权威和信度的最有力的标志语。第三人称作者自称使得作者身份表露不会过于强大和直白，不会显得咄咄逼人，在样本中也有出现。而无生命的、非人称的抽象主体（the paper/study/article等）间接表露作者的身份，具有较低的参与度（柳淑芬，2011：86）。虽然作者没有直接出现，但抽象主体与作者的关系是显而易见的，即抽象主体就是作者的研究论文或研究本身。作者通过这种方式把责任转给了无生命的主体，从而获得一种可靠性，并暗示其研究发现的客观性及研究方法的有效性（Hyland & Tse，2005：133－136）。"我方"对话者身份构成如表7所示。

表7 "我方"对话者身份具体特征

	第一人称	第三人称名词短语	抽象主体
母语话者	0	0	140
学习者	0	5	143

由表7数据可知，相同点是学习者和母语话者都较多运用抽象主体间接表露作者身份（如例[3]），且未使用第一人称代词进行个人身份的建构。不同点是中国学习者虽极少运用第三人称自称语进行自我提及，但韩语母语话者论文摘要中未发现使用第三人称名词短语建构作者身份的情况。由此可见，双方都倾向于以较低的参与度进行个人身份建构，潜在的原因可能正是

由于第一人称自称语和第三人称名词短语都是表示作者权威和信度的强有力的标志语，而这种权威性的身份显露过于强大和直白，不符合其所在的机构规约和学科环境，更可能由于其修辞身份与其从小所接受的传统文化违背（云红，2009：30）。

例[3]
中国学习者：본고에서는 ……을 밝힘으로써 한중 동형 사자성어의 이해와 활용에 도움이 될 것이다.
译文：本文……通过阐明……，有助于中韩同形四字成语的理解和运用。

（刘雯雯，2016）

例[3]中作者运用了"본고에서는……（本文进行了……的分析研究）"的表述，但作为非生命体，文章只是作者发表个人研究发现的媒介，此处作者没有使用第一人称直接表露自己身份，而是将自己隐退于研究之后，间接实现与读者的沟通。既心怀读者，显露了作者身份，又不至于使自己存在感过强。

中国韩语学习者通过第三人称自称语进行自我提及的情况如例[4]所示。

例[4]
中国学习者：다음에 필자는 …… 시대적 배경을 제시한다.
译文：随后笔者……，指出了……的时代背景。

（贺龙飞，2019）

例[4]中作者运用第三人称"필자"提及自我，使得观点的陈述更显客观，不会使作者身份表露得过于强大和直白，因此不会对读者产生干扰。综上，中国部分学习者已然掌握使用此种相对客观的自称语进行个人身份建构的方式，但还未广泛运用至写作中。且中国学习者使用的第三人称自称语未见"연구자（研究者）"这一形式，而只有"필자（笔者）"这一话语资源，这与研究样本选取的是文学硕士的学位论文有关，从中也可对中国韩语学习者将自身定位为"文章的撰写者"而非"科学研究者"的写作心理窥探一二。韩语母语写作者并未使用第三人称名词短语进行个人身份提及，可见其在进行个人身份建构时倾向于降低自身参与度。中国韩语学习者与韩语母语话者建构的对话者身份虽占比不小，但呈现出重自我提及而轻读者提及的倾向，且在进行自我提及时也更多使用低参与度的抽象主体指称语。

在"对方"身份的建构上，本研究所选取的母语话者语料中用于建构对方身份的介入标记语只有"우리"这一单一形式。而中国韩语学习者的语料中建构对方身份的介入标记语还存在"주지하다시피（22.22%）"和"-자면（22.22%）"两种形式。此处是由于中国韩语学习者受到母语表达习惯的影响所致。

由此可见，双方虽都频繁建构对话者身份，但更多是通过提及自己而不是提及读者从而引发与读者的互动。相较于韩语母语话者，中国学习者还使用了符合自己母语习惯的元话语引发与读者的对话，今后应注意避免母语式表达，提高身份建构表达的艺术性。

3.2.3 评价者身份

评价者是二者建构比率最低(韩14.92%，中8.26%)的身份类型，主要用来表达作者对命题内容、个人研究或前人研究的态度，这一特点与摘要以提供论文内容梗概为目的，一般不加评论和补充解释的性质相符。韩语母语写作者最常用"-어야 하다"这一表示"应该"的态度标记语进行建议评价(45.68%，如例[5])，而中国学习者则最常用"중요하다"进行重要性评价(47.83%，如例[6])。

例[5]
母语话者：후행 연구에서는 ……에 대한 부분을 <u>보완하여야 할</u> 것이다.
译文：在后续研究中<u>应该</u>对……部分加以完善。

(홍가을, 2020)

例[6]
中国学习者：실책 화행은 …… 능숙한 교류를 하는 데에 아주 <u>중요한</u> 역할을 한다.
译文：批评言语行为……在熟练的交流中起着非常<u>重要</u>的作用。

（袁青瑶, 2017）

例[5]中作者通过利用"-어야 하다"对之后的研究做出建议评价，用建议的方式指出后续研究的方向和需要注意的地方。

例[6]中作者使用"중요하다"表达自己对批评言语行为这一研究对象的积极态度，指出批评言语行为的重要作用，是一种重要性评价。

4. 讨论与启示

4.1 讨论

综上，中国韩语学习者与韩语母语话者在摘要中运用元话语进行身份建构时共性和差异并存。共性在于：（1）二者都更倾向于使用模糊限制语、自我指称语和凸显语而极少使用介入标记语；（2）都倾向于建构陈述者身份＞对话者身份＞评价者身份；（3）在建构对话者身份时都大量提及自己而极少提及读者，且都未通过第一人称代词进行自我提及而是通过参与度更低的抽象主体来指代自己；（4）在建构陈述者身份时都倾向于严谨＞自信。可见中国韩语学习者与韩语母语话者在进行摘要写作时，都注重建构严谨谦逊的形象，且通过大量陈述者身份的建构保持与研究内容的距离，站在一个客观公正的立场上阐述自己的研究发现，尽量避免观点过于私人化与主观化，呈现出较低的作者参与度，且较少建构评价者的身份表明个人态度，这也与摘要要求一般不加评论和补充解释的语旨相关。产生上述共性与中韩文化的相似性有关，中韩文化同属儒家文化圈，同受儒家"中庸"思想的教育，倾向于表达谦逊的态度。严谨谦逊地与读者进行交流的做法符合二者所在的机构环境，也遵循了其从小所受的传统文化教育。

差异在于：（1）中国韩语学习者使用的元话语资源较韩语母语话者单一，且二者常用的互动式元话语资源存在差异，这体现了学习者在韩语表达方式的艺术程度上的欠缺；（2）母语话者大量使用态度标记语而中国学习者较少使用，这体现了学习者评价表达能力的欠缺；（3）在评价者这一身份的建构上，中国学习者的频率远低于韩语母语话者，中国学习者惯于进行重要性评价，而韩语母语话者惯于进行建议评价。这项差异可以从以下方面寻求诠释：相较于母语话者，中国韩语学习者运用韩语进行学术写作时会更注重言论的客观性和公正性，倾向于选择话语责任相对较小的表达方式；（4）在建构对话者的我方身份时，与韩语母语话者不同，中国学习者采取了第三人称名词短语的方式。这可解释为学习者受母语表达方式的影响，但事实上，在中国学界的摘要写作注意事项中也包含不应使用"作者""本文"等作主语的要点，由此也可看出学习者有关摘要写作规范知识的缺乏。

4.2　启示

根据上述中国学习者与韩语母语话者在运用互动式元话语进行身份建构时呈现出的异同点，可得出以下启示。

第一，有必要对中国的韩语学习者开展元话语与身份建构相关教学，虽然研究结果显示部分类型元话语的使用频率上，中国韩语学习者与母语话者无显著差异，但这不代表中国学习者已具备较高的元话语意识，因为部分元话语资源与韩语语法和句型有所重叠，故无法判断某些中国学习者使用的高频元话语是出于其元话语意识还是仅仅是简单的语法、句型使用。若能如母语话者般恰当地运用元话语资源进行摘要写作，必定会对中国学习者的身份建构与韩语学术写作起到很大的帮助。

第二，中国学习者和韩语母语话者倾向使用的元话语资源存在差异，有必要在教学中加入韩国元话语资源的讲解与教授。因中国学习者在使用元话语时也会受到母语的影响，故应认清中文表达与韩文表达的差异，向中国学习者教授韩语母语话者常用的元话语资源。

第三，与韩语母语话者相比，中国韩语学习者较少使用态度标记语进行身份建构，且在运用态度标记语建构评价者身份时，韩语母语话者更倾向于进行建议评价，而中国学习者更多进行重要性评价，在教学中应注意提升学习者进行评价表达的意识与建议评价的教授。

第四，有必要对二者的相同点进行说明，在使用元话语进行身份建构的过程中，中国韩语学习者与韩语母语话者呈现出部分相同点并不代表学习者有意识地进行了正确的身份建构，因此通过对相同点的说明使得学习者能更好地理解其与母语话者在使用元话语进行身份建构时的相同点，帮助其在摘要写作时运用更恰当的元话语进行更合适的身份建构。

以上启示是从不同点和共同点两方面得出的，不同点的对比说明与相同点的解释说明都应包含在教学实践中，这样才能使中国韩语学习者更好地理解共性和个性，而后进行更专业的元话语使用及其身份的建构。

5.　结语

本研究基于Hyland元话语分类框架，参照陈新仁的语用身份论，采用定量与定性相结合的方法，探讨了中国韩语学习者与韩语母语话者学位论文摘要中元话语资源使用的异同以及元话语建构身份的异同，并尝试对产生原因进行阐释。研究发现：（1）中国韩语学习者态度标记语的使用频率显著低于母语话者，且运用的元话语资源不够艺术。(2)在陈述者身份的建构上，二者虽都倾向严谨多于自信，但相较于母语话者，中国学习者更倾向于建构自信身份的同时建构严谨身份；在对话者身份的建构上，二者虽都倾向于大量提及自己而极少提及读者，但中国学习者受到母语影响运用了韩语母语话者不常用的表达；在评价者身份的建构上，学习者的频率显著低于母语话者，且学习者常进行重要性评价，而母语话者常进行建议评价。由此可见，中国韩语学习者虽已有意识或无意识地对元话语资源加以应用，但他们掌握的元话语资源还不够丰富和艺术，元话语意识也有待增强。且在进行韩语摘要写作时需注意身份意识和读者意识的提升，如何负起话语责任进行评价表达，以及引导读者进行有效互动是中国韩语学习者下一步的课题。

本研究从语用身份论视角出发，根据作者在韩语摘要写作中的交际需求判别其运用互动式元话语所建构的身份类型，不仅厘清了摘要中元话语与身份建构的关系，从语用层面考察了元话语的功能，在实践层面上还为韩语摘要写作教学提供了新视角，为中国韩语学习者更好地把握韩语摘要写作提供了参考与启示。

但囿于研究的规模，本研究尚有一些不足：首先本研究选取的语料数量有限，元话语的频数及研究结果会受到一定限制；其次，本研究仅关注学位论文的摘要部分，而论文其余部分的元话语与身份建构关系问题还有待进一步考察。如果要真正应用于教学实践，还需要进一步扩大语料库规模，也可对韩语学术写作的引言、正文、结语等部分进行更广泛的考察。尽管如此，本研究所讨论的摘要中元话语与语用身份建构的关系及启示，对学位论文韩语摘要写作教学具有一定的指导意义。期待本研究起到抛砖引玉的作用，引起学界同仁更广泛的讨论。

参考文献

Williams, M. Joseph. Style: Ten Lessons in Clarity and Grace[M]. Boston: Scott Foresman, 1981.
孙莉. 语用身份论视角下的元话语使用研究——以应用语言学国际期刊论文为例[J]. 解放军外国语学院学报，2021, 44(01): 79-86.
陈新仁. 语用身份：动态选择与话语建构[J]. 外语研究，2013(04): 27-32＋112.
陈新仁. 语用身份论——如何用身份话语做事[M]. 北京：北京师范大学出版社，2018.
陈新仁. 身份工作与礼貌评价[J]. 解放军外国语学院学报，2020, 43(02): 1-10＋159.
Hyland, K. Disciplinary Discourse: Social Interactions in Academic Writing[M]. London: Longman, 2000.
강민경. 학위논문 초록의 move 관련 연구[J]. 언어과학, 22.1(2015): 23-48.
김진웅. 한국어교육 분야 국문초록의 이동마디 구성 분석-한국인과 외국인 전문필자의 비교를 중심으로[J]. 리터러시연구, 10.2(2019): 377-400.
유민애(Yu Min ae). 외국인 한국어 학습자의 학위논문 초록 쓰기 교육 방안[J]. 학습자중심교과교육연구, 15.8(2015): 639-661.
정호진(Chung Ho Jin). 공학계열 학생 대상 논문 초록 작성법 교육 방안[J]. 교육문화연구, 25.3(2019): 411-427.

김남국(Kim Nam-Gook). 한국과 미국 박사학위 논문 영문초록에 나타난 언어적 특성 비교[J]. 인문과학연구, 0.53(2017): 109-132.

심은숙. A Contrastive Analysis of the Rhetorical Moves of Applied Linguistics English Research Article Abstracts[J]. 인문과학연구, 0.63(2019): 167-188.

변정희. Comparative study of abstract writings of novice and expert researchers: Move and metadiscourse analysis[J]. 현대영어교육, 17.4(2016): 25-49.

云红. 论文摘要中作者身份的显与隐———一项基于2008医学与语言学国际学术期刊的修辞性研究[J]. 外语教学, 2009, 30(05): 29-32.

柳淑芬. 中英文论文摘要中作者的自称语与身份构建[J]. 当代修辞学, 2011(04): 85-88.

孙莉. 中国硕士学位论文英文摘要的语用身份建构研究[J]. 外语与外语教学, 2015(05): 15-21.

徐燕燕. 中美博士论文摘要中元话语使用及其身份建构的对比研究[D]. 南京邮电大学, 2019.

HYLAND K. Metadiscourse[M]. London: Contiuum, 2005.

陈曦. 国际元话语研究的多样化发展[J]. 重庆交通大学学报(社会科学版), 2020, 20(02): 98-106+112.

祁亚伟, 马静. 学术论文引言中人际元话语的跨学科对比研究[J]. 上海理工大学学报(社会科学版), 2020, 42(03): 201-208.

陈艳平, 潘璐霖. 汉韩学术论文摘要中元话语劝说功能对比研究[J]. 东疆学刊, 2020, 37(02): 106-112.

홍혜란(Hong Hye-ran), 박지순(Park Ji-soon).한국어 교육을 위한 텍스트 장르별 메타 담화 표지 연구[J]. 국제어문, 0.84 (2020): 79-114.

孙莉. 中国硕士学术英语写作中元话语使用及其身份建构特征研究[J]. 西安外国语大学学报, 2020, 28(04): 28-33.

王华. 语料库驱动的学术英语写作教学模式探索——以摘要写作为例[J]. 外语学刊, 2020(01): 49-55.

Hyland, K. & Tse, P. Hooking the reader: A corpus studies of evaluative that in abstracts[J]. English for Specific Purposes, 2005(24).

作者简介

陈艳平, 大连外国语大学韩国语学院教授, 中国东北亚语言研究中心研究员, 博士
　研究方向: 韩国语语法、语用学、篇章与话语研究
　通信地址: 辽宁省大连市旅顺口区大连外国语大学
　电子邮箱: 1176109322@qq.com

王晨, 大连外国语大学韩国语学院硕士生
　研究方向: 韩国语语法、语用学、篇章与话语研究
　通信地址: 辽宁省大连市旅顺口区大连外国语大学
　电子邮箱: 571874416@qq.com

韩国语并格助词"-와"的隐现问题[1]

上海外国语大学 赵新建 陈思月 陈宇桥

摘 要: 韩国语法学界对并列标记"와"的研究经历了格助词、接续助词和并列标记三个阶段,分别在并列结构和并列标记研究两个方面取得很多成果。现在正处于基于类型学的第三个研究阶段,如果针对隐现等问题做进一步考察分析,我们可以进一步认识"와"的本质属性。通过分析可知,"와"在并格位置上能够表现出必现、可隐可现和必隐等多种结果,分别在句法、语义、语用和认知等方面展示出有序的不对称性,我们由此可以初步认为,"-와"是一种通过突显并格位置表达不同功能的语法标记。

关键词: -와;并格标记;隐现;有序性;突显

1. 问题的提出

"-와"[2][3][4]是韩国语助词体系不可或缺的成员之一,但其所受的关注度明显低于其他成员。这并不说明"-와"相关的问题已经全部得到解决,相反,由于研究角度的翻新,"-와"的一些新特点在不断得到挖掘和阐释。本文重点分析"-와"的部分隐现现象,尝试从功能的角度来反思"-와"的属性问题。

综合前贤成果来看,我们认为,韩国语语法学界内部对"-와"的研究可以分成三个阶段:格助词阶段,接续助词阶段和并列结构阶段。

根据이광정(2003:382-404)的统计,在早期的韩国语格体系研究中,多位学者将"-와"类形态看作格助词的一个下位类别,分别从不同角度进行了命名和分析。如下表所示:

---

[1] 国家社科基金项目《朝鲜语显格助词研究》(编号:15bYY155)
[2] 由于存在开闭音节之分,并格助词拥有两个变体形态"-와/과"。为了叙述简洁起见,下文按部分韩国学者的标记习惯,以开音节之后的"-와"做为并格助词的代表性成员,不再同时标记闭音节后形态。另外,由于我们认为"-와"是一种语法形态,而不是词类,因此,在形态前标记小短横,以示与单词的区别。
[3] 如前所述,韩国语的并格还有其他变体形态(如"-하고、-랑"等),限于篇幅,我们在这里仅考察"-와"问题。
[4] 为与类型学常用术语"并列"取齐,本文不再对相关成果提及的"合并、并列、列举"等术语加以严格区分,并且如第二节分析,我们可以从宽泛的角度去认识助词"-와",因此,本文先将"-와"定性为表示"并列"的格助词,暂称为"并格助词"。

早期韩国语语法学者对"-와"的命名(이광정，2003: 382-404)

学者	命名	学者	命名
주시경	共同格(함께금)	정렬모	共同格(더불빛)
이필수	比格	박종우	比较格
홍기문	共格+具格	정인승	接续格、补语格+状语格(共同格)
최현배	狀语格(比较格+与同格)	이희승	狀语格(同类格、同伴格)
박승빈	附属格(对象)	이숭녕	共同格
박상준	比较格+并列格	김민수	共同格
심의린	共同格	한국국어교육연구회	比较格+与同格

由于"-와"用法多样，能否归为一类成为学者必须面对的难题。在此过程中，韩国学校语法逐渐倾向于双属性观，即认为"-와"是共同格助词和接续助词的合体[1]，而格助词单一观则在朝鲜语语法学界保持了下来[2]。

第二阶段是接续助词的再研究阶段[3]。这一阶段的研究主要集中在两个问题上，一是对学校语法双属性观的反思，二是对生成语法复句观的研究。왕문용(1996)一文对双属性观进行了总结：学校语法坚持了최현배等学者的双属性观的主张，在성광수、이필영和허웅等学者的语法书中得到了体现，但仍有不少学者对双属性观持质疑态度，如김완진、임홍빈、안병희和이광호等，认为"-와"是单一功能助词。而复句观的研究则逐渐表现出回归单句观的倾向(남기심，1990；유현경，2018: 199等)[4]。

第三阶段是基于对比语言学和类型学的研究。对比语言学和类型学研究的深入使韩国语语法研究的视野与深度不断得到扩展，韩国语学界其间的成果除继续探索接续助词的不同特征(윤보은(2018)；이동은，2018等)外，比较典型的成果有주지연(2015)将原来单一的接续研究扩展到类型学并列结构，주향아(2013)将单一个体语言学句法研究扩展到生命度等类型学提倡的语义领域，범성월(2020)对比了汉语兼属介词和连词的"和"等。

这里要说明的是，中国语法学界最近基于类型学的并列结构研究同样取得了丰硕的成果，如马清华(2004)、李占炳(2014)、李丹弟(2016)和陈池华(2017)等，相关结论对于我们观察韩国语并格助词"-와"具有很好的参考价值。从上述汉语类型学的研究成果来返观"-와"的研究，我们发现，韩国语语法学界对"-와"的隐现问题与功能解释的关注度似乎还不太高，有必要加强因形态隐现而带来的"-와"属性定位的研究。

---

1 韩国语法学界将助词分为格助词、补助词和接续助词等三个下位分类，接续助词既不是格助词，也不是补助词。
2 강은국(2008: 112-113)在对比朝鲜半岛南北语法体系时，针对韩国语法学界认为"'-와'的用法与格的一般定义不相吻合"的观点(남기심，고영근，1996: 102)，对韩国语法体系三分法的合理性提出过质疑。如下节所示，我们认为这种质疑具有一定的合理性。
3 조경순(2015)展示了相关的五个下位阶段，本文将其合并为与生成语法相关的单一阶段。
4 该方向的研究与本文主题不相关，因此不在此处展开评论。

我们从下面的例句可以知道，"-와"在实际语言生活当中是存在隐现情况的[1]。

["-와"隐去的情况]
아이는 **엄마, 아빠**[2], 아기 인형을 가지고 가족 놀이를 하며 놀았다。[3]
孩子拿着妈妈、爸爸和孩子木偶玩过家家。
아이가 일류 대학에 합격하여 참으로 **아빠 엄마**의 체면을 세웠다。
孩子考上了重点大学，真给爸妈作脸。

["-와"出现的情况]
아빠와 엄마는 내게 참 잘해준다。
爸爸和妈妈对我很好。
어릴 때 나는 **아빠와 엄마** 양쪽에서 나오는 비난과 원망이 가장 듣기 싫었다。
小时候，我最怕受爸爸妈妈的夹板气。

从类型学的角度来看，并列标记的形态隐现不仅是韩国语并格助词不容忽视的重要特点之一，也是为世界语言所有的共有现象。当我们观察并列标记"-와"的特点时，会发现"-와"可以出现在不同的句法位置和不同的语境之中，如果分析其隐现动因，我们会完全同意李占炳（2014）的观点，影响并列标记隐现的条件是多元的，而这些隐现条件是否有序与如何有序则成为一项很有意义的工作。另外，我们还想基于上述的考察进一步定位韩国语并格助词的属性，作为我们研究的最终落脚点。

2. "-와"的格助词观和相对单义性

根据Stassen（2000）和Haspelmath（2004：6-10）的研究，世界语言的并列表达方式分为and语言和with语言两种类型[4]，如在英语中接续助词使用and，而状语格助词使用with，但在汉语和韩国语中，则并不区分and和with[5]，而使用相同形态涵盖两种用法。也就是说，汉语和韩国

---

1 如上所述，很多语言中都有并列标记，并列标记也都会表现隐现特点。汉语的"和"就与韩国语的并格助词有很大的相似之处，汉语的并列标记"和"在实际的使用中往往会出现很多被省略的情况，有的甚至已成为一种类似于词组的惯用表达，比如"石头剪刀布！"，我们在做此种游戏说这句话时，没有人会将其表达为"石头和剪子和布"；当然也存在隐现都存在的情况，如有时我们说"爸爸妈妈都去上班了"，有时我们说"我爱爸爸和妈妈"，前一句未加"和"，后一句则加了"和"。

2 如上所述，并格助词并列项的排序问题十分细微，可以做很多详细的分析。如例句所示，按一般情况，"父亲"与"母亲"两个词放在一起时，总会处理成"父亲+母亲"的结构，如汉语的"爹娘"，不说成"娘爹"。但韩国语中，"엄마"可以放在"아빠"的前面。本文确立"粗线条"梳理的原则，对这些与隐现无直接关系现象的研究，我们将在今后进一步考察。

3 本文例句出自Naver网站、Naver电子词典和21世纪世宗语料库等，不再加注具体出处。

4 Stassen（2000）调查234种语言后发现：伴随标记与并列标记形式编码相同的语言（with-languages）有103种，主要分布于东亚、东南亚、非洲等地；两者采取不同形式编码的语言（and-languages）有131种，集中在欧洲和北美地区等。

5 当然，我们并不否认在韩汉两种语言中，也有部分变体形式会在某些语境中偏向于and和with其中一种的用法，如汉语的"跟"还有"和"所没有的"跟着"这样的"体（aspect）"形式，带有明显的with的味道，而统计结果显示，韩国语的并格助词在口语中大多表现出状语格助词的特点（윤보은，이동은，2018）。

语使用的是and和with的上位形态。我们认为要重视这种建立在类型学统计基础上的思维方式的差异。

根据语言相对论的观点，使用不同的语言形式会反映不同的思维方式，我们总不能太自信说，汉语和韩国语在这方面与英语的思维方式完全相同，因为不同的语言形式会总是有不同的细微语义差别。这无疑为我们下面的相对单义观考察提供了坚实的依据。

相对单义观是要求我们尽可能地提取所有用法的最大公约值（赵新建，2012：17-69）。不同学者对"-와"的用法进行过不同程度的总结和命名，相对而言，범성월（2020）给出的5种用法能够从形式上简洁有效地区分不同用法的语境条件。结合윤보은，이동은（2018），我们可以做如下概括：

"-와"的5种用法（범성월，2020；윤보은，이동은，2018）

用法	属性 上位	属性 下位	用法[1]	语境	共现词类示例
1	并格助词	接续助词	接续	连接名词与名词	（体词）
2		状语格助词	伴随	与行为动词搭配	놀다、야구하다 等
3			比较	与比较性形容词或其等价物搭配	같다、다르다、마찬가지다、비교하다、비슷하다、유사하다、흡사하다、차이가 없다 等
4			对象	与对称动词和相关动词等搭配	사귀다、싸우다、만나다 等 관련되다、연결되다、어울리다、결합하다 等
5			（状语）伴随与比较	与副词搭配	함께、같이

以上论述仅是外延式的描写，我们还需要找寻其内涵的逻辑可能性，为我们研究"-와"的隐现与属性，提供一个简洁的解析背景。

而这其中涉及两个问题：一是相对单义性的公约问题，二是格的定义问题。第一个问题是要回答"-와"相关的所有五种用法是否都能统一到上面提到的and和with的上位公约义上。我们认为这并不是一件不可能的事情，我们可以如上表那样，先将五种用法来一个四合一式的一分为二的操作，也就是将用法2-5合为上表所示的状语格助词[2]，再将两种助词合为上位的一类格助词。第二个问题其实针对的是(是)否需要维持助词的三分观，也就是如何定义"格"的问题。

为了取得最大的简洁效果，我们大致同意朝鲜语法学界关于格的最广义的看法，即将格定

---

[1] 此处对语义的命名仅为区分不同的用法，可能还有更好的命名方式。
[2] 状语格助词对应的韩国语语法术语是"부사격조사"。我们之所以不按习惯译为"副词格助词"，一是考虑了非韩国语专业对术语的可接受性，"状语格助词"的透明度要高于"副词格助词"，二是考虑到格助词与句子成分的对应性，我们认为这是韩国语格助词体系设置的特色所在，应该得到保持。

义为"对象性单位[1]与句内其他单位的功能关系[2]"(정순기，2005：131)。这样处理可以避免两种逻辑麻烦：一种是将属格从格体系中清除出去，因为属格"-의"表示的是名词与名词的限定关系，而不是最狭义的"名词与动词"之间的外延最小的格范畴(이관규，1992)，二是虽然将属格纳入格体系，但只认可属格关系[3]，却对表示名词与名词并列关系的"-와"另行处理，将其作为格体系的异类成员，而其实两者表示的都是名词与名词之间的关系。

这样我们就可以先解决"-와"的格助词属性了，那么其状语格与接续格的用法有何共通之处呢？我们可以这样认为，接续格助词用法表示的是显性、直接的并列关系，状语格助词表示的是隐性、间接的并列关系。

"아빠와 엄마"这样的说法(用法1)中使用的接续标记"-와"直接连接着两个相关并列项，而"내가 아빠와 야구한다."(用法2)是在状语位置间接地表示共同做事的主体是两个并列项，而"내가 아빠와 같다."(用法3)也是在状语位置间接地表示对比的是两个并列项，"내가 아빠와 만난다."(用法4)则是在状语位置间接地表示对称性动词涉及的也是两个并列项，"내가 아빠와 함께 한다."(用法5)是在状语位置内部间接地表示共同行为涉及的也是两个并列项，这五种用法涉及的并列项都是"나(我)"和"아빠(父亲)"。这就是五种用法的最大公约值。

用形式化的方式来表示"-와"的相对单义性，可以写为：

GCD[4](用法1，用法2，用法3，用法4，用法5)
=GCD(用法1，用法2-5)
=GCD(接续格，状语格)
=GCD(显性并列关系，隐性并列关系)
="并列关系"

而这个分析结果也可看作是对语言类型学所说的and和with可以共用一个形态的功能解释。基于以上的格定义与"-와"的相对单义性，我们就可以暂时简洁地认为，"-의"是可以出现在表示并列关系句法位置上的格助词了。

3. "-와"的隐现表现

如前所述，所谓"-와"的隐现是指并格助词"-와"能够出现在表示并列的格关系位置

---

1 为简洁起见，我们称体词及其等价物等"对象性单位"为"名词"。
2 这是所说的功能关系，是一种现实的语法关系，既是一般所言的抽象性语义关系(格)，又需对应所在语言相关语法形态(允许语法形态出现隐现表现)的句法位置，还可以对应实际句子中成分之间的关系。就韩国语而言，是指韩国语格标记所在句法位置表现出的相关句子单位与其他句子单位(包括体词与谓语)的语义—形态—句法关系。
3 남기심，고영근(1996：110)曾偶尔提及将"와/의"共同视为接续助词的主张。这让我们再次感受到在感觉不能提取上位范畴的地方依然可以提取上位范畴的可能性。
4 GCD(Greatest Common Divisor)意为最大公约数。

上，但在现实的语言事实中，并不是所有表示并列的位置上，都会出现并列标记"－와"，有时表现为"－와"不出现的零形态[1]。并列标记的隐现可能出现包括前述例句所示的以下五种情况：

① 必（须出）现；
② 多现少隐；
③ 可隐可现；
④ 多隐少现；
⑤ 必（须）隐（去）[2]。

对于隐现现象，描写仅是研究的第一步，最重要的是分析其中涉及的多重动因。在赵新建（2020：159-184）中我们大体给出了韩国语格助词隐现的动因体系，其中包括下列的四个层级和三种辅助性因素。

句法层级：包括合成词、单词、句子成分等"－와"可能涉及的句法级别，还包括句法认知板块等可能跨层级的句法级别（李占炳，2014；陆丙甫，2018：110-113等）；

语义层级：包括语义的透明度问题、语义距离问题，以及防止出现句法歧义等问题（邓云华，储泽祥，2005等）；

语用层级：包括口语与书面语等文体的差异（고영근，남기심，1996：102；윤보은，이동은，2018等），还有并列项的数量等问题；

认知层级：包括话者对并列的主观态度等问题（铃木庆夏，2008等）；

类型因素：韩国语并列结构表现出混合性的特征，如既有标记在两个标记中间的用法，还有标记在最后一个并列项之后的用法，这些类型特征决定了韩国语并格助词位置的可能性；

构式因素：构式是不同层级用法的固化，相关的隐现表现一般是固定不变的；

历时因素：如"－와"可以用于最后一个并列项之后的用法在现代韩国语中消失的现象，虽然涉及一个形态的变化，但这仍然可以看作是韩国语并格助词体系的一个较大变动，我们认为其可能涉及韩国语并格标记"由事件指向向板块指向过渡[3]"的问题。

---

1 并列标记的外延是十分广泛的（조경순，2015；李占炳，2014等），从形态上看，既可以是助词，也可以是副词，从语义类型上看，可以是析取式，也可是合取式。在这里我们重点关注的是语法化程度高的助词与零形态，其他形态的考察留待后文。我们也仅关注合取式，不关注析取式，因为析取式是表示选择类的表达方式，基本不存在隐现情况，用法相对单一，语法化程度较高，较合取式，复杂程度较低。另外，也有研究者将并列关系分为接续与罗列（범성월，2020），但在汉语学界的类型学研究中并不做此区分。可以认为，接续与罗列分别侧重不同的微观角度，两者可以认为是交织在一起的：接续的对象也是罗列的并列项，而罗列的并列项也是需要接续于一处，因此，本文暂不做这样的区分。

2 具体实例见后面针对不同用法的具体分析。

3 事件指向意为更多地强调名词与相关谓语之间的关系，而板块指向则是指并列结构内部名词之间的关系。

下面我们针对前述的"-와"的五种用法，描写和解释"-와"相关的隐现情况。与接续助词相关的较为常见的隐现情况不做过多涉及，重点选放在前期成果中尚未多做关注的构式用法上，分析其中涉及的动因规律，最后在描写分析的基础上，尝试给出"-와"隐现的一个有序的判定流程。

3.1 作接续格时"-와"的部分隐现情况
3.1.1 合成词内部：必隐

一般而言，句内单位大体可以分为形态素、单词、短语、句子成分、句子等不同层级，但由于语法化等的原因，并列关系并不仅仅存在于句子成分层级之中，最低的形态素层级也可包含可以解释为类似"-와"的位置。

韩国语构词中的"-와"隐去现象[1]

类型		结构	示例	隐去的格助词
常规构词	合成名词	名词+名词	손발(手脚) 가위바위보(划拳)	-와/과
	合成形容词	名词+形容词	남다르다(与众不同的) 번개같다(闪电般的)	
	合成副词	名词+名词	밤낮(早晚地) 여기저기(到处地)	
		名词+副词	남달리(与众不同地) 칼같이(准确无误地)	

从上表可知，合成名词与合成形容词、合成副词都可以认为存在并列关系。如合成名词"손발"、合成形容词"남다르다"、合成副词"밤낮"和"남달리"如果出现在句子成分层面，可以分别表达为"손과 발""남과 다르다""밤과 낮""남과 달리"。但是上述这些合成词是绝对不会再使用并格助词"-와"的，因为这类表达已经完成固化[2]，如果使用"-와"就不会再是合成词，而变成短语了。

李占炳（2014：58）中提到一条并列标记的隐现规律：内嵌越深，并列标记越不出现。合成词内部可以看作是内嵌层级最深的结构，其中的并格标记"-와"即使是用于状语格位置，也是不再出现的。如"남다르다"中的"남과 다르다"，在句子成分层面一般是不能隐去的，但在合成词内部则必须隐去。汉语中有表达相同意思的"与众不同"一词，但其中的"与"是不能隐去的。

如前所述，韩国语句子层面的并列关系至少有两种表达方式："-와"和零形态，相对于零形态而言，句子层面的"-와"具有明显的标记并列结构（包括接续和修饰两种关系）的功能。而合成词内部是力戒出现冗余的语法标记的，能够不使用虚词的地方就不会再使用虚词，这样

---

1 此表取自马会霞（2017：30-31），相关内容稍做添加。
2 장광군（1998：55）的构词词尾表中未出现并格助词。

做的目的是在最大程度上保证句内微观板块的小巧性，达到减少交际负担，提高交际效率的作用。这就是"如无必要，勿增实体"的奥卡姆剃刀定律（即经济原则）的反映。就并格助词而言，在合成词位置上，由于语言经济性发挥作用，因"无须突显（并列关系）"，并列标记"就需隐去"了。

3.1.2 并列项差异大：多现

金立鑫（2017：20）指出，象似性原则与经济性原则是一对共同发挥作用的语言规律。由于语言不仅仅存在上述语义简洁结构单一的合成词式表达，还有很多情况需要表达不同程度的复杂语义，这时如果全部使用零形态，就会无法区分不同语境的差异，因此就需要语法标记登场了。

这里所说的"并列项差异大"至少可以包括语义距离、音节数量、结构复杂度等多方面的内容。如对于语义距离，邓云华、储泽祥（2005）认为，成分之间的语义距离越小，成分之间的形式标记越弱；成分之间语义距离越大，成分之间的形式标记就越强，并给出了一个"同类并列短语＜异类并列短语"的并列标记连续统，指出不等式右侧的标记程度高于左侧。

엄마 아빠는 자꾸만 없었던 일로 하자고 하시지만, 어차피 벌어진 일인데 어떻게 없었던 일이 될 수 있겠어요?
爸妈总是说就当没发生过吧，但是事情的确是发生了，怎么会没发生过呢？
<무명 저고리와 엄마>
《粗布上衣和妈妈》

在上面的第一个例句中，"엄마"和"아빠"都是同级的父母亲，由于熟悉程度和使用频率高，就不需要再添加十分正式的主观性强调意味了。我们甚至可以说，这种结构都有种合成词化的倾向，因为"엄마아빠"这个短语有些类似"부모（父母）"这个汉字词了。但作为一篇文章题目的第二个例句，其组成部分间的语义认知距离就相当远了，因为"무명 저고리（粗布上衣）"和"엄마（妈妈）"一个是无生命的事物，一个是生命度高的亲属称谓，且两种事物不是按"生命度高＞生命度低"的常规语序排列一起，话者故意制造这样一种疏远感，提示听者（读者）去解决其间的来龙去脉，这种有标记的表达方式一般需要一个标记来将两者整合起来，如果不使用口语的停顿等超音段单位，那有形的并格标记自然就会成一个最佳的选择项了。

미래의 컴퓨터 네트워킹은 컴퓨터 사이의 연결에서 벗어나 **컴퓨터와 자동차, 난방, 조명장치 등**을 연결하는 방향으로 나아갈 것이다.
未来计算机网络将不再局限计算机之间的连接，而是向计算机同汽车、供暖、照明装置等彼此连通的方向发展。

上句中的"컴퓨터"和"자동차, 난방, 조명장치 등"分别对应着计算机网络的连接器和连接终端两部分内容，"-와"的作用是将语义距离远（对立）、结构也不对称的两个语义板块衔接起来，而在后一板块的内部，由于是并列平等项，便不再出现并格助词了。

<저와 아버지의 도시락통>
《我和爸爸的饭盒》
그와 그의 아버지가 짊어져야 했던…
他和他父亲曾经应该年轻的……

在以上这种出现了单音节人称代词"저(我)"和"그(他)"的并列结构中，如果不出现并格助词"-와"，那就会产生句法句式歧义"저 아버지(那个爸爸)"和病句"그 그의 아버지(他 他父亲)"，并格标记的使用可以有效地防止这种不良后果的发生。

세계은행(World bank, 2000)은 "시민사회는 가족, 시장, 국가 사이의 한 영역"이라 정의하고, 여기에는 "구성원들의 생활을 개선하기 위해 활동하는 **비영리조직들과 공식 혹은 비공식 특수 이익단체들**로 구성된다"고 지적하면서…
世界银行(World bank, 2000)将"市民社会"定义为"家庭、市场、国家之间的一个领域"，并指出市民社会"是由旨在改善成员生活而开展活动的非营利组织和正式、非正式的特殊利益团体组成"……

上述例句中，并格助词"-와"连接了"비영리조직(非营利组织)"和"공식 혹은 비공식 특수 이익단체들(正式、非正式的特殊利益团体)"，可见并格助词"-와"连接的前后两个并列项较为复杂，且其间的语义距离也较大，前一例句中，"비영리조직(非营利组织)"和"이익단체(利益团体)"之间存在后一并列项的修饰成分。在此情况下，两者间的并格助词"-와"不可隐去，必须出现，否则句子的理解难度就会大大增加，带来无形的交流困难。

可见，由于受到语义距离因素的影响，句子会表现出在较大语义距离差异的情况下，并格助词"-와"必须出现的结果，这是语言象似性原理的体现，也可以说是语言象似性和经济性相互作用、相互博弈竞争的结果。

3.1.3 构式压制：必现

这里所说的"构式"是一个狭义的概念，即一般意义上所说的"惯用句型"，指的是一种超越了单一的句子层级，表达特定语义的形义结合体(刘沛霖，刘凤琴，1996：1)。在特定的构式当中，一些相关语法形态的用法已经定型化，就会出现"构式压制"的现象。所谓构式压制，这里主要是指不论交际目的如何，一旦进入相关句式，其相关的隐现要求就会强制出现，使话者不以自己的主观意志为转移，自动地选择固定的隐现机制进行交际。我们发现在一些具体的构式中，并格助词"-와"有其特殊的隐现要求。如：

a. -과 그/이-

…저쪽으로 나지막한 도회의 **하늘과 그** 아래 음울하게 웅크리고 있는 지붕들이 보였다.
那边能看到都市低矮的天空及其覆盖之下的阴郁瑟缩的屋顶。
…미래에 대한 **혼란과 이**를 해결하려 하는…
面对未来的迷茫和计划解决该问题的……

上述例句中，紧随并格助词"-와"出现的是指示代词"그/이"，而该指示代词复指着

"-와"之前的内容。这个构式大致相当于汉语的"及其"句式，但从上面的对译情况来看，又不完全相同。第一个例句中的"그(那)"指代了"-와"前项的"하늘(天空)"，即屋顶是在天空的遮盖之下，并格助词"-와"承接并明晰了前后两项的照应关系，若此处并格助词不出现，前后两部分则会以"单词+短语"的二级并列结构呈现，句子会有逻辑混乱之感。同理，后句中的"이"同样复指了并格助词前项的"혼란(混乱)"，并格助词承接了前后项关系并使其明晰，若将并格助词隐去，句子前后两项的平衡关系会被打破，产生一定的不协调感。因此，在该类构式中，并格助词"-와"一般不可隐去，基本必须出现。

究其原因，是因为前后两项语义距离较大，结构相对复杂，有单音节的指示代词出现。这些要素同时出现，就需要在两个联系项中间位置添加一个语法联系项来平衡前后的语义关系。

b. -을 합하여/연결하다

有些动词的语义可以先天地影响并格助词的有无，如"-을 합하여"的意思是将相关的多项成员合为一体，带有"不管何种属性，皆一视同仁同而化之"的意味，因此，其前出现的并列项语义距离变小，大多可以不用并格助词。

인천의(인), 청주의 (청)을 합하여 청인약방으로 상호를 지었다고 해요.
听说，是把仁川的仁字和清州的清字合起来，叫成"清仁药房"这个商号的。
궁동(宮洞), 온수동(溫水洞), 항동(航洞)을 합하여 수궁동이라 하게 되었다.
把宮洞、温水洞、航洞合称"水宮洞"。

但如果话者主观性地认为并列项差异感增强，或容易出现结构歧义，或其他原因，则会使用并格助词。

용구와 처인을 합하여 용인이 되었다.
龙驹和处仁合成了龙仁。
상가 월세(250)와 제 월급(550)을 합하여 800정도 됩니다.
商铺租金(250)和我的工资(550)合起来有个800左右。

而与之相反，"-을 연결하다"[1]的语义虽然也是将多个事物相连接，但一般含有"所涉事物具有不同属性"的含义，从解读并列结构的角度来看，就可以理解为并列项具有一定的语义距离，而这一点与"-을 합하여"在本义上是有所不同的，因此"-을 연결하다"前面的并列项大多使用并格助词。当然，如果不重视其前并列项的差异感，而将其全部看作同一属性，也可以不使用并列标记。

영릉(英陵)과 영릉(寧陵)을 연결하는 두름길
连接英陵和宁陵的环路

---

[1] 当然"-을 연결하다"可以不认为是构式，因为这种搭配是一种常规的动宾结构。这里之所以将"-을 합하여"和"-을 연결하다"并列，是为了将两者加以对比。

지식과 사람을 연결하여 더 큰 가치 만드는 소셜 밸류 허브(以上为有标记连接)
连接知识与人创造更大价值的社交价值枢纽
내부 등, 외부 등을 연결한다고 하면(无标记连接)
如果能连接外灯和内灯

c. a(와) b 그리고 c (와 d)

这是一个涉及3个(包括4个)并列项的构式,其中使用了一个与并格助词"-와"不同的接续副词"그리고"。

编号	类型	成立与否
1	A, B	+
2	A와 B	+
3	A 그리고 B	+
4	A, B, C	+
5	A, B와 C	+
6	A, B 그리고 C	+
7	A와 B와 C	+
8	A와 B 그리고 C	+
9	A 그리고 B와 C	±
10	A 그리고 B 그리고 C	±
11	A, B, C, D	+
12	A와 B와 C와 D	+
13	A와 B 그리고 C와 D	+
14	A 그리고 B와 C 그리고 D	−

从上表可以看出,连接两个并列项时,可以使用零形态、"-와"和"그리고"三种形式,而连接三个并列项时,如果前一个使用"그리고"后一个使用"-와",就不太常见。

하늘과 바람 그리고 연
天空、微风和风筝
집 그리고 비와 바람
房子和风雨

上述的前句和后句都是以"그리고"为第一切割线来区分三个并列项的权重值的。如前句是"하늘과 바람"和"연"两个小板块的并列,而后句列举的则是"집"和"비와 바람"两个板块,并不是机械性的"집 그리고 비"和"바람"。

그러므로 이에 필요한 **의지와 정열 그리고 의식과 지식**을 충분히 갖추는 노력이 있어야 한다.

그러므로 이에 필요한 [의지 그리고 정열]과 [의식 그리고 지식]을 충분히 갖추는 노력이 있어야 한다. (此句不通)
因此，必须具备必要的意志和热情，并且努力锻炼坚强的意志，学习丰富的知识。

连续使用两个"그리고"则仅存于口语体，当连接四个并列项时，如果使用"－와"来连接两个"그리고"时，就不符合韩国语表达习惯了。如上句中"의지와 정열"和"의식과 지식"先独立构成小板块，然后再由"그리고"连接成为大板块。如果将"－와"和"그리고"换了位置，句子就不通了。也就是说，如果在"그리고"结构中，还出现"－와"，则"－와"的作用是将相关部分并列项合并为一体，仅发挥下位板块粘合剂的作用。由此可知，"그리고"的句法语义层级要高于"－와"。

我们知道连接副词"그리고"含有连接词尾"－고"，说明该副词含有一定的谓语性质[1]。虽然同属于广义并列标记，但"그리고"和"－와"的功能是不完全相同的："그리고"含有补充性的意味，而"－와"则更多地含有地位平等的色彩。一般而言，符合可别度领先原则的常规表达顺序是"重要在前，补充在后"，所以地位相等的三个事物并列时，"그리고"一般在"－와"之后出现。

나는 점심으로 **햄버거와 감자튀김, 그리고 콜라**를 먹었다.
我午饭吃了汉堡和薯条，还有可乐。
오늘의 이 자리는 **복학생과 재학생, 그리고 신입생들**이 함께하는 만남의 자리입니다.
今天是复读生和在校生，还有新生共聚一堂的日子。

另外，我们知道，三个以上的并列项既可以用无标记的零形态连接，又可以全部用"－와"来连接，或用一个"그리고"来连接，还可以用上述的"－와"和"그리고"的搭配形式来连接。如：

종묘·해인사·육조거리, 그곳엔 **하늘·땅·사람**이 하나
宗庙、海印寺、六曹街，在那里，天、地、人浑然一体
체육(體育), **지육**(智育), 그리고 **덕육**은 교육의 3대 요소이다.
体育、智育、还有德育，是教育的三大要素。
정말 그렇게만 된다면 **어머니와 누나와 형**이 얼마나 기뻐할까……
要真是那样的话，妈妈、姐姐和哥哥该多高兴啊！
권한과 책임, 그리고 **지위**의 상관관계
权限、责任和地位的相互关系

不使用并列标记时，说明话者将所有并列项看作地位均等的事物，使用简洁的手段将其合并起来；而单独使用"그리고"时，则会给人一种最后再添加一类并列项的感觉；全部使用"－와"来连接时，则可以看作是在两项合并的基础上不断增加新的并列项的意味，并列项的

---

[1] 从例句与语感上看，"그리고"大体类似于汉语的"还有"和"然后"的功能。

均一化和衔接感很强[1]；当使用"－와"和"그리고"的搭配形式时，则更加全面突显并列项之间的不完全均衡的地位差异，使逻辑义更加完整，因此常用于书面语和标题之中。

d. －따위/등/등등

李占炳（2014：53）指出，"并列项越多，其间的并列关系也越明确，因此也就越不需要并列标记，即并列项越多，所产生的结构歧义越少。"这可以说是经济性和象似性原则相互竞争的一个结果。语言象似性原则要求出现尽可能多的并列标记，而经济原则要求使用尽可能少的并列标记。依存名词"따위/등/등등"表达"之类、等、等等"的意思，单词本身的语义即要求其前面出现较多的并列项，而这些并列项由于受"따위/등/등등"本身已具备的并列义的影响，一般可以不使用并列标记。

당대(唐代)에는 많은 대시인들이 있는데, 예를 들면 **이백·두보·백거이** 등이다.
唐代有很多大诗人，如李白、杜甫、白居易等。
각종 과일, 예를 들면 **수박·사과·바나나 등등**은 그가 다 잘 먹는다.
他各种水果都喜欢吃，像西瓜、苹果、香蕉等等。
그녀는 여러 방면에 특기가 있는데, 예를 들면 **그림, 서예, 노래 따위**가 있다.
她在各方面都有专长，比如绘画、书法、唱歌之类的。

단풍잎과 은행잎 따위 낙엽
枫叶和银杏叶之类的落叶
맥주와 양주, 통조림, 껌과 초콜릿 따위
啤酒和洋酒、罐头、口香糖和巧克力之类
여기 말하는 자연을 창 밖의 **들과 산과 나무 따위**로 생각해서는 안 된다.
这里所说的自然不能理解成窗外的田野、山、树之类的东西。

如果在"따위/등/등등"句中的一般并列项之前使用了并列标记"－와"，则可以看成是在常规并列关系基础上，再次受到主客观语境影响的结果。如上面的句子，展示了不同的语境条件：第一句是用在并列项较少的情况下强调整合性，第二句是要突显"맥주와 양주"和"껌과 초콜릿"这两个双项下位板块的独立性，第三句则是主观上要强调并列项的同质罗列感。

3.2 "－와"作状语的部分隐现情况

如前所述，除了用于接续格的位置，并列标记"－와"还可用于状语格的位置。虽然照样可以提取公约数，但这两种用法之间的显著区别是不容忽视的：接续位置的并列标记是在显性的第一并列项之后，而状语位置则是用在按权重值来看属于显性第二并列项之后的。但用于状语位置时，同样出会出现隐现的不同类别。

---

[1] 李占炳（2014）认为"并列关系越模糊，才越需要借助标记来标示；而并列关系越清晰，则越不需要借助标记，以免徒增记忆负担。"我们可以再增加一句："如果在不需要标记的位置上使用标记，则说明话者在有意突显相关的并列关系，相对于无标记表达方式，其目的是为了达到紧凑、延展、强调等语用效果"。

3.2.1 单独与行为动词搭配

从句法上看,"-와"作并列格时单纯表示二者的并列,省略其中任何一项不会影响句子的表达,而"-와"作状语格出现时,前后的名词是协同做出行为的关系,若省略并列标记,则会导致句法歧义或错误,引发交际失误。正是为了避免这种不良后果的发生,使得此时的"-와"成为"必须出现"的成分。

그들은 목요일이면 마을의 **처녀들과 춤을 추지**.(《어린 왕자와 여우》)
그들은 목요일이면 마을의 처녀들(*과) 춤을 추지. (此句不通)
他们一到星期四就和村里的姑娘们跳舞。(《小王子与狐狸》)

上述例句是"-와"同行为动词搭配的情况,状语格位置上的"-와"表示相关的名词是协同做出某种行为动作的对象,如"跳舞"是需要两个或者两个以上的人共同参与的事件。若将例句的"-와"隐去,变成"*처녀들 춤을 추지",协同义的解读就会受阻。

3.2.2 与副词搭配

당시 김무생과 송재호가 타이틀롤을 맡았으며 트위스트김은 **강인덕과 함께** 방범대원으로 출연, 드라마의 감초 역할을 했었다.
当时金武胜和宋载浩担纲主演,Twist·金(金汉燮)和姜仁德在剧中出演联防队员,为该剧锦上添花。
이들 선진국에 우리 것을 판매하려면 **프로그램의 국제규격화와 함께** 동투자 제작쪽에 눈을 돌려 선진국 프로그램과 같이 만들어 세계에 진출한다.
如果想将我们的节目推向发达国家市场,在提高节目的国际化规格的同时,需要将目光转向共同投资制作,争取与发达国家合作打造相关节目,进军国际市场。

上述例句是"-와"同副词"함께"搭配的情况,例句中若将"-와"隐去,句子的书面语完整性将会大大降低,而且还可能出现不同的语义解读。即如果"함께"前面出现的是一个集体主语,到底是状语性质的"-와 함께",还是主语性质的"-가 함께",会产生误解。因此,"함께"前一般不省略并格助词,以此来标明语义关系。但由于在一些口语性比较强的场合,因为"함께"已含有"共同"的意思,受"并列语境越清晰,标记越可以不出现"原则的影响,有时也会出现"-와"不出现的情况。甚至在网络上有帖子将"함께"与其前体词合写,使该副词表现出走向助词化的倾向。

내곡동과외, 서초구 선생님 함께 수업하면 성적, 걱정없습니다.
内谷洞课外辅导,和瑞草区老师一起上课,成绩不必担心!
정유진 선생님함께 하는 딸기수업.
郑有珍(音)老师的草莓课堂。
유아 체육 선생님함께 운동하는 날.
和幼儿园老师一起运动的日子。

3.2.3 平比式比较句

从语义上看，在与表示比较的谓词搭配使用时，并格标记"－와"之后会出现两个不同的下位词类，一类是形容词"같다"及其副词形式，表示对比的相关事物在某属性上是地位相同平等的，另一类是"비슷하다/다르다"等形容词，表示对比的相关事物在某属性上是不完全平等有差异感的。前者可称为"平比"构式，后者可称为"差比"构式，两种句式在并格标记的隐现方面表现出相反的结果。

对于平比构式，并格标记"－와"用于句末谓语时，一般情况下是要出现的，但如果经历语法化，就固化为不出现了。如讲述一般情况时，用于独立谓语、定语或状语位置时，"－와"一般不能隐去：

너는 키가 **나와** 같다.
你的个子跟我一般高。
아버지의 성격은 **불과** 같으셨다.(谓语位置)
爸爸性如烈火。
지연이는 **어제와** 같은 운동화를 신었다.
志娟穿了跟昨天一样的运动鞋。
사랑은 겨울이면 **눈과** 같은 포근함으로 다가 선다.(定语位置)
冬日之爱如雪般柔软。
이 과자는 **커피와** 같이 먹으면 더 맛있어요.
这种饼干配上咖啡，就更好吃了。
나에게 고향은 **어머니의 품과** 같이 편안한 곳이다.(状语位置)
对我来说，故乡是和母亲的怀抱一样舒服的地方。

如果用于使用频率高的习惯性场合时，"－와"就可以隐去了：

집 같은 집.(前后名词重复出现)
像样的房子。
백옥 같은 피부.(比喻)
洁白如玉的皮肤。

如果句中出现的是助词"같이"，则其语源中带有的并格标记"－와"是必须隐去的。

그녀의 속살은 **백설같이** 희다.
她的肌肤像雪一样白。
이 길을 **하루같이** 평생을 다녔다.
这条路几十年如一日地走了一辈子。

用于连接谓语或终结谓语，构成惯用句型"같아서는""같으면""－는/ㄴ/ㄹ 것 같다"时，语源中带有的并格标记"－와"也是必须隐去的。

마음 같아서는 물에 뛰어들고 싶다.
真想跳进水中。
아침 같아서는 비가 곧 올 것 같더니 날이 또 맑게 개었다. (같아서는)
照早晨的架势马上要下雨似的，可这会儿天又晴了。
옛날 같으면 내 이 나이에 손자도 봤겠다.
要是过去，我这个岁数都抱孙子了。
자네 같으면 어떻게 하겠냐? (같으면)
要是你，你怎么办?
날이 흐린 걸 보니 비가 **올 것 같다**.
天阴了，看上去好像要下雨了。
요즘은 너무 행복해서 마치 꿈을 꾸는 **것 같아**. (-ㄹ/ㄴ/는 것 같다)
最近太幸福了，就像在做梦一样。

上述现象的出现是由于语法化的结果，由于语境提示度高，使用频率强，惯用句型中表示相同义的"같다"可以充分地提示相关的语法意义，这样就使并格标记"-와"成了冗余信息，最后在这些句型中消失了。

3.2.4 差比式比较句

그의 취미는 **다른 사람과 다르다**.
他的爱好跟别人不一样。
우리의 체형과 외모는 **서구인과 다르다**.
我们的体型和外貌与西方人不同。
일 년 중 밤의 길이는 **낮의 길이와 비슷하다**.
一年中夜晚的长度是和白天的长度相似的。
그것은 집 돼지와 달리 습성과 모양이 **산돼지와 비슷하다**.
它不同于家猪，习性及模样形似野猪。

由于"다르다/비슷하다"等缺乏"같다"类似的语境提示义，其本身的差比义与"-와"的等比义不相同，因此，在差比式比较句中"-와"一般是要出现的。与平比式比较句不同的是，差比句中"-와"之后还会出现"-는"等补助词，为了避免出现歧义，这时的"-와"就更不能隐去了。

이 백화점의 어린이 매장은 흘러나오는 음악도 다른 **층과 다르다**.
这家商场的儿童卖场连播放的音乐都跟其他楼层不一样。
T9 은 지금까지 보았던 MP3 **와는 다르다**.
T9和今天我们看到的MP3是不一样的。

4. "-와"的隐现流程与属性定位

4.1 成因的有序性

如前所述，影响并格助词隐现的动因是多种多样的，在上文对相关实例的功能动因分析的过程中，我们给出的是较为常规的主要动因，而如果想得到完整的分析结果，我们认为应该按照下面的流程进行操作，才能得到相对圆满的结果。

韩国语并格助词标记隐现的判定流程

首先，一种语言并列标记的出现是由其语言类型和历时发展的结果决定的，如李丹弟（2016）提到并列标记会严格遵守联系项居中和标记后置的原则。正是因为受这两条原则的相互作用，各种语言排斥居首型形式，而将倒数第二位置作为典型位置。而从韩国语历时发展来看，现代韩国语的并格标记"–와"已经不能用在最后一个并列项的后面了，而作为近义形态的"–랑""–하고"相关的最后一项虽然也可以不出现并列标记，但并不是强制性的。

책자와 비디오와 전문가가 있으면…
책자와 비디오와 전문가가 있으면…（此句不通）
如果有小册子、录像带和专家……
형이랑 동생이 함께 봐요.
哥哥弟弟一块儿看。
형이랑 동생이랑 싸우는데……
哥哥弟弟打架了……

判定的流程主要是看强制性隐现条件出现的相对次序。

第一步属于句法层面接续格与状语格的区分，如接续格中的合成词内部是决不添加并格助词"–와"的，而与行为动词搭配的并格助词"–와"是必须出现的。

第二步是语义判定。不同的句法下位类型又可以按语义的区别进行划分，可能分别出现不同类型的隐现倾向，如可隐可现、多隐少现和少隐多现等，这些非强制性的倾向需要等待更进一步（更高层级）的判定，如差比和平比就部分表现出"多现"和"多隐"的相反倾向。当然，也有决定性的因素，如与平比相关的部分助词和惯用句型用法就表现出强制性隐去的语法化结果。

第三步是语用层级的判定。当然，语用层级的外延是有伸缩性的，如认知是可以纳入语用范畴的，但这里我们将认知要素独立出去，主要是为了表示对认知重要性的强调。并列项的多寡、文体的正式程度都会影响并列标记的出现与否，但还需最后的主观确认。

第四步是认知层级的最终判定。对于前面因素影响造成的非强制性隐现倾向，话者会根据自我的主观性态度进行最后的判断，如果需要突显，就会判定使用并列标记，如果判定不需要突显，而是维持常规用法，就会选择隐去的话语策略。

在这个过程中，构式作为固化形式，由于可能涉及多种动因因素，所以可能会出现跨层级的单独判定的情况。

由此，我们可以得到一个"句法<语义<语用<认知"的判定标准流程，而这个流程（连续统）是大体符合现在类型学家对语言机制的整体分析的（刘丹青，2017：207）。

4.2 "–와"的属性：显格助词

如果我们脱离具体的使用实例而做一下抽象思辨就会知道，由于并列关系相关的并列项其语义关系（"并列关系"）同其他复杂语义关系相比，是相对简单清晰的，因此出于语言经济性原则的要求，就可以不使用并列标记。但是由于常规的并列关系还会面对不同语境条件的限制和话者主观的语用意图的左右，因此，就需要由一个标记来反映这种与常规关系相异的意义，此时并列结构标记就应运而生了。相对于"隐"而言,"现"就成为语言象似性的反映了。金立鑫(2017：21)指出,从类型学角度看,很多语言现象都可以通过经济性与象似性的协调来解释,韩国语并格标记的隐现也为该结论提供了很好的支撑。

因此,我们就可以从以上宏观抽象的角度说,韩国语的并列标记是在可以表示并列意义的句法位置上进行突显的一种手段。我们可以将其归为"(在特定句法位置上)(突)显(并列)格(关系的)助词"。当然这种突显有两个特点：如上分析所示,这种突显并不是简单的,而是复杂的,有着多重动因的影响;这种突显也并不是无序的,而是有序的,可以按"句法<语义<语用<认知"的次序进行排列。

5. 结语

本文先总结了前人研究的不同阶段,再在相对单义观的基础上,总括了并格助词"-와"的用法,然后分析了部分用法的隐现情况,给出了并格助词"와"隐现判定的流程,最后提出了"显格助词"的主张。主要观点概述如下：

(1)前人研究大体可以分为三个阶段,即格助词观阶段、接续助词观阶段和类型学阶段。我们现在处于第三阶段,可以在类型学成果的基础上,再进一步推进韩国语并格助词的研究。

(2)对于接续助词观,我们认为可以像朝鲜语语法学界那样,扩大"格"的外延,使之囊括更广泛的语言事实,使我们得到一个更为简洁有效的分析背景。由于得到类型学的论据,我们对韩国语"-와"的五种用法进行了归拢,得到如下的用法集合图：

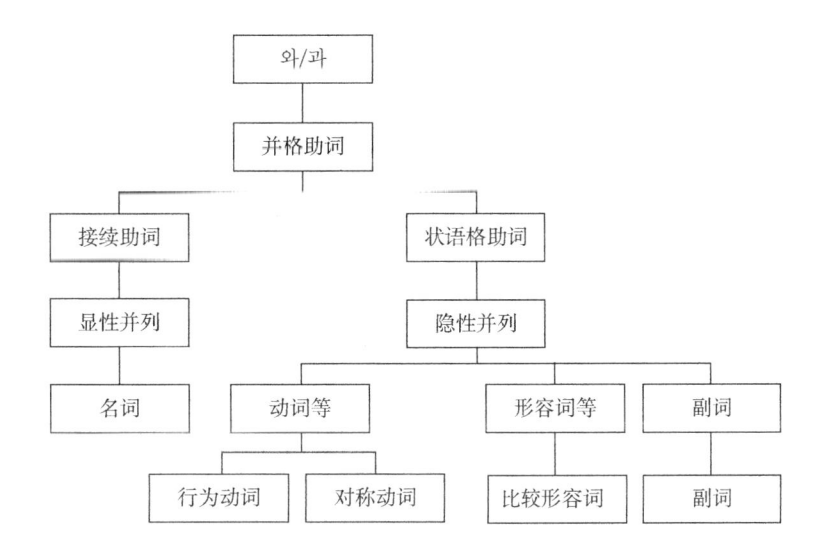

```
                    와/과
                      │
                   并格助词
                   ┌──┴──┐
                接续助词  状语格助词
                  │        │
                显性并列  隐性并列
                  │    ┌───┼────┬────┐
                 名词 动词等 形容词等 副词
                      ┌─┴─┐    │      │
                   行为动词 对称动词 比较形容词 副词
```

(3)隐现问题是本文的研究重点,我们着重分析了部分典型用法的特点和影响动因。其中包括：

句法位置	语境特点	隐现类型
接续格	① 合成词内部	必隐
	② 并列项差异大	多现
	③ 构式压制	必现
状语	① 单独与动词搭配	必现
	② 与副词搭配	现多隐少
	③ 平比式比较句	从现到隐
	④ 差比式比较句	必隐

（4）我们给出一个判定韩国语并格助词"-와"隐现的流程图，并得到了"句法<语义<语用<认知"的解读层级连续统。

（5）在前述分析的基础上，我们简单总结了并格助词"-와"的本质属性，并将其定位为"显格助词"，即韩国语的并格助词"-와"不是纯粹句法强制性的格助词，而是能够表现出隐现现象的突显格关系的助词。

当然，我们认为本文仅是一次简单的分析，离揭示并格助词的全部特点和最终本质还有相当长的路要走。如果要做出更为详尽深入的分析，至少还需做好两项工作，一是与近义形态做系统的对比，一是在大规模语料库调查的基础上，提取更多用法加以深入分析，而这将成为我们今后的努力方向。

参考文献

陈池华. 汉英并列结构对比研究[D]. 华中师范大学博士论文，2017.
邓云华，储泽祥. 英汉联合短语的共性研究[J]. 外语与外语教学. 2005[2]: 25-29.
金立鑫. 语言类型学探索[M]. 北京：商务印书馆. 2017: 21.
李丹弟. 语序类型中的并列连词参项[J]. 语言研究. 2016[36-1]: 80-85.
李占炳. 并列结构的类型学研究[D]. 上海外国语大学博士论文，2014.
铃木庆夏. "爸爸妈妈"等无标记并列结构的语法地位[J]. 语言科学. 2008[2]: 135-143.
刘丹青. 语言类型学探索[M]. 上海：中西书局. 2017: 207.
刘沛霖，刘凤琴. 韩国语惯用组合[M]. 北京：商务印书馆. 1996: 1.
陆丙甫. 核心推导语法[M]. 上海：上海教育出版社. 2018: 110-113.
马会霞. 韩国语功能汉字研究1[M]. 延边：延边大学出版社. 2017: 30-31.
马清华. 并列结构的自组织研究[D]. 华东师范大学博士论文，2004.
赵新建. 韩国语语法多义现象研究[M]. 广州：世界图书出版公司. 2012: 17-69.
赵新建. 朝鲜语显格助词研究[M]. 国家社科基金报告. 2020: 159-184.
Haspelmath M. Coordinating constructions: An overview, Coordinating constructions[M]. Amsterdam: Benjamins, 2004: 6-10.

Stassen L. AND-languages and WITH-languages[J]. Linguistic Typology. 2000, 4(1): 1-54.

강은국. 남북한의 문법연구[M]. 서울: 박이정. 2008: 112-113.

남기심, 고영근. 표준국어문법론[M]. 서울: 탑출판사. 1996: 102, 110.

남기심. 토씨 '와/과'의 쓰임에 대하여[J]. 동방학지 66. 연세대학교 국학연구원. 1990: 221-239.

범성월. 한국어 조사 '와/과'와 중국어 허사 '和'의 대조 연구-접속 기능을 중심으로[D]. 서울시립대학교 석사학위논문. 2020.

왕문용. 다시 '와/과'를 찾아서[J]. 서울대학교 국어교육연구소. 선청어문 24. 1996: 201-218.

유현경 외. 한국어 표준 문법[M]. 서울: 집문당. 2018: 199.

윤보은, 이동은. 한국어교육에서의 구어 문법 기술을 위한 조사 실현 양상[J]. 언어학 81. 2018: 191-219.

이관규. 格의 種類와 特性—屬格과 接續格의 存在에 대한 否定的 見解. // 고영근. 國語學研究百年史 1. 서울 : 一潮閣. 1992: 243-256.

이광정. 국어문법연구[M]. 서울: 도서출판 역락. 2003: 382-404.

장광균. 어휘·어의·도[M]. 심양: 료녕민족출판사. 1998: 55.

정순기. 조선어형태론[M]. 평양: 사회과학출판사. 2005: 131.

조경순. 접속조사문의 문장 구조 기술 고찰[J]. 어문론 64. 2015: 81-113.

주지연. 한국어 병렬구조 연구[D]. 서울대학교 박사논문. 2015.

주향아. '와/과' 등위 접속 명사구의 형성과 어순에 관한 연구-유정성을 중심으로-[J]. 한국어 의미학 42. 2013: 223-245.

作者简介

赵新建，上海外国语大学东方语学院教授，博士
　研究方向：韩国语语法，韩汉语言对比
　通信地址：上海市松江区文翔路1550号 201620
　电子邮箱：zxjmhx@sina.com

陈思月，上海外国语大学东方语学院硕士在读
　研究方向：韩国语语法，韩汉语言对比
　通信地址：上海市松江区文翔路1550号 201620
　电子邮箱：835910827@qq.com

陈宇桥，上海外国语大学东方语学院硕士在读
　研究方向：韩国语语法，韩汉语言对比
　通信地址：上海市松江区文翔路1550号 201620
　电子邮箱：1434175513@qq.com

韩国语最长名词短语结构及构成分布特点研究

复旦大学　赵越　毕玉德　白锦兰

摘　要：最长名词短语是句法分析和句法复杂度研究的重要对象。本文基于韩国语句法标注语料库，对最长名词短语进行抽取和统计分析，归纳表层和内层最长名词短语的层次分布特点和句法功能分布特点，以期从语言层次构造、分布、长度约束等方面提高对语言结构复杂度的认识，为最长名词短语的自动识别提供语言学支持。

关键词：韩国语，最长名词短语，句法分析语料库，统计分析

1. 引言

最长名词短语在句法分析中占据重要的句法地位，研究其分布特点对于句法结构识别和句法复杂度研究具有重要意义。在对自然语言句子的理解过程中，如果计算机可以识别出句子中所有的最长名词短语（MNP），将更快速地把握句子的整体结构框架，MNP识别可以在很大程度上降低全句法分析的复杂度，帮助分析复杂句子的一般结构，从而构建出句子的完整句法树。针对最长名词短语，当前在英语、汉语以及藏语等语言中已经有学者开展相关研究，然而在韩国语中尚未发现。通过对"中国知网"、韩国"riss"、"web of science"等3家文献检索平台检索"最长名词短语""MNP""maximal noun phrase""최장명사구"的结果如表1所示。

表1　文献检索结果

网站 检索语	中国知网 数量数	中国知网 研究语言	riss 文章数	riss 研究语言	web of science 文章数	web of science 研究语言
最长名词短语	33	汉语、藏语	0	无	0	无
MNP	23	汉语	7	汉语	3	汉语、英语、俄语
maximal-length noun phrase	423	壮语、越南语、侗台语、英语、蒙古语	7	汉语	5	汉语
최장명사구	0	无	8	汉语	0	无
명사구	0	无	3829	韩语	0	无

由上表可见，在"中国知网"和"web of science"的检出文献中，主要研究语言为汉语、藏语和英语，研究内容为最长名词短语的复杂性、自动识别等，如钱小飞，侯敏（2017）、王月颖（2007）、代翠，周俏丽，蔡东风，杨洁（2008）、钱小飞，侯敏（2015）、周强，孙茂松，黄昌宁（2000）、龙从军，刘汇丹，周毛克（2019）、钱小飞（2019）；其中，研究语言为藏语的有2篇，英语的2篇，其余均为汉语。在韩国"riss"中，"MNP"、"maximal noun phrase"、"최장명사구"的研究语言都为汉语，如백설매，이금희，김동일，이종혁（2009）；当检索语扩展为"명사구（名词短语）"时，检出文献的研究语言均为韩国语，其研究主题为名词短语的自动识别、句法语义分析等，如서충원，오종훈，최기선（2020）、양재형（2000）。另外，安帅飞，毕玉德（2013）探讨了韩国语名词短语的界定和自动识别问题。

本文将在理清韩国语最长名词短语以及表层最长名词短语和内层最长名词短语概念和结构特点的基础上，基于韩国世宗计划句法分析语料库[13]，针对韩国语最长名词短语，从结构层次、功能类型、结构类型方面，分析高频表层和内层最长名词短语的分布和结构，同时探讨较小语言单位组合成为较大语言单位的组合特点。以期提高对语言结构复杂度的认识和特点规律的把握，为后续韩国语相关研究提供一定的借鉴和参考。

2. 韩国语最长名词短语界定

最名词短语的概念最早来源于中国台湾学者Kuang-hua Chen&Hsin-Hsi Chen（1994）对于英语名词短语的分类，他从递归性的角度区分了三种名词短语：最短名词短语、最长名词短语和普通名词短语[14]。最短名词短语（mNP）是不包含其他名词短语的名词短语。最长名词短语（MNP，maximal noun phrase）是不被其他名词短语包含的名词短语。普通名词短语（NP）是不具有任何限制的名词短语。

钱小飞，侯敏（2015）按照句法位置，将最长名词短语定义为句子中不被其他名词短语直接包含的名词短语，并将MNP概念表述为：给定一个句子p和它的句法分析树S，一个最长名词短语是S的一棵子树c，c是名词短语，并且它的父节点不是名词短语或者c是根节点S；同时，进一步将最长名词短语区分为表层最长名词短语和内层最长名词短语：若c的所有祖先（不包含c本身）都不是名词短语，则c是表层最长名词短语（sMNP，surface MNP）；其他 MNP 称为内层最长名词短语（iMNP，inner MNP）[15]。目前韩国语学界关于最长名词短语还没有明确定义。

我们认为，从结构主义语言学角度来看，以上关于最长名词短语的界定同样适用于韩国语。从句法功能角度来看，能够充当句法成分的名词短语就是最长名词短语；从句子层级结构角度，若充当第一层结构的句法成分，则为表层最长名词短语，其他为内层最长名词短语。

下面我们通过以下示例的句法分析树直观地阐释最长名词短语的概念（图1）。

요즘 건강에 관한 각종 정보를 제공하는 전화 및 PC/SL통신 서비스가 급증하고 있다.
（最近提供关于健康的各种信息的电话及PC/SL通信服务正在激增。）

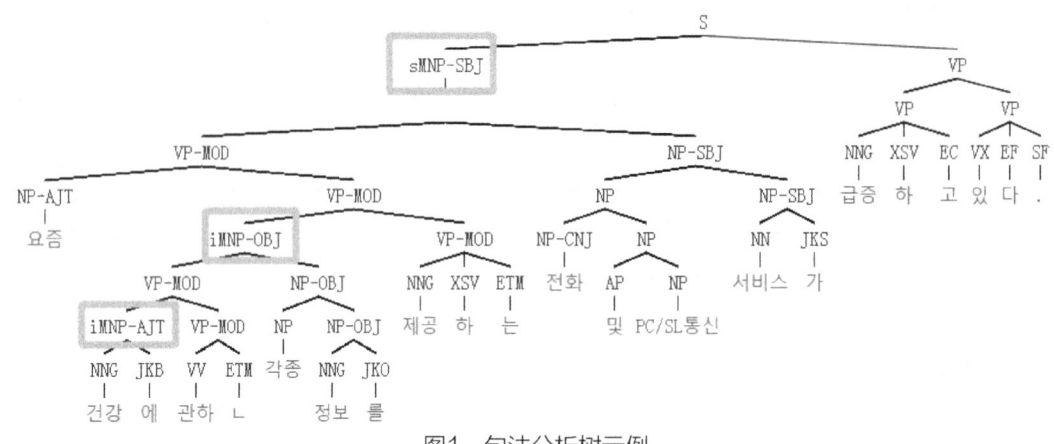

图1 句法分析树示例

上例中，包含了3个最长名词短语："요즘 건강에 관한 각종 정보를 제고하는 전화 및 PC/SL통신 서비스（最近提供关于健康的各种信息的电话及PC/SL通信服务）""건강에 관한 각종 정보（关于健康的各种信息）"和"건강（健康）"。其中，第1个最长名词短语的父节点根节点，未被其他名词短语包含，充当动词"급증하고 있다（正在激增）"的主语论元，是表层最长名词短语；第2个最长名词短语的上层父节点为动词短语，未被其他名词短语包含，充当动词"제공하다（提供）"的宾语论元，可判定为内层最长名词短语；第3个的上层父节点为动词短语，未被其他名词短语包含，充当动词"관하다（关于）"的状语论元，可判定为内层最长名词短语。第3个最长名词短语虽然仅由一个名词组成，但符合内层最长名词短语的定义，即"位于最长名词短语之中，而又不直接被名词短语包含的名词性成分。"

通过这个例子可以看出，最长名词短语的界定都是相对的，可能只是一个名词，也可能包括名词之前的限定词、形容词或者其他修饰语，还可能包括名词之后的介词短语或关系从句，还可能是一个代词。

3. 语料说明及抽取结果

我们选取韩国语句法分析语料库（2006）作为研究分析对象。该语料库是韩国21世纪世宗计划国语基础资源建设的重要组成部分，采用句法树方式标注[1]，包括55万语节，共77,000句。具体实例参见图2。

---

1 详细标注方式和标记符号体系参见韩国21世纪世宗计划制作的"구문분석 말뭉치 구축 지침（句法分析语料库构建指南）"。

```
; 프랑스의 세계적인 의상 디자이너 엠마누엘 웅가로가 실내 장식용 직물 디자이너로 나섰다.
(S  (NP_SBJ    (NP      (NP_MOD 프랑스/NNP + 의/JKG)
          (NP      (VNP_MOD 세계/NNG + 적/XSN + 이/VCP + ㄴ/ETM)
              (NP      (NP 의상/NNG)
                  (NP 디자이너/NNG))))
      (NP_SBJ    (NP 엠마누엘/NNP)
          (NP_SBJ 웅가로/NNP + 가/JKS)))
    (VP    (NP_AJT     (NP      (NP      (NP 실내/NNG)
                  (NP 장식/NNG + 용/XSN))
              (NP 직물/NNG))
          (NP_AJT 디자이너/NNG + 로/JKB))
      (VP 나서/VV + 었/EP + 다/EF + ./SF)))
```

图2 韩国语句法分析语句示例

我们根据韩国语最长名词短语及细分后的表层最长名词短语、内层最长名词短语的界定，利用词类标记、句法标记和功能标记等信息，分析句法树中最长名词短语的内部结构，设计抽取程序，实现了最长名词短语（表层和内层）的自动抽取和相关数据的统计。图3是抽取结果和数据统计部分截图。

	A	B	C	D	E	F	G	H
1	sMNP_No	iMNP	iMNP_level	iMNP-nVoc	strTag	morphTag	morphome	count
2	5	(NP_AJT (NP_CNJ 침실/NN + 과/JC)(NP_AJT (NP_CNJ 식당/NN + ,/SP)(NP_AJT 욕실/NN + 에서/JK)))	1	3	NP_AJT	NN JC NN SP NN JK	침실 과 식당 , 욕실 에서	15
3	8	(NP (L '/SS)(NP (NP (NP_MOD 색/NN + 의/JK)(NP 컬렉션/NN))(R '/SS)))	1	4	NP	SS NN JK NN SS	' 색 의 컬렉션 '	31
4	11	(NP_AJT (S_MOD (NP_SBJ 그/NP + 가/JK)(VP_MOD 디자인하/VV + ㄴ/ETM))(NP_AJT 작품들/NN + 에서/JK))	1	3	NP_AJT	NP JK VV ETM NN JK	그 가 디자인하 ㄴ 작품들 에서	72
5	11	(NP_SBJ 그/NP + 가/JK)	2	1	NP_SBJ	NP JK	그 가	3598
6	13	(NP_AJT 수채화/NN)	1	1	NP_AJT	NN	수채화	5125
7	13	(NP_OBJ (NP_MOD 색/NN + 의/JK)(NP_OBJ 분위기/NN + 를/JK))	1	2	NP_OBJ	NN JK NN JK	색 의 분위기 를	2523
8	16	(NP_OBJ (NP 실내/NN)(NP_OBJ 장식품/NN + 을/JK))	1	2	NP_OBJ	NN NN JK	실내 장식품 을	7609
9	17	(NP_OBJ 옷/NN + 을/JK)	2	1	NP_OBJ	NN JK	옷 을	25379
10	21	(NP_OBJ (NP (NP 1/SN + 시간/NN)(NP 반/NN))(NP_OBJ 이상/NN + 을/JK))	1	3	NP_OBJ	SN NN NN NN JK	1 시간 반 이상 을	55
11	22	(NP_OBJ (NP_CNJ 체조/NN + 와/JC)(NP_OBJ (NP_CNJ (NP 텔레비전/NN)(NP_CNJ 시청/NN + ,/SP))(NP_OBJ 식사/NN + 까지/JX)))	1	4	NP_OBJ	NN JC NN NN SP NN JX	체조 와 텔레비전 시청 , 식사 까지	1

图3 iMNP抽取结果文件

表格中，sMNP_No是指表层最长短语序号，iMNP是指内层最长名词短语示例（带标记），iMNP_level是指当前iMNP在sMNP中所属层级，iMNP-nVoc是指iMNP构成长度，strTag是指名词短语功能标签，morphTag是指短语词性结构，morpheme是指去标记后的名词短语示例，count是该短语结构在全部iMNP中的出现次数。

4. 分布统计与分析

4.1 层级分布

根据最长名词短语的定义，按照上述抽取方法对韩国语语料库中的最长名词短语进行统计，首先得到最长名词短语的分布（表2）。

表2 MNP数量分布

MNP类型	MNP	sMNP	iMNP
数量	288,836	198,235	90,601
百分比（%）	100	68.63	31.37

由表2可知，最长名词短语数量在sMNP的基础上增长了45.7%（90,601/193,825），对复杂的sMNP作了进一步分解，覆盖了更多的最大名词性成分，有助于句法分析和信息抽取。

接下来统计内层最长名词短语的层次分布情况，从层次上看，sMNP呈线性分布，而iMNP嵌套于表层最长名词短语之中，呈嵌套分布。具体分布情况见表3。

表3 iMNP层次分析

层次	个数	比例（%）	平均长度	最大长度
1	35,714	81.38	2.34	74
2	7,119	16.22	2.01	42
3	952	2.17	1.93	15
4	96	0.22	1.75	7
5	6	0.01	2.00	4
Total	43,887	100	2.00	74

由表3可以发现，iMNP呈明显的层级分布倾向性，集中分布于第一个层次，占81%以上的比例，在第二层仍有分布约为16%，但是在第三层、第四层和第五层上的iMNP分布非常少。

而通过对长度的计算统计可以发现，iMNP相比于sMNP的长度更小，但同样可以拥有长距离结构。比如iMNP的最大长度为74词，出现在第一层次当中，在第二层次和第三层次也出现了相对较长的42词和15词结构。

对iMNP的识别可以进一步明确sMNP的内部结构。其中，97%以上的iMNP分布在第一层和第二层，表明即使是采用分层的iMNP识别策略，也能极大地减少累积性错误，从而具备较好的可行性。

4.2 句法功能分布

韩国语最长名词短语在句中承担丰富的句法功能。在不区分表层最长名词短语、内层最长名词短语情况下，MNP在句中所做成分的占比情况如表4所示。

表4　MNP句法功能分布

句法功能类型	数量	比例（%）
主语SBJ	97,560	33.78
状语AJT	92,908	32.17
宾语OBJ	71,070	24.61
补语CMP	6,337	2.19
接续状语CNJ	913	0.32
独立语INT	1,130	0.39
体词修饰语MOD	3,894	1.35
插入语PRN	168	0.06
其他Q	14,856	5.14
总计	288,836	100.00%

由表4可知，MNP主要在句中做主语、状语、宾语，占比超过90%。需要说明的是，句法功能类型一栏中"其他"是指除了上述8项功能以外的其他内容。韩国21世纪世宗计划句法分析语料库中，有部分名词被标注为"Q"，含义为"引用小句"，为了提高句法分析效率而设，其后时常紧跟的数字在句中用来标记每个引用小句的顺序[1]。

接下来，将MNP按照iMNP和sMNP两种类型分析统计，会发现二者在句法功能分布上是存在着一些差异的。其中，iMNP和sMNP的句法功能分布分别如表5和表6所示。

表5　iMNP句法功能分布

句法功能类型	数量	比例（%）
状语AJT	34,989	38.62
宾语OBJ	26,930	29.72
主语SBJ	22,310	24.62
补语CMP	1,559	1.72
接续状语CNJ	416	0.46
独立语INT	23	0.03
体词修饰语MOD	1,419	1.57
插入语PRN	5	0.00
其他Q	2,950	3.26
总计	90,601	100

由表5可以看出，iMNP承担的主要句法功能当中，比重从大到小依次为AJT、OBJ、SBJ，

1　如果把母句和子句放在同一个层面进行分析，句子的长度就会变得很长，复杂性就会增加，使句法分析变得困难，引入这些标记的目的在于有效地进行句法分析。

占总比重的92.96%。

表6　sMNP句法功能分布

句法功能类型	数量	比例(%)
主语SBJ	75,251	37.96
状语AJT	57,921	29.22
宾语OBJ	44,142	22.27
补语CMP	4,778	2.41
接续状语CNJ	497	0.25
独立语INT	1,107	0.56
体词修饰语MOD	2,475	1.25
插入语PRN	163	0.08
其他Q	11,892	5.60
总计	198,235	100

由表6可以看出，sMNP承担的句法功能分布与iMNP稍有差异，sMNP主要句法功能依次为SBJ、AJT、OBJ，占总比重的89.45%。

我们可以通过下图(图4)更直观地看出最长名词短语及分类后的表层最长名词短语和内层最长名词短语在句法功能分布上的差异。

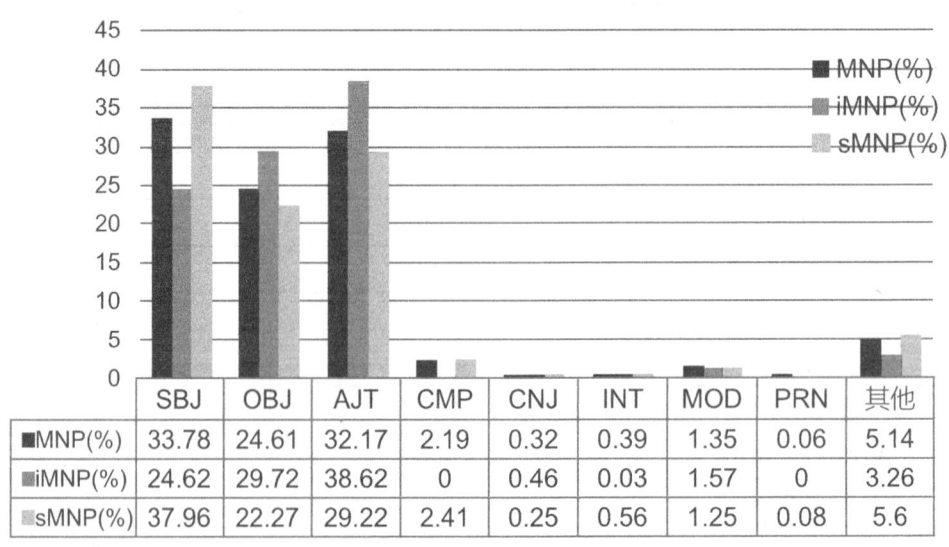

	SBJ	OBJ	AJT	CMP	CNJ	INT	MOD	PRN	其他
MNP(%)	33.78	24.61	32.17	2.19	0.32	0.39	1.35	0.06	5.14
iMNP(%)	24.62	29.72	38.62	0	0.46	0.03	1.57	0	3.26
sMNP(%)	37.96	22.27	29.22	2.41	0.25	0.56	1.25	0.08	5.6

图4　MNP，sMNP与iMNP 句法功能分布图

由图4可以看出，三者承担的主要句法功能的分布虽然位置有差异，但是均集中在主语、状语、宾语这三大类上；而在这三大类句法功能的内部占比比较上，有一个有趣的现象值得关注：主语功能是sMNP分布最多的功能，却是iMNP分布最少的功能。另外，sMNP还较多分布

在状语位置，在宾语位置上分布相对较少；iMNP在状语位置上分布最多，其次为宾语位置。

总体来看，sMNP与iMNP具有差异较大的句法功能分布，但是主要集中的句法功能分布相同。受层级位置不同的影响，iMNP相对于主语功能，更主要分布于状语位置上。

总体而言，多层级的最长名词短语不仅具有功能和分布上的一定的相似性，也覆盖了更多的最大名词性成分，提高了线性边界的一致性，减少了边界歧义，对进一步的信息处理是十分有益的。

4.3 结构类型分析

通过了解最长名词短语在真实文本中的分布状况，在今后的语料研究中可以有针对性地采取一些处理策略，提高句法分析的精度。理论上，符合韩国语最长名词短语的构词语法规则的名词短语长度可以无限递归增长；结构类型也会相应地增加。本文通过对288,836条最长名词短语的结构类型统计，结果共有51,359种，其中表层最长名词短语的结构类型有42,619种，内层最长名词短语的结构有12,225种。

表层最长名词短语出现频次不大于10次的结构种类及次数，其结果如下表所示。

表7 sMNP低频最长名词短语结构类型的种类及出现次数

类型数	34,348	2,415	839	419	260	200	135	116	67	72
次数	1	2	3	4	5	6	7	8	9	10

在表层最长名词短语的42,619种结构类型中，出现次数不大于10的结构类型共计39,068种，超过98%的结构类型出现总次数占22.73%，不是表层最长名词短语的强势组合模式。

对出现次数大于10的表层最长名词短语结构进行统计分析，结果如下表所示：

表8 sMNP高频最长名词短语结构类型的种类及出现次数

序号	结构类型	次数	实例
1	NN(JK, JX, JK + JX, 0)	54,530	전시회(를), 웅가르(는), 관광전(에 는)
2	NN NN(JK, JX, JK + JX, 0)	13,255	활동 폭(을), 반 영구적, 하루 중(에는),여름철 일부
3	NP(JX, JK, JK + JX, 0)	13,069	거기(는), 이 (로써), 무엇(보다도), 그
4	MM NN(JK, JX, JK + JX)	9,241	다른 디자이너들(처럼), 올 해(는), 그 중(에서도)
5	VV ETM NN(JK, JX, 0)	5,924	국 넘친 부스(를), 일어날 수(도), 쓸 수
6	NN JK NN(JX, JK)	4,425	유족의 말(뿐), 품질의 차이(가)
7	VA ETM NN(JK)	4,297	산뜻하 ㄴ 분위기(를)
8	NN NN NN(JK, JX)	1,819	일본산 수동 식(이), 자동차 경주 인구(도)
9	NN JK VV ETM NN(JK)	1,658	면 으로 되 ㄴ 것(이)
10	NP JK NN(JK)	1,280	나 의 손(으로)

续表

序号	结构类型	次数	实例
11	NN NN JK NN(JK)	882	뇌 출혈 의 전조(가)
12	NN JC NN(JK)	724	일본산 과 대만산
13	NN JK NN NN(JK)	671	여성 의 사회 참여(가)
14	MM NN NN(JK)	666	이 아쿠아 로빅스(가)
15	NN VC ETM NN(JK)	582	구체적 이 ㄴ 삽화(를)
16	NP NN(JK)	468	자기 노래(를)
17	VA ETM NN NN(JK)	457	서늘하 ㄴ 여름 속(에)
18	MM NN JK NN(JK)	415	이 환자 의 아내(가)
19	SN NN(JK)	407	4 개짜리(가)
20	MA VA ETM NN(JK)	372	훨씬 강하 ㄴ 처벌(을)

通过对表层最长名词短语的高频短语结构进行统计，发现出现次数最高的前20种结构类型约占全部表层最长名词短语的58.08%，尤其是单个名词和代词充当短语的情况占34.10%。出现次数较高的前10种结构类型均不包括嵌套名词性短语，长度也不长，最多由5个语言单位构成，包括助词"의"和定语语尾"-ㄴ/는，-ㄹ/을"。

在内层最长名词短语的12,225种结构类型中，出现次数不大于10的结构类型统计如下表所示：

表9 iMNP低频最长名词短语结构类型的种类及出现次数

类型总数	10,131	920	309	177	127	79	48	33	35	25
次数	1	2	3	4	5	6	7	8	9	10

在内层最长名词短语的全部结构类型中，出现次数不大于10次的结构类型共计11,884种，超过97.21%的结构类型出现总次数占17.53%，同样不是内层最长词短语的强势组合模式。

表10 iMNP高频最长名词短语结构类型的种类及出现次数

序号	结果类型	次数	实例
1	NN (JK, JX, JK+JX, 0)	32,886	옷(을), 도둑(은), 수채화, 개인적(으로는)
2	NN NN(JK, JX,JK+JX,0)	8,890	실내 장식품(을), 프로 선수(는)
3	NP(JX, JK, JK+JX, 0)	4,221	그(가)
4	MM NN(JK, JX)	3,586	한 자리(에서), 이 검사법(은)
5	NN JK NN(JK)	2,523	색 의 분위기(를)
6	VV ETM NN(JK, JX,0)	2,379	서 ㄹ 자리(를)
7	VA ETM NN(JK)	1,776	귀엽 ㄴ 맛(을)

续表

序号	结果类型	次数	实例
8	NN NN NN(JK)	1,324	플라스틱 통 안(에)
9	NN JC NN(JK)	795	가슴 이나 이빨(에)
10	NN NN JK NN(JK)	740	전원 전선 의 길이(가)
11	NN JK VV ETM NN(JK)	537	한국자동차협회 에 등록되 ㄴ 선수(가)
12	NP JK NN(JK)	443	우리 의 의생활(을)
13	NN JK NN NN(JK)	610	여성 의 사회 참여(가)
14	MM NN NN(JK)	381	수 년 전(에)
15	SN NN(JK, 0)	557	21 세기(를), 92 년
16	NP NN(JK)	353	우리 나라(에서)
17	VA ETM NN NN(JK)	308	가느다랑 ㄴ 주사 바늘(음)
18	NN VC ETM NN(JK)	414	고전적 이 ㄴ 지포라이터(를)
19	NN NN JK NN NN(JK)	191	관광객 발굴 의 황금 시장(으로)
20	NN NN NN NN(JK)	252	대학 입시 부정 사건(에서)

通过对内层最长名词短语的高频短语结构进行统计，发现出现次数最高的前20个结构类型约占全部内层最长名词短语的69.27%，尤其是单个名词和代词充当短语的情况占40.26%。

出现次数较高的前10种结构类型均不包括嵌套名词化短语，长度也不长，最多由3个语言单位构成，同样包括助词"의"和定语语尾"-ㄴ/는，-ㄹ/을"。

总结两个层次的结构类型发现，不论是表层最长名词短语，还是内层最长名词短语，出现次数最高的前10个结构类型约占全部内层最长名词短语的55%以上，尤其是由单个名词（NN）、双名词（NN+NN）、单个谓词修饰的名词（VV/VA｜ETM｜NN）、单一代名词（NP）充当的最长名词短语，占比均超过45%。高频结构类型中都不包含嵌套名词性短语，而且前4种高频短语结构相同。可见，即使名称为"最长名词短语"，也并非一定是多词结构。上述四种最长名词短语结构类型用句法树结构表示如下图所示：

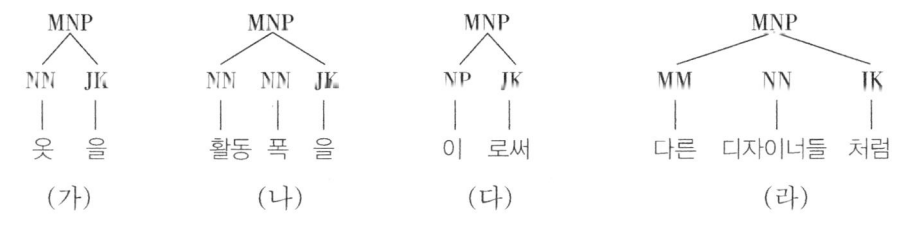

图5 高频最长名词短语结构类型示例

5. 结论

本文基于英语和汉语对最长名词短语的定义，从句法功能角度，对其做了进一步阐释；同时，基于韩国21世纪世宗计划句法分析语料库，从最长名词短语的层级分布、句法功能分布和结构类型分布角度，进行了统计分析和解读。该项研究将有助于提高韩国语句法复杂度的认识，也可为名词短语识别和句法分析提供语言学支持。

下一步，我们将按照最长名词短语标记符号序列，从语言学角度对其实施聚类处理，简化压缩类型种类，以便把握其分布特点和规律；同时扩大句法分析语料库规模，使其统计结果更好地反映语言实际。

参考文献

钱小飞，侯敏. 汉语最长名词短语的结构复杂性研究[J]. 语料库语言学，2017, 4(01): 20-30.

王月颖. 中文最长名词短语识别研究[D]. 哈尔滨工业大学，2007.

代翠，周俏丽，蔡东风，杨洁. 统计和规则相结合的汉语最长名词短语自动识别[J]. 中文信息学报，2008, 22(06): 109-115.

钱小飞，侯敏. 基于归约的汉语最长名词短语识别方法[J]. 中文信息学报，2015, 29(02): 40-48.

周强，孙茂松，黄昌宁. 汉语最长名词短语的自动识别[J]. 软件学报，2000(2): 195-201.

龙从军，刘汇丹，周毛克. 基于句法树的藏语最长名词短语识别[J]. 中文信息学报，2019, 33(02): 59-66.

钱小飞. 汉语内层最长名词短语的识别研究[J]. 浙江外国语学院学报，2019, (06): 59-67.

백설매, 이금희, 김동일, 이종혁. 확장청크와 세분화된 문장부호에 기반한 중국어 최장명사구 식별[J]. 정보과학회논문지: 소프트웨어 및 응용, 2009, 36(04): 320-327.

서충원, 오종훈, 최기선. 어절의 중심어 정보를 이용한 한국어 기반 명사구 인식[J]. 제15회 한글 및 한국어 정보처리 학술대회, 2020: 145-151.

양재형. 규칙 기반 학습에 의한 한국어의 기반 명사구 인식[J]. 정보과학회논문지: 소프트웨어 및 응용, 2000, 27(10): 1062-1071.

유혜원. 국어 명사구의 통사-의미론적 연구-<공간>명사가 나타나는 명사구를 중심으로[J]. 한국어학, 2006(38): 3-25.

安帅飞，毕玉德. 韩国语名词短语结构特征分析及自动提取[J]. 中文信息学报，2013, 27(05): 205-210.

한국국립국어원. 구문분석 말뭉치 구축 지침(2016-01) [R].

Kuang-hua Chen & Hsin-Hsi Chen. Extracting noun phrases from large-scale texts: A hybrid approach and its automatic evaluation[C]. Proceedings of the 32nd Annual Meeting of Association of Computational Linguistics, 1994: 234-241.

钱小飞，侯敏. 面向信息处理的汉语最长名词短语界定研究[J]. 语言文字应用，2015(02): 127-134.

作者简介

赵越,复旦大学外国语言文学学院硕士研究生
研究方向:韩国语语法
通信地址:上海市杨浦区国年路299号复旦大学文科楼218室

毕玉德,复旦大学外国语言文学学院教授、博士、博士生导师
研究方向:韩国语语法,计算语言学
通信地址:上海市杨浦区国年路299号复旦大学文科楼218室

白锦兰,上海磐起信息技术有限公司,文学硕士
研究方向:韩国语语法
通信地址:上海市杨浦区国年路299号复旦大学文科楼218室

先秦赋诗外交场景的重现与变异[1]
——明代使臣在朝鲜外交活动中的诗意与张力

北京大学 漆永祥

摘 要：明朝出使朝鲜半岛的使臣，在与朝鲜君臣宴饮交际的过程中，往往会大量引用《诗经》中的名句，作为外交活动的重要手段。本文通过对明使与朝鲜君臣宴饮赋诗、仪注之争与诗文角力等方面的论述，认为这种赋诗外交形式，带有明显的模仿性、戏剧性与程式化；在双方温情诗礼、觥筹交错的表象背后，存在着各种激烈争执与胜负较量，诗意温情下充满了弦箭满弓的张力。这些貌似两千年前外交场景的倒置与交错，也为我们追溯彼时战乱频仍的诸侯外交关系提供了活化石般的案例与有益的思考。

关键词：赋诗外交；明使（天使）；朝鲜君臣；仪注之争；诗文角力

赋诗外交是春秋、战国时期在"礼毁乐崩"环境下出现的特殊外交手段，这种"以微言相感"而赋诗喻志，并以"别贤不肖而观盛衰"的方式[2]，在后世刀光剑影的赤裸裸强权外交面前，显得充满着智慧、文雅、诗意与温情，给了人们无穷的留恋与想象。令我们大感意外的是，在明代与朝鲜半岛交往过程中，明朝遣往朝鲜的使臣与朝鲜君臣之间，竟然出现多次类似的赋诗场面，这种貌似先秦外交方式复活的现象，既给我们研究明代中朝关系提供了重要的资料与反思空间，也给了我们追溯两千年前战乱频仍的诸侯外交关系，提供了化石般的倒置场景与交错空间，值得做出一些有趣的探讨。

1. 明朝使臣与朝鲜君臣间的赋诗内容与相关场景

明朝（1368–1644）与朝鲜半岛的朝鲜王朝（1392–1910）差不多同时创国立基。在遭遇初期的动荡起伏后，朝鲜王朝正式成为明朝的属国，双方关系进入稳定期，使臣往还，络绎在道。明朝遣往朝鲜的使臣，往往是太监与文臣等交相遣行，初期以太监居多。而文臣到了朝鲜

---

1 从观礼朝圣到行蛮貊之邦——朝鲜燕行使与《燕行录》研究（教育部人文社科重点研究基础重大项目，项目编号：1ZJJD77013）。
2 [汉]班固《汉书》卷30《艺文志·诗赋序》，北京：中华书局，1962年，第6册，第1755—1756页。

以后，与朝鲜君臣的交往，充满着诗书礼仪与钟鼓歌舞的和乐场面，与先秦时期的赋诗外交方式，有着极强的相似性、模仿性、戏剧性与程式化。

如明孝宗弘治五年（朝鲜成宗二十三年，1492），兵部郎中艾璞、行人司行人高胤先，往朝鲜颁立皇太子诏书。五月二十八日，朝鲜成宗驾临使臣所宿太平馆，双方行礼如仪，鼓乐奏毕。《成宗实录》记曰：

> 上行酒。未几，正使就上前欲行回杯，上辞以礼未完。正使曰："《诗》云：'既醉以酒，既饱以德。'又云：'厌厌夜饮，不醉无归。'今日酒既醉，夜又深，非特我辈困倦，贤王亦劳动，所以欲行谢杯。"上从之，及副使行酒讫，正使就上前曰："《诗》云：'三爵不识，矧敢多又。'今日我两人所饮不止三爵，请罢宴。"上曰："此诗乃戒酒也，大人以德将之，固无酒失，请俟礼完。"上又曰："两大人回程甚忙，欲更进一杯。"正使曰："'我有旨酒，嘉宾式燕以敖。'我两人既醉饱，已领贤王盛意，请罢宴。"上曰："'心乎爱矣，遐不谓矣。中心藏之，何日忘之。'两大人道德，寡人何日忘之？请更进一杯。"正使欣然再诵其诗曰："贤王之心，暗合古人，我两人不敢当。《诗》云：'泛泛杨舟，载沉载浮。'贤王'中心藏之'之言，当服膺勿失。馆伴卢宰相，谨慎详密，曲当条理，知贤王能知人善任。"上辞别，正使曰："贤哉！国王。"送至中门外阶下，见御舆在大门外，厉声曰："促进舆。"固请乘舆。两使将入门，正使微语副使曰："贤哉！国王。贤哉！国王。"[1]

又明世宗嘉靖十六年（朝鲜中宗三十二年，1537），翰林院修撰龚用卿、户科给事中吴希孟往朝鲜颁皇子诞生诏书。三月初十日夜，朝鲜中宗至太平馆设宴招待使臣，《中宗实录》详细记载了此次宴饮的全过程。在中宗与世子先后行礼毕，双方各就其位。其后的情景为：

> 上遣通事告两使曰："《诗》云：'乐只君子，邦家之光。'今日陪侍大人，若非圣帝恩命，何缘得见？皇恩周极。"正使曰："殿下事大之诚至此，此必皇天辅佑，与大明同休戚，实万世无疆之福。"副使曰："'之屏之翰，百辟为宪。'今日得见殿下威仪，真贤王也。"上曰："不敢当。"上又告于两使曰："小邦远守藩维，虽有事大之诚，而未有其效。累承天恩，仰戴朝廷之心，尤无限量。"正使曰："多谢殿下之诚意。古人云：'畏天之威，于时保之。'此一句，当久而不忘也。"上曰："多谢！"……【领议政金瑾思、左议政金安老行酒如仪。】两使曰："今已夜阑，俺等固当回杯。"上答曰："'厌厌夜饮，不醉无归。'今日初陪两大人，心欲从容以话，愿大人姑待礼完。"正使曰："'既见君子，云何不乐？'多谢多谢。"副使曰："《诗》云：'恺悌君子，莫不令仪。'又云：'既醉而出，并受其福。''三爵不识，矧敢多又。'今日既见殿下威仪之美，酒亦已行三爵，俺等皆醺洽矣。"上答曰："'我有旨酒，嘉宾式燕以又【敖】。'多谢多谢！"正使曰："俺也不能解文，暂解写字，归时当写数三字，以进殿下。"副使曰："俺则既不解文，又不能解字，然亦岂无心乎？"上答曰："《诗》云：'心乎爱矣，何不谓矣。中心藏之，何日忘之。'两大人身虽归于朝廷，若遗手迹于弊邦，则寡人如见两大人，而思慕之矣。今日陪诏而来，若非圣帝恩命，何缘得见清仪？多感多感！"……请果如仪。上又请行酒曰："虽薄酒，请更进于两大人。"正使曰："瓠叶兔首，可酬王公，况今日盛宴乎？"副使曰："殿下之酒，旨且多。既又过饮，又请行酒。多谢多谢！"上答曰："两大人俯见寡人之诚，不辞。多谢多谢！"上执盏劝曰："满酌不须辞。"正使曰："《诗》云：'既见君子，锡我百朋。'殿下之诚至此，有醇之酒，不觉至醉。"上曰："多谢多谢！"正使举酒尽曰："相逢不饮酒，如此良夜何？

---

[1] ［朝鲜］《成宗实录》卷265，成宗二十三年（弘治五年，1492）五月二十八日丁酉条。

多承国王盛意，勉强饮此数杯。"副使曰："今日陪殿下，多饮旨酒，如在春风中。"上曰："多谢多谢！"上既行酒讫，又行完杯礼。[1]

又三月十六日，中宗再次设宴饯别龚、吴两天使。《中宗实录》记曰：

天使行回杯毕，上请两使加行一杯，上使又执杯而进曰："一别之后，两地相思，心燋而已。"上曰："古云'黯然销魂'，正谓此也。"上使曰："《诗》云：'心乎爱矣，何不谓矣。中心藏之，何日忘之。'又云：'既见君子，乐且有仪'，何敢忘殿下乎？"上曰："多谢！"副使执杯而进曰："'右之右之，无不右之。左之左之，无不左之。君子万年，保其家邦'，岂不谓如殿下之君臣乎？"上曰："多谢多谢！"宴讫，上与两使相让而出，入于御室。[2]

以上所引《诗经》等书中的句子，出自《诗经·小雅·南山有台》《桑扈》《周颂·我将》《小雅·湛露》《隰桑》《宾之初筵》《鹿鸣》《瓠叶》《鱼丽》《菁菁者莪》《裳裳者华》等诗，以及江淹《别赋》中的名句。宾主行礼如仪，按序饮酒，觥筹交错，极欢而罢。在《朝鲜王朝实录》中，类似的记载不少，且所引《诗经》句式多有重复，极具程式化。

但有时宴饮过程中会发生一些仪注中没有的小插曲，并非事先预备，双方也会灵活机动，相机行事。如世祖六年（明天顺四年，1460），明朝遣正使礼科给事中张宁、副使锦衣卫都指挥武忠至朝鲜调解其与毛怜卫女真之冲突。三月初七日，世祖于思政殿设宴。《世祖实录》记曰：

上与明使就坐，上行酒讫，谓明使曰："头目官等远路从大人服劳，欲赐一杯慰之。"明使曰："谨依命。但区区贱价，劳动国主。古云：'丈人屋上乌，人好乌亦好。'此辈便是屋上乌。"上令右议政权擥持阳村应制诗一部示张宁，曰："此人乃阳村权近之孙。大人幸看高皇帝御制诗。"宁起谢云："吾在中国饱闻久矣。"看讫，即赋诗以进。上行酒时，所簪花与上使花相勾引。上曰："此所谓宾主交欢。"宁答曰："正是合欢，如此欢洽，实为难得。"上曰："'言忠信，行笃敬，虽蛮貊之邦行矣，言不忠信，行不笃敬，虽州里行乎哉？'我之所以告大人者，皆忠信、诚实之言也。大人谅亦知之乎！"宁答曰："殿下之言，正当诚者，真实无妄之谓。上以事君、下以临群臣、治百姓，皆以诚则无往不通。殿下深知诚之一字之旨，此所以贤智难得之明主也。"[3]

张宁以杜甫《奉赠射洪李四丈》诗句，感谢世祖爱屋及乌，招待下人。又因双方簪花相勾牵，引出下文。因为此次张宁等人出使的目的是调解朝鲜与毛怜卫女真的矛盾，并有问责朝鲜的意味，故世祖又引《论语·卫灵公》以示忠信，张宁在夸奖世祖的同时，也希望他能够真正做到"诚"以事大，不再引发事端，给朝廷添乱，也给朝鲜带来更大的冲突与不安。

有时，在使臣与朝鲜大臣的对话中，双方也会频繁引诗证经，既试图说服对方，又同时表现自己的谙熟诗礼。如世宗三十二年（明景泰元年，1450），明朝遣翰林院侍讲倪谦、刑科给事中司马恂前往朝鲜，颁景帝登极诏书。正月初二日，倪谦等昨日因撤去宴桌花草而不乐，遂

---

1 [朝鲜]《中宗实录》卷84，中宗三十二年（嘉靖十六年，1537）三月初十日己丑条。
2 [朝鲜]《中宗实录》卷84，中宗三十二年（嘉靖十六年，1537）三月十六日乙未条。
3 [朝鲜]《世祖实录》卷19，世祖六年（天顺四年，1460）三月初七日甲申条。

称当日不必设宴,其与馆伴金何有一番对话如下:

> 使臣谓金何曰:"昨受厚宴,今日不必设宴。"因言曰:"'礼云礼云,玉帛云乎。乐云乐云,钟鼓云乎。'然非此物,无以著其诚敬。《诗》曰:'承筐是将。'则诚敬因奉筐而见。《书》曰:'享多仪,仪不及物,惟曰不享,惟不役志于享。'《孟子》曰:'曾子养曾晳,必有酒肉;将彻,必请所与。问:"有余?"必曰:"有。"曾元养曾子,必有酒肉;将彻,不请所与。问:"有余?"必曰:"无。"'将以复进也,所谓养口体也。昨日宴罢,撤去花草,未知将以复进乎?如欲复进,则宴馔,亦得复进也。"何曰:"吾所不知。今朝见厅上,宴卓尚在,始得知之,惶恐无地。但花草制造精密,未易猝办,为大人制造,只有一件,后当礼宴,不可无花,是以撤去。"使臣曰:"如此尚虚文,则不要再设。"又曰:"吾等所以彻宴卓,将欲分诸朋友。"何曰:"欲分诸朋友,则愿速彻之。"使臣曰:"诺。"谦等儒者也,以一花草之故,遽发怒色,识者讥之。[1]

倪谦数引《论语·阳货》《诗经·小雅·鹿鸣》《尚书·洛诰》《孟子·离娄上》等篇中语,以责难朝鲜宴后撤去花草,不合礼数。但朝鲜君臣以为,大国使臣,彬彬儒者,竟以如此微故而愠怒之,故讥其无儒者之风。

在有些场合,如使臣私下信札等,也会引《诗》而用之。如龚用卿、吴希孟一行返国后,朝鲜冬至使柳世麟等曾在北京拜见龚、吴。翌年二月,柳氏等回国,中宗引见,世麟呈上吴希孟书札。其曰:

> 慕华一别,忽尔十月。……近日奏闻圣人,闻谕辅臣,以汝国尽得臣道,为诸藩首也。《诗》曰:"无封靡于尔邦,维王其崇之。念兹戎功,继序其皇之。"圣朝自有典矣。《诗》曰:"之屏之翰,百辟为宪。"贤王之谓也。《诗》曰:"心乎爱矣,遐不谓矣。中心藏之,何日忘之。"生于贤王之以,寸念千寻,海云万重,东望不尽盱盱。[2]

柳世麟等在北京时,携带《皇华集》,想呈送龚用卿、吴希孟,但碍于陪臣无私交,故得到朝廷同意后,在会同馆见到吴希孟,吴氏感谢信中,引用《诗经·周颂·烈文》与《小雅·桑扈》《隰桑》之文,以表寄托,并以寓相思。

上述明朝使臣与朝鲜君臣间的赋诗外交,明显带有模仿先秦时期赋诗外交的痕迹。相对而言,先秦时期各种外交场合下的赋诗,不仅仅是表达友好情谊,还包括居间斡旋、请兵请粮、纾难解忧、委婉讽喻以及弘扬本国文化、彰显个人风度等含义,其所用《诗经》之句,或用本义,或断章取义。而明使与朝鲜君臣间的赋《诗》,所选用的诗句相对集中,表达的内容则主要集中在赞颂、感谢、谦逊、劝勉、客套与惜别诸方面。这种明显模仿先秦时期赋诗外交的场景,带有极强的仪式感、程序化与表演性质。尽管如此,这已经是两千多年后的薰风余蕴,令人唏嘘而不能已矣!

---

[1] [朝鲜]《世宗实录》卷127,世宗三十二年(景泰元年,1450)正月初二日丁未条。
[2] [朝鲜]《中宗实录》卷87,中宗三十三年(嘉靖十七年,1538)二月二十二日丙寅条。

2. 明使与朝鲜君臣在礼节仪式上的反复争执与较量

在上述貌似诗礼欢杯、和乐融融的气氛后面,实际上在明使与朝鲜君臣间却无时不在明里暗中的仪注礼节诸方面,事无巨细,多有龃龉,往来交涉,反复争执,期于压倒对方而后已。使臣会对朝鲜迎诏等方面的仪节提出诸多严苛的要求,而朝鲜也不愿意受随意摆布,采取各种方式来软磨硬泡,力图让典礼按自己的布置进行。双方最容易发生冲突的仪节,往往集中在以下两个方面:

2.1 关于世子是否至郊区亲迎诏书的争执

明景泰元年(1450)正月庚子,前往朝鲜颁景帝登极诏书的倪谦一行,抵朝鲜中和生阳馆,世宗遣礼曹正郎安自立来议受诏勅及赐物仪节。安氏称国王有病日久,世子代掌国事,今亦病腰疽将一月,不能行礼,国王令他子代行。倪谦极为不满,称国王久病,朝廷亦知。世子既然病将一月,那朝鲜户曹判书尹烟在使臣渡江时来迎,当时何以不言?倪氏接着说:

> "今始言有病,诈也。毋得因朝廷有事,辄怀二心,且疮疡之疾,脓溃即安,非若感伤奇症,不可以月日也。如果病疽,当以溃脓,予在此坐待其愈始行。十日不愈待半月,半月不愈待一月,无不愈者。若再言不愈,诈可知矣。即当捧诏还朝,奉闻朝廷,至朝鲜国王、世子俱托病不出,无人受诏,因奉诏还,朝廷自有处置。"自立闻谦言,惊愕无措,乃曰:"望且徐行,不必坐待,小官即便驰回启白,星夜来迎。"辞去。[1]

案明英宗正统十四年(1449),英宗御驾亲征,结果发生"土木堡之变",被俘北上,景帝即位,倪谦等就是在这种窘困难堪的情境下出使的。明朝此次派倪谦等文臣出使,以示对朝鲜的重视与礼待,并伺机观察朝鲜动静;而朝鲜方面也敏感地认为"中国方遭达达之变,必以我国昔为大元婚姻之国,虑或北与达达私相通焉。今厚礼我国,倍于前日,抑或有意而然也"。[2] 故倪氏诸人与朝鲜君臣都非常警惕,倪谦认为世子不迎诏,乃朝鲜"因朝廷有事,辄怀二心",事大不诚;朝鲜也从使臣身上明里暗里地观察大明是不是从此将一蹶不振,小心地进行试探。尽管倪谦威胁如果世子再托病不出,将捧诏还朝,但一行抵开城后,世祖遣汉城府尹金河来见,复议礼事。并言世子疮已溃脓,口尚未合,若牵动皮肤,必至引风复发,致伤性命,但望天使垂悯,乞免世子郊迎,容其扶病具礼受诏,则万万幸。倪谦顾辞情恳切,谅是实病,允其陈请,定与仪注而去。对于倪谦不得已的妥协与让步,清乾隆时四库馆臣评论道:

> 时朝鲜国王、世子并称疾不迎诏,谦争之不得,亦无如之何。盖新有"土木之变",正国势危疑之日也。亦足见明之积弱,虽至近而令亦不行矣。[3]

确实在倪谦返国不久,世宗即薨;世子袭封,未几亦薨。此次朝鲜世子不郊迎诏书的理由是世子病疽,可能有半真半假的成分。那么,世祖六年(1460),张宁等人抵朝鲜后双方的冲

---

[1] [明]倪谦《奉使朝鲜倡和集·雪霁登楼赋》,殷梦霞、于浩选编《使朝鲜录》影印清《说郛》本,北京:北京图书馆出版社,2003年,上册,第425-426页。

[2] [朝鲜]《文宗实录》卷9,文宗元年(景泰二年,1451)八月五日庚午条。

[3] [清]永瑢等纂《四库全书总目》卷53史部九《朝鲜纪事》,北京:中华书局,1965年,第477页。

突，就是朝鲜方面有意而为之。张宁一行抵黄海道龙泉站，使问礼官郑忱向国王启奏，称世子年虽幼小，然已受上国策封，礼当至郊外迎勅。朝鲜方面以世子年幼，不习大礼，迎勅之际，少有差错，有关大体，所以不敢出迎，且礼有老少不能行礼之文。张宁厉声答世子已受封，年且十余，何谓幼小不能拜天子之命乎？四拜叩头，不是难行之礼。昔成王八岁朝诸侯有天下，岂以年之幼少废大事乎？后几经争执，宁甚怒，俄而温言称，若世子年幼不出郊外，可于宫庭迎勅行礼；朝鲜称迎勅大事，迎则当出郊外，岂可迎于宫庭？张宁怒曰：

> "朝鲜礼义之国，正至、诞辰不拜父王乎？一拜一起，不是烦礼。"克堪曰："父子之礼亲，君臣之礼严，宫庭虽有错误无害，朝廷之礼岂可违误？不须强之，亦是敬朝廷恐有差耳。"宁怒甚，将回往碧蹄，待世子出迎而入。既而曰："若不出迎于郊，在王府行礼可也。"命判礼曹事全何驰往告之，宁又不许曰："谁谓朝鲜知礼之国？此事非挟太山超北海之类也。无礼乃尔！"徐行以待回报。远接使朴元亨再三往谕，宁等至盘松亭，盘桓不进。命左议政申叔舟、都承旨尹子云等，往复极言其所以。宁亦辨论不已曰："王世子果幼弱不能远来迎勅，则于王府行礼，不亦可乎？"叔舟等曰："既不能出迎门外，而于王府行礼，尤为失礼。"宁曰："然则恶其火之焚其室，遂废晨夕炊爨乎？"强之不已。至日中乃曰："已请于皇帝封世子，安有不迎勅之理乎？此必有他故也。疾病出于不意，若世子未宁，则不须强出。"反复诘之，问诸通事等曰："此地距碧蹄几里？"意欲还去。叔舟等回启，复使语之云："世子年既幼稚，且近日感冒，是用未敢出。"宁曰："若早知世子未宁，固不当如是强也。"宁等至，上迎勅，至景福宫行礼如仪。[1]

张宁初欲世子至郊外迎勅，朝鲜方面未答应；继而称在王府行礼亦可，又被拒绝；张氏一行盘桓不进，意欲还去；申叔舟等以世子感冒为由，再三请免郊迎；张宁无奈，只好就势罢手。一场看起来冲突激烈而僵持不已的争执，就这样在朝鲜方面的软磨硬泡中被化解于无形了。

2.2 关于诏勅并迎与诏勅分迎之争

明孝宗弘治元年（朝鲜成宗十九年，1488），翰林院侍讲董越、工科右给事中王敞往朝鲜颁孝宗登极诏书，此行有诏有勅。董越等入朝鲜后，沿路一直在跟朝鲜方面商讨迎诏诸仪节，董越等据《大明集礼》中藩王仪注，要求朝鲜国王具冕服自郊外徒步迎诏至阙庭，同时要求诏、勅分别迎接。朝鲜则据洪武时《仪注》坚称，祖宗时迎诏例皆乘辇，若使国王徒步，必至委顿失容，如果天使欲奏禀进行，则国土亦将奏禀陈情，针锋相对，僵持不让。行至坡州，董越等告知朝鲜问礼官权景佑迎诏之时乘辇、乘马，殿下任意为之，使臣当徒步而行。使臣徒行而殿下乘辇迎诏，则朝廷自有是非，故两使坚执，终不许乘辇。许琮告使臣以如果使国王徒步于郊外，则一国臣民莫不痛愤。两使不得已，同意迎诏时国王可乘辇，迎勅时则乘马，颇近事体。朝鲜方面以为，自祖宗以来，诏、勅一时迎之，其来已久。如果分而两之，终则欲留勅于郊外，先行颁诏，是委君命于草野。且迎诏为盛礼，迎勅为杀礼，既一时受来，则于颁诏盛礼，并授勅书，甚合于礼。两使斥责朝鲜"素秉礼义，而不遵朝廷仪注，其敬朝廷之意安在？吾等到此不得举行朝廷仪，则朝廷谓我等何？吾等之尊敬朝廷，犹尔国臣民之尊敬国王也。吾

---

[1] [朝鲜]《世祖实录》卷19，世祖六年（天顺四年，1460）三月初二日己丑条。

等知有天子,不复知有国王"。耽延至日晏,两使坚持己见,绝不让步,牢不可破。朝鲜君臣商量道:

> 传曰:"虽违例,不得已从之。"命召领敦宁以上,传曰:"天使言甚倨傲。虽以诏、勅内事言之受辱,犹为不可,况非诏、勅内事乎?不可以言语争诘。今已日晏,而彼之坚执如此,将何以处之?"尹弼商等议启曰:"天使之言至此,辱莫大焉。臣等不胜痛愤。然投鼠忌器,固宜含忍勉从也。且此辈皆近侍之臣,在此言犹不恭,若还朝廷罗织成罪,则恐朝廷责问无辞可避矣。"传曰:"彼虽诉于朝廷,我国亦当奏闻发明矣,然此必无之事也。天使既颁诏还朝,则有何雠怨,敢欲报复乎?使大臣往复论说,何违事体?予之乘马,有何不平?但自高皇帝以来,本国迎诏、迎勅,一时并行久矣。今乃违例作俑,于义不可,故不敢轻易从之耳。"弼商等启曰:"彼既如此,不可相持不决也,当权从所言。"[1]

最后双方往复商讨,相互妥协让步的结果是:诏、勅分别迎接,成宗乘辇受诏后,再乘马以受勅。此次唇枪舌剑的争执,以董越等压倒性的胜利而结束,而且给后来朝鲜迎接诏勅带来了极为被动的先例。

实际上如上述类似的仪节之争,经常会频繁地出现,从大到迎诏的方式,小到座次的朝向等,无不有争,无时不争。朝鲜君臣在大多数情况下处于被动状态,小心翼翼地应对。如明英宗天顺元年(朝鲜世祖二十二年,1457),明朝遣翰林院侍撰陈鉴、太常寺博士高闰前往朝鲜,颁英宗复位诏书。朝鲜世祖御札付远接使朴元亨曰:

> 一,闻陈鉴等自处知礼,事事瑕疵,若有更张之言,当答曰我国故事如此,吾等何敢擅便更改?有殿下之命,然后改之耳。鉴等若曰启殿下,则当答曰启之矣。一,虽小碎之事、不当之事、极难之事皆启。一,闻鉴等曰事大之诚既已矣,而宜尽迎接礼度。予谓此儒等徒知班超之使外国,宣汉德,能以口舌顺服夷狄,故意谓如彼也。若鉴等后发如此言说,则卿等勿勤勤发明,我国尽礼之事,但曰自有前例。一,虽有据理可答,防遮之事,一无争论,皆推殿下。[2]

明使进入朝鲜境内后,朝鲜往往既如接大宾,又如临大敌,对于使臣提出的要求,世祖命朴元亨等,事无巨细,都要从速启奏。同时凡有争议之节,如果使臣责难,不好当面答复,都可以推给国王。因为毕竟无论如何,使臣不能对朝鲜国王发怒。故朝鲜一边回禀,一边商议,能拖则拖,能磨则磨,以寻机会使明使在被迫无奈的情形下改变主意。

明孝宗弘治五年(1492),艾璞、高胤先往朝鲜颁立皇太子诏书。艾璞等要求朝鲜诏、勅仍需分别迎接,广川君李克增认为,"彼以我国为海外小邦,必无知礼之人,故敢为此也。臣不胜痛心,请于正朝,择遣知礼大臣,博考古例,赍兼迎诏勅仪注,就礼部,辨其是非,则必有归一之论,设使以别迎诏勅之仪为是,定其恒式,此即皇帝之命,在所当从。不然,臣恐如艾璞浮浅小人,陵轹本国者多矣。"但尹弼商等以为"小国不可与大国争礼,徒受自尊之责,

---

[1] [朝鲜]《成宗实录》卷214,成宗十九年(弘治元年,1488)三月十一日乙亥条、十二日丙子条、十三日丁丑条。
[2] [朝鲜]《世祖实录》卷7,世祖三年(天顺元年,1457)五月二十七日己丑条。

有违事大之诚"。成宗亦谓"小国岂可与大国争礼，不如仍旧之为愈也"。[1]

至嘉靖十六年（朝鲜中宗三十二年，1537），龚用卿、吴希孟出使朝鲜，龚氏鉴于明朝士大夫对朝鲜故事，知之甚少，又亲往朝鲜见证诸仪节，故特意编纂使朝鲜仪注为：

> 其一曰出使之礼，所谓出使之礼有四：一曰迎诏之仪，二曰开读之仪，三曰沿途迎诏之仪，四曰谒庙之仪。此皆出使礼节之大者也，故居首。其二曰邦交之仪，所谓邦交之仪有八：一曰国王茶礼之节，二曰国王接见之节，三曰国王宴飨之节，四曰王世子宴飨之节，五曰陪臣参见之节，六曰国王送行之节，七曰沿途迎慰之节，八曰沿途设宴之节，此皆使事交际之仪，故次之。三曰使职之务，所谓使职之务有五：一曰道里之距，二曰山川之限，三曰各道州府郡县之属，四曰沿途各官迎送之礼，五曰军夫递送之节，此皆于使事有关，为使者所当知者也。[2]

龚用卿只不过是明朝遣往朝鲜的一介使臣而已，既不能代表明朝官方，也不可能成为朝鲜君臣认同的仪注模板。但在其后当明朝使臣与朝鲜方面发生争议时，也往往成为重要的依据与参考。这种在迎诏仪节与使臣接待方面引发的争执，在两国国势兴衰的大背景衬映下，时而激烈，时而缓和，自始至终，从未断绝。但总体而言，基本上还是遵从明使的建议，因为"小国岂可与大国争礼"，如果真的惹出事端，最终的受害方显然是朝鲜方面。

3. 明使与朝鲜陪臣的诗文较艺与角力争胜

朝鲜半岛君臣，对来自明朝的天使，竭力逢迎，曲尽接待之能事。明使自过鸭绿江，朝鲜从义州至汉城，沿途各驿站，修整洒扫，锦褥丰馔。国王派远接使迎于义州边境，接风洗尘；至境内则有伴送使，鞍前马后，供其驱使，每到一地又有迎慰使，张乐设宴，极尽奢华；比至王京，国王亲迎，跪受诏书，然后摆宴接风，问寒嘘暖。一路锣鼓喧天，仪仗满路，威风八面，呼喝而行。明使沿路饱食无事，遂作诗以遣日，即鲜人所谓"天使之来，专务酬唱，已成其例"。[3]为了与明使相互酬唱，旗鼓相当，朝鲜方面也会做足准备。"皇朝诏使之来，我国留接于太平馆，必以学识文华之备具者，差傧使从事迎送，华使亦加礼待，唱酬诗文，风流文物，照耀偏邦，《皇华集》可考也。丙子后，旧迹荡然"。[4]

自明正统十四年（朝鲜世宗十四年，1449）倪谦出使，至崇祯六年（朝鲜仁祖十一年，1633）程龙往朝鲜，明使与朝鲜诗家唱和之诗文，今存有25起使臣凡24部《皇华集》存世。"皇华"即取自《诗经·小雅·皇华》"皇皇者华"，《小序》谓"皇皇者华，君遣使臣也。送之以礼乐，言远而有光华也"。倪谦诸人，多出翰苑，皆富诗才，故其入朝鲜，莫不流连兴起，诗文不绝。文臣出使朝鲜，在明廷则以显其字小之恩，不使失中国大体，亦可服远人之心；而在朝鲜则亦明其事大之诚，又得显其为"小中华"，代有达人，所谓"我国事大之事，祇以文学为

---

[1] [朝鲜]《成宗实录》卷266，成宗二十三年（弘治五年，1492）六月初一日庚子条。
[2] [明]龚用卿《使朝鲜录》，殷梦霞、于浩选编《使朝鲜录序》（下），北京：北京图书馆出版社，2003年，第2-3页。
[3] [朝鲜]《中宗实录》卷83，中宗三十三年（嘉靖十六年，1537）正月八日戊子条。
[4] [朝鲜]松间明月石上清泉处士之居《松泉笔谭》元卷（卷1）"皇华集"条，郑明基编《韩国野谈资料集成》，启明文化社，1992年，第18册，第53页。

之"也。[1]

　　明清时期的朝鲜使臣入中国后，往往喜与中国士大夫诗文唱和，商讨学术，用洪大容的话来说，就是"颇有较艺之意"。[2]而中国使臣到了朝鲜，双方这种诗文角力争胜的用意就更为明显，闵仁伯即称，"顾天畯、崔延健两诏使，以颁册立皇太子诏东来，有与东人争艺之语"。[3]如龚用卿一行之来，中宗以苏世让为远接使，并引见于思政殿，君臣对话曰：

> 上曰："天使接待之事，不可不谨，今官吏等，傲慢成风。如有不谨之事，别为纠察可也。且文臣天使，非如太监之类，尤宜尊待，而今闻副使性急。接待之间，不可少有不称也。"……世让曰："天使接待，所以为难者，其间问答之语，不为启达，而随问答之故也。又于酬唱之际，若有不能，则此非小事也。徒为款待而已，则臣虽庸劣，何敢不尽心而为之哉！"上曰："他事则已矣，其中酬唱之事，甚为重难。若能于酬唱之事，则他余小事，虽或不称，必不责也。闻正使善为长篇。此必中朝之精选，卿宜勉力而待之。远接使初以郑士龙为之，以秩卑故，议于大臣，特以卿差，而士龙则以迎慰使差遣，迎慰之后，俾从傍而助力耳。"世让曰："副使则未知也，上使则臣赴京时闻之，以翰林院修撰，有名于中朝者也。中朝以出使于我国、安南国者，必择能文之士。前日唐皋出使于我国之时，以今礼部尚书夏言为副望，而夏言则出送于安南国耳。今来龚用卿，亦有才名。臣受此重任，夙夜忧虑，固知不堪，然有郑士龙等为之助力，则臣之未及处，士龙或可以救之矣。庶几百般尽力，不辱国命，实臣之愿也。"[4]

又如朝鲜中宗二十九年（明嘉靖十三年，1534）二月二十四日，朝鲜君臣曾讨论"文学"的重要性。金安老曰：

> "百工技艺，至微之事，王者无不致其精也。况文学，饰治之具，故古人云：'文明之治。'其敢慢易而忽之哉？以轻重言之，则德行本也，文艺末也。然未有无文学，有德行者也。若文学之士，必上之人，贵重而褒美之，然后下之人，有以感发而兴起者。今则不然，贱弃材艺，故为父兄者，教其子弟曰：'读书则粗记其句读，为文则不过乎三等足矣。'是故材日趋乎污下矣。自古养育人材，非一朝一夕之所能致也，必有积累之功，而后有成也。我国有交邻、事大之礼，文学之士，在所当急。今若是，则未知终至于何如耶？中国之所贵我国者，以其有文章学问也。设使文臣天使如祁顺者，奉命而来，或于燕息之所，或于游观之地，应口赋诗，其能操笔，而当其锋者，未知其为谁耶？虽有一二可能之人，然至于满朝宰臣相接之时，长篇大作，杂陈于前矣。其能从傍而赞助之者，有几人哉？非徒此而已，今则大平，固为无事矣，如或有可辨之事于中国，则言语不通，不得以尽其意，则必因文字，而达其意也。须其辞恳切而后，足以感动其心也，前朝李齐贤之事可见矣。其于免银贡，皆由表辞之激切也。今则不然，虽常时例进表文，陈腐无足可观，此臣所以昼夜私叹，而忧念者也。昔者唐德宗之时，陆贽作诰，而六军之士见之，无不感动，而流涕者，则文词之感人，概可知矣。今之为王言、为赦文者，敢望其感动人心乎？古者式年，则讲经之数多矣，而能文者亦多，故中终场通计，则虽讲十五分者，或有不得中者矣。今则不满于元额，讲三分半者，皆无立落，通古今观之，安有如此

---

[1] [朝鲜]《中宗实录》卷88，中宗三十三年（嘉靖十七年，1538）十月三日癸卯条。
[2] [朝鲜]洪大容《湛轩书外集》卷2《杭传尺牍·干净同笔谈》，韩国民族文化推进会编《韩国文集丛刊》，首尔：民族文化推进会，1994年，第248辑，第129页。
[3] [朝鲜]闵仁伯《苔泉集》卷1《题尹晴诗卷序》，《韩国文集丛刊》第59辑，第11页。
[4] [朝鲜]《中宗实录》卷83，中宗三十一年（嘉靖十五年，1536）十二月初八日己丑条。

之事乎？"上曰："斯言甚当。……"[1]

诗文能华国，如果酬唱得体，则能得到明使的认可与尊重，并体现国家的文治与诗礼之教。如祁顺出使返国后，对朝鲜屡有称赞之语，义州宣慰使李克墩启曰："去年天使祁顺，初到我国，礼遇甚倨。其还也，言曰：'朝鲜实是知礼之国，其称小中华，非虚语也。'称叹不已。"[2] 故每次明朝使臣渡鸭绿江入朝鲜后，朝鲜方面即尽遣擅长诗文的大小臣工，铺纸执笔，一路迎候。如《大东稗林》载：

> 国朝东槎之盛，莫过于壬寅顾天峻时。月沙李廷龟为傧使，东岳李安讷、南郭朴东说、鹤谷江瑞凤为从事，石洲（权韠）以白衣、五山车天辂、霁湖梁庆遇以制述，南窗金玄成、石峰韩濩以笔从，各艺之盛，前古无比矣。五峰李好闵、西坰柳根为迎慰，简易崔岦适侨居于箕城，时人谓之文星聚关西云。[3]

当时能诗擅文的巨卿才俊，几乎倾巢而出。再如历次明使来朝鲜时，朝鲜前后所遣之远接使，若郑麟趾、朴原亨、徐居正、许琮、卢公弼、任士洪、李荇、郑士龙、苏世让、朴忠元、申光汉、朴淳、郑惟吉、李珥、李好闵、柳根、李尔瞻、金瑬、辛启荣等，皆一时之选，诸人又携朝鲜青年朝士之能诗者，或明或暗，储备诗料，甚或早拟诗作，以与天使唱和，互较诗才，竭力求胜。

如世宗嘉靖十八年（朝鲜中宗三十四年，1539），以恭上皇天上帝大号，加上皇祖谥号及册立皇太子、册封二王礼成，明朝遣翰林院侍读华察、工科给事中薛廷宠往朝鲜颁诏。华察一行入朝鲜，苏世让、申光汉、宋纯等伴行，其间诗作不断。时为远接使的苏世让称：

> 近来天使，每以文字间事相尚，或耽于游观，或乐于赋诗。故两使预于房中，多数制述，一时俱出，即令和之，多有窘势。目前以能文人混作医生，出入窥觇，以赞助之。[4]

此可知明朝使臣，也往往是有备而来，诗作迭出，令朝鲜迎慰臣工，难以招架，甚至派能诗者假扮医者，至使臣房中窥觇，以传消息。苏世让怕有辱使命，高度紧张，称自己眩晕有眼疾，恐应对有误，故唯日恐惧，望将闲散之申潜，请以子弟带往，以便协助撰诗。此行所成之《己亥皇华集》五卷，共收诗六百五十余首，其中华察一百三十余首，薛廷宠一百四十余首，副使诗作多于正使，实属罕见，而苏世让应对两使，其诗作多达二百三十余首，其左支右绌，搜词捉韵，困顿疲累，可以想见。尽管如此，朝鲜君臣为了不辱国体，兼以显示自己的诗才，也愿意与明使唱酬较艺，以决高下。此类逸闻趣事，所载极多，今以倪谦、祁顺与朝鲜诸人争胜为例以明之。

倪谦为正统四年（1439）进士，官至南京礼部尚书。天资聪颖，博闻强记。《四库总目》谓

---

1 [朝鲜]《中宗实录》卷77，中宗二十九年（嘉靖十三年，1534）二月二十四日辛酉条。
2 [朝鲜]《成宗实录》卷208，成宗十八年（成化二十三年，1487）十月十二日戊寅条。
3 [朝鲜]沈鲁崇编《(静嘉堂本)大东稗林》，国学资料院，1992年，第32册，第290-291页。
4 [朝鲜]《中宗实录》卷89，中宗三十四年（嘉靖十八年，1539）二月二十四日癸亥条。

其"当有明盛时,去前辈典型未远,故其文步骤谨严,朴而不俚,简而不陋,体近'三杨'而无其末流之失。虽不及李东阳之笼罩一时,然有质有文,亦彬彬然自成一家矣"。[1]故倪谦即在明朝,亦一作手,其与朝鲜诸家周旋,自然游刃有余。在鲜期间,游汉江楼,都监持华扁,诣前跪索诗留于楼上,倪氏"即席赋三章与之,每一诗出,则众官聚首争诵,皆缩颈吐舌,向席惊叹"。[2]又谒宣圣庙时,倪氏有《谒成均馆宣圣庙示同行诸君子》,郑麟趾随有和诗,倪氏以为"初作谒庙诗,本以嘉其夷而右文也。不意工曹席间吟和,似有凌聘意,随和还之。自此凡和其诗,俱观罢即答,顷刻而就,始皆惊服"。[3]后来明使至朝鲜,朝鲜遂尽遣能诗者,唱和角力,暗中斗胜,即滥觞于此焉。

祁顺之入朝鲜,《大东稗林》记其与朝鲜诸家唱酬之逸事曰:

> 成庙朝,户部祁顺来颁帝命,道途所由,览物兴咏,远接使四佳徐先生以为平平,心易之。竣使事,明日四佳以汉江之游请,顺曰:"诺!在途酬唱,客先主人;明日江上,主人先客以起兴可也。"四佳预述一律,并录凤制永川明远楼诗韵曰:"当竖此老降幡矣"。到济川亭,酒未半,于座上微吟,若为构思之状,索笔书呈一联,有曰"风月不随黄鹤去,烟波长送白鸥来"。顺即席走毫曰:"百济地形临水尽,五台泉脉自天来。"顾四佳曰:"是否?"笔锋横逸,不可枝梧,四座皆色沮。
>
> 乖崖亦预席,当和押,有"堆"字,苦吟思涸,攒眉顾人曰:"神耗意渴,吾其死矣!"久乃仅缀云:"崇酒千瓶肉百堆"。尔后又有"头"字押,乖崖云:"黑云含雨已临头"。顺曰:"可洗肉百堆矣。"……
>
> 舟至蚕头峰下,户口开目曰:"是何地名?"舌者曰:"杨花渡。"即吟一律曰:"人从升叶杯中醉,舟向杨花渡口横。"四佳次云:"山似高怀长偃蹇,水如健笔更纵横。"二公巧速略相似,犹两雄对阵,持久不决,奇正变化,莫不相谙,锋交战合,电流雷迅,揖让之风,存乎旗鼓之间,虽堂堂八阵,举扇指挥,而仲达之算无遗策,亦未易降也。顺尝曰:"先生在中朝,亦当居四五人内矣。"行返到临津舟上,四佳先赋古风长韵,顺卷纸置案上,手披徐徐,览一句辄成一句,手眼俱下,须臾览讫,而步韵亦讫,步讫而笔犹不停,连书竟纸,飒飒风驰雨骤,而一篇又成。四佳心服之,顾从事蔡懒斋曰:"速矣多矣。"颔稍麾,然即连赓两什,意思泉涌,浩浩莫竭。彼一再唱,而和必重累,以多为胜,此亦稀世之捷手也。中朝人士,见国人问徐宰相安未?崔司谏尝自耽罗漂海至台州,泝苏杭而来,南人亦有问者,四佳名闻于天下可知也。[4]

从此处所记可知,徐居正事先准备好诗稿,在游汉江时假以即席赋诗而录出,向祁顺发起挑战。结果金守温(乖崖)因诗思枯竭,应对缓慢,又句俗意浅,遭到祁顺的嘲讽。而徐居正虽疲于应付,但似乎与祁顺旗鼓相当,获得了祁氏的尊重与赞扬。但洪万宗对此另有看法。其曰:

> 天使祁顺奉诏来也,徐四佳居正为远接使。一日,祁顺游汉江济川亭,四佳先唱"风月不随黄鹤

---

[1] [清]永瑢等纂《四库全书总目》卷170集部二三《倪文僖集》,第1487页。
[2] [明]倪谦《辽海编》卷3《朝鲜纪事》,殷梦霞、于浩选编《使朝鲜录》影印清宣统二年《玉简斋丛书》本,北京:北京图书馆出版社,2003年,上册,第607页。
[3] [明]倪谦《辽海编》卷2《郑工曹见和即席用韵以答》诗注,上册,第523页。
[4] [朝鲜]沈鲁崇编《(静嘉堂本)大东稗林》,第21册,第137—140页。

去，烟波长送白鸥来"之句，有若挑战者。天使即次曰："百济地形临水尽，五台泉脉自天来。"回顾四佳曰："是否？"四佳色沮。先辈以"先交脚后仆地"为讥。盖"烟波"之句只咏景物，着处可用；"百济"之句，汉江形势模得真状。所以中华之人，足未曾到，而领略山川，输入一句，立谈之间，造语绝特，宜乎四佳之胆落也。

余尝与诸文士论诗，余曰："四佳此句，全用中庵蔡洪哲诗一联，而只改'相逐'二字为'长送'，可发一哂。"诸人皆骇然曰："四佳国朝之大家，岂如是剽窃他人全句乎？必是中庵踏袭四佳而用之矣。"余曰："中庵即丽朝人，此诗乃《月影台》所赋，而明载于《东文选》，则蔡用徐作耶？徐用蔡作耶？且《东文选》即四佳受命所撰者也。眼目宜惯，欲竖天使之降幡，故为取用尔。"诸人始乃释然。盖后世之传诵此句者，皆称四佳之作，不知中庵之为本主。余自笑曰："中庵不幸遇四佳，而没其警语，又幸遇余而辨其主客。若使中庵有知于九原，必当鼓掌称快矣。"[1]

洪氏谓徐居止面对祁顺的佳句，不仅"色沮"，而且徐氏事先预备的诗联，还是剽袭蔡洪哲之诗。从实际效果看，居正可谓一败涂地。又柳梦寅亦曾评曰：

《皇华集》非传后之书，必不显于中国。天使之作，不问美恶，我国不敢拣斥，受而刊之。我国人称天使能文者必龚用卿，而问之朱之蕃，不曾闻姓名。祁顺、唐皋，铮铮矫矫，而亦非诗家哲匠。张宁稍似清丽，而又软脆无骨，终归于小家。朱天使之诗，驳杂无象，反不如熊天使化之菱弱。其他何足言？然我国文人每与酬唱，多不及焉，信乎大小正偏之不同也！远接使徐居正，对祁顺敢为先唱，若为挑战，然终困于'百济地形临水尽，五台川脉自天来'之句。栗谷讥之曰：'四佳有似角抵者，先交脚，后仆地。下邦人待天使，宜奉接酬和而已，何敢先唱？'此真识者之言。我国待华使，鸠集一时文人稍能诗者以酬应，而择焉不精，贻笑天人何限？郑士龙虽称骚手，而其诗未免傅会成篇。独李荇浑然成章，而调格甚卑，有类应科之文。每作，暂时仰屋，应手沛然，而其对宛转无疵，非闲熟于平素，能如是乎？苏世让、李希辅虽见屈于当世词宗，不可与今世读东文习四韵如柳根者齿，文章之渐下，如流水之逝，可叹也已。"[2]

洪万宗对龚用卿等明使与朝鲜诗家，做了一番对比与评价，不偏不倚，颇为实录。朝鲜伴随诸臣对待明使的策略，就是除了自己临场发挥唱酬外，采取的主要是两种办法：一是事先大量构拟，如请明使游汉江，则事先将原先诏使做过的相关诗歌，酬和成篇以为备用；二是双方唱酬创作时，一人为主在明面上应付，而多人代作在暗处助力。如《大东稗林》载：

世传弘治初，董越、王敞二诏使之来，远接使许判书琮酬和诗篇，皆从事申从濩之作，及回到鸭绿江舟中，许公于座上索笔，亲作绝句曰："青烟漠漠草离离，正是江头送别时。默默相看无限意，此生何处更追随。"【董和诗】……是时，曹适庵伸随许判书往来，后谓天黥李珉曰，"青烟漠漠草离离"之诗，实申之所制也。[3]

---

1 [朝鲜]洪万宗编，刘畅、赵季校注《诗话丛林校注》附洪万宗《证正》，北京：人民文学出版社，2015年8月，第704—705页。蔡洪哲（1262—1340），字无闷，号紫霞洞主人、中庵居士。高丽忠宣王时人。官至平章事，封顺天君。
2 [朝鲜]洪万宗编，刘畅、赵季校注《诗话丛林校注》秋卷柳梦寅《於于野谈》，第468页。
3 [朝鲜]沈鲁崇编，《（静嘉堂本）大东稗林》，第27册，第463—464页。

又记许筠之事曰：

> 昔时华使之往来也，多每游赏山川，每与人酬唱，以强韵及难对语为胜事。国家选文士，豫候之义州，以接其事，只为从事官。朱天使之蕃尝游汉川亭，许筠时为从事官，自汉以下有两水合襟，朱使以"二水分为坎"为句，使之联和，必得字对然后可以用之，而卦对尤难。筠未能即对，罢宴皈家，废食思索，终无好对，心里愁闷。【其妹许兰雪对以"三山断作坤"。筠】惊叹不已，即以此酬之，华使大奇之。后知兰雪所赋，尤加称赏。以此兰雪集朱使序之，华文之弁卷，于偏邦女人文集，罕有之事也。[1]

又曰：

> 容斋尝以傧相接华使于关西，时天寒雪霁，华使以"赤沟娄"押韵，"沟娄"却定州地名也。或有以"奎娄"押之者，容斋方与华使对坐，至"娄"字，颇沉吟未就。松溪权应仁，以学官在傍磨墨曰："此墨黔娄。"古"黔娄"即方言"黑"也，容斋始悟，即书"肩耸似山吟孟浩，衾寒如铁卧黔娄"。华使深加叹赏。[2]

这种通过代作、提醒等来应急的场面，不在少数，有时还因为不知诗体，而导致尴尬窘迫的情形。如《大东稗林》又曰：

> 嘉靖丁酉，龚云冈效东坡体诗三绝，吴龙津作一绝，其时不知所谓东坡体者为破字诗，伴送使郑湖阴只压元韵以呈之。……云冈又作《出汉城》回文体诗，至慕华馆。……诏使既出，伴送使诵写龚诗送于金安老，因仓皇漏回文体三字，故安老及尹判书仁镜，不知其为回文体，只次韵送之，今载《皇华集》中，龚及后人，竟不知其所以然也。[3]

所谓"东坡体""回文体"这样的游戏之作，即中朝士大夫亦罕为之，朝鲜诗家不知，是很正常的事情。但碍于面子，朝鲜诗家仍苦苦支撑，求于一胜。对此有人论曰：

> 吾东方僻在一隅，虽曰文献足征，比之中华，终有怪矣。故成慵斋极论东方文章之美，而终日比之元人尚不及，何敢拟诸于唐宋之域乎？真格言也。今之为文士之论，余甚惑焉。其言曰某之诗胜于李白，某之诗优于杜甫，某也四六可与王、杨并驱，非崔致远所可拟也。东方文章，到今日方盛。噫！其然欤？余虽不知文章蹊迳，亦知斯言之无稽矣。近日号为能文之士，类皆轻佻颠妄之人，自许太过，论议之无伦至此。呜呼！天之将丧斯文邪？[4]

论实而言，明使与朝鲜诗家的这种角力争胜，相对于汉语是母语的使臣而言，对虽然使用汉字，但已经不说汉语的朝鲜诗家来说，究竟已是隔了一层，这种较量显然并不公允。但为了国家荣誉与个人面子，他们或情愿或被动地参与了这场反复而持久的"较艺"活动，颇有振戈

---

1 [朝鲜]沈鲁崇编《(静嘉堂本)大东稗林》，第21册，第354—356页。
2 [朝鲜]沈鲁崇编《(静嘉堂本)大东稗林》，第31册，第372页。
3 [朝鲜]沈鲁崇编《(静嘉堂本)大东稗林》，第28册，第14—15页。
4 [朝鲜]沈鲁崇编《(静嘉堂本)大东稗林》，第22册，第664—665页。

挥戈而为国而战的悲壮色彩。因此，在这种宾主间诗文酬唱、饮酒留恋的表象背后，凸显的仍是双方明里暗中的较量与争竞，衬托着极度的焦虑与不安，充满着敌意的张力。

4. 余论

总前所论，本文对明朝出使朝鲜半岛使臣在朝鲜期间的外交活动，通过宴享赋诗、仪注之争与诗文角力等三个侧面进行了剖析。明朝使臣与朝鲜君臣间的赋诗活动，明显带有模仿先秦时期赋诗外交的痕迹，以营造出明朝"字小以恩"与朝鲜王朝"事大以诚"的诗礼和谐气氛，同时显示明使与朝鲜君臣的个人文化素养与优雅儒风，更显示朝鲜半岛"小中华"的诗礼风尚。与先秦时期各种外交场合下的赋诗不同的是，先秦外交中的赋诗，不仅仅是表达友好情谊，还包括居间斡旋、请兵请粮、纾难解忧、委婉讽喻以及弘扬本国文化、彰显个人风度等含义，其所用《诗经》之句，或用本义，或断章取义。而明使与朝鲜君臣间的赋《诗》，所选用的诗句相对集中，表达的内容则主要集中在赞颂、感谢、谦逊、劝勉、客套与惜别诸方面，而且具有明显的仪式化与表演性质。尽管如此，这已经是两千多年后的薰风余蕴，令人唏嘘不已。

然而，在这种诗礼宴饮、其乐融融的和谐景象背后，双方却在仪注礼节诸方面充满了不安与争执。明使在接待礼仪、迎诏方式、宴饮座次等方面，往往以天使自居，倨傲不下，自行其是，更改节次，以显示天朝大国之凛凛威严，不可侵犯；而朝鲜方面也往往为了保护本国尊严与国王颜面，坚持己见，抗节不屈，软磨硬泡，拖延蒙哄，以为消解之方。明使往往锱铢必较，不嫌事多，能让朝鲜君臣多跑一趟，就不会让他们少跑一回；而朝鲜则行仪施礼，尽量简化，能少跪拜一次就少一次，能省一个仪节就省一个。这种争执既有在朝鲜方面拖延恳求之下，明使妥协的时候；但多数情况下是朝鲜方面屈从天使意旨，以尽其"事大"之诚，更重要的是以免贻患未来。

明使在朝鲜期间，与陪从的朝鲜大臣，无论在馆在途，还是游览风景名胜，往往诗文不绝，唱和品评，较艺角力。在貌似和风劲吹、歌咏欢畅的和谐场景下，双方都绞尽脑汁、挖空心思地进行"创作"，以期击败对方，迫使其"叹服"。因此，这种诗酒交欢的表象后面，也充满着敌意般弦箭满弓的张力。

明朝出使诸臣，尊为天使，享尽荣贵。即清朝使臣，虽待遇不若明朝之盛，然亦于沿途诗文纪事，多有诗作。这些本应将侦伺与国动静奉为重要使命的"行人"，却不知觇其风而察其俗，于属国军政治体，地理形胜，蒙昧无知。琉球早入日人之口，而明朝使臣屡往，却酣然不知，如醉梦中人。而清朝使臣，在汉城足不出馆舍，不数日即还，与没有到过朝鲜几无区别，故清季中日甲午战起，清廷多不知朝鲜山川地名在若何者。由此可知，虽然战败于清末，然祸阶恐早生于明朝。明、清使臣除宣诏而外，即以诗文为能事，不仅朝鲜，即使往越南、暹罗、琉球诸国者，莫不如斯。去时高擎诏敕，巍巍傲骄；归时一卷诗文，洋洋自得。而返国之后，所谓"圣明若问东方事，宣布皇仁泽已覃"者，[1]报国之道，即止于此，岂不令人扼腕而叹哉！

---

[1] [明]倪谦《辽海编》卷2《至京望阙》，上册，第583页。

而从明朝使臣与朝鲜君臣间的赋诗宴饮与各种角力争胜中，我们似乎回到了两千年前的诸侯争霸时期，这种活化石般外交场景的倒置与交错，也让我们深深地体会到《左传》等书中记载的赋诗外交，并不像我们想象的那样诵诗温雅，彬彬有礼，其背后也必然是刀光剑影，血雨腥风，充满着同样前台诗礼温情背后弦箭紧绷的张力。

参考文献

[韩]林基中编. 燕行录全集[M]. 首尔：东国大学校出版部，2001.

[朝鲜]朝鲜王朝实录[M]. 首尔：国史编纂委员会，1968.

[朝鲜]朝鲜王朝实录：http://sillok.history.go.kr/main/main.jsp.

[韩]郑明基编. 韩国野谈资料集成[M]. 汉城：启明文化社，1992.

[朝鲜]沈鲁崇编.（静嘉堂本）大东稗林[M]. 国学资料院，1992.

[朝鲜]洪万宗编，刘畅、赵季校注. 诗话丛林校注[M]. 北京：人民文学出版社，2015.

[朝鲜]洪大容. 湛轩书[M]// 韩国民族文化推进会. 韩国文集丛刊. 首尔：民族文化推进会，1994.

[朝鲜]闵仁伯. 苔泉集[M]// 韩国民族文化推进会. 韩国文集丛刊. 首尔：民族文化推进会，1994.

[汉]班固. 汉书[M]. 北京：中华书局，1962.

[明]倪谦. 奉使朝鲜倡和集[M]//殷梦霞、于浩选编. 使朝鲜录. 北京：北京图书馆出版社，2003.

[明]倪谦. 辽海编[M]//殷梦霞、于浩选编. 使朝鲜录. 北京：北京图书馆出版社，2003.

[明]龚用卿. 使朝鲜录[M]//殷梦霞、于浩选编. 使朝鲜录. 北京：北京图书馆出版社，2003.

[清]永瑢等纂. 四库全书总目[M]. 北京：中华书局，1965.

作者简介

漆永祥，北京大学中文系、北京大学古文献研究中心教授，文学博士

研究方向：中国古文献学史、清代考据学、宋诗整理与研究、东亚学术与文化交流研究、朝鲜《燕行录》研究等

通信地址：北京市海淀区颐和园路5号北京大学中文系

电子邮箱：qiyx@pku.edu.cn

清代朝鲜朝贡使行中的下隶辈[1]

北京大学　王元周

摘　要：明清时期，朝鲜贡使频繁来往于中国，下隶辈占据使行人员中的大多数。下隶辈可分为奴子、马头、军牢、马夫、驱人、厨子等，主要由公私奴、驿卒等组成。上房、副房和三房之下隶可由使臣自行从黄海道和平安道驿卒中选定，但多由随行的子弟军官代为挑选。下隶辈为使行提供各种服务，为使行顺利往来提供保障。下隶辈也以参加使行为生财之道，有的甚至以此为生，出入中国数十次。但朝鲜官府支给下隶辈的赏银甚少，他们在使行过程中非常艰苦，不得不靠贩卖清心丸等赚钱，还常有偷窃、抢劫等行为，甚至时常仗势欺人，惹是生非。这些成为朝鲜使行长期以来难以解决的弊端，也是清代贡使来华的另一面相。

关键词：宗藩关系；燕行录；贡使；下隶；马头

在明清时期，朝鲜派往中国的朝贡使行规模庞大，通常在三百人左右，除使臣、军官和译官等外，还有数量众多的由马头、驿马马夫、刷马驱人、奴子等构成的下隶，在《燕行录》中常被统称为"下隶辈"。流传至今的《燕行录》虽然卷帙浩繁，内容丰富，但是由于《燕行录》撰写者多为使臣、子弟军官、伴倘等使行上层文人，而下隶辈身份低下，不通文墨，所以《燕行录》中虽常提及下隶，但是对他们的活动记载比较少，且多为只字片语，比较零碎，只有咸丰十年（1860）以进贺兼谢恩副使到中国的朴齐寅在其《燕槎录》的附录部分，对下隶的情况有比较详细的介绍，也是目前学界研究主要利用的资料。李贤珠（音译）曾根据朴齐寅《燕槎录》，对使行中的下隶辈做过比较全面的介绍，但是此文偏于文学，而非历史的考察。[2] 金玲竹则在参考朴齐寅《燕槎录》的同时，参考其他《燕行录》，为考察朝鲜使行中过去不为关注的另一面，论及马头，可惜未及下隶中的其他人员。[3] 本文亦拟以朴齐寅《燕槎录》为主要资料，同

---

[1] 本论文为2021年度大韩民国教育部与韩国学中央研究院（韩国学振兴事业团）海外韩国学中核大学育成事业（AKS-2021-OLU-2250005）资助研究的中期成果。

[2] 이현주,「연행사절 하례(下隸)에 대하여-박제인의 연행일기부록(燕行日記附錄)을 중심으로-」,『漢文學報』第30輯, 2014年, 357-396쪽.

[3] 김영죽,「연행, 그 이면의 풍경-18, 19세기 연행록에 나타난 방기(房妓)와 마두배(馬頭輩)의 실상을 중심으로-」,『한국문학연구』제52집, 2016年, 151-185쪽.

时广泛参考其他人的《燕行录》，在前人研究基础上，对清代朝鲜使行下隶辈的情况作比较全面的考察。

1. 使行下隶辈的构成

在清代，朝鲜使行仍频繁来往于中国，而且规模庞大，人数众多，除了使臣和译官、军官等官员外，还有奴子、马头、军牢、驿马马夫、刷马驱人、厨子等下层服务人员，统称为下隶。

使行中，不仅三使臣携带奴子，军官、译官也有携带奴子的情况。按规定，正副使可各带奴子二名，书状官和堂上译官、别启请译官、上通事、掌务官、写字官，以及军官堂上、御医、别遣御医各一名。[1]如康熙五十一年（1712）冬至兼谢恩使行，正使金昌集带有奴子无得、德世、亿孙三名，而按规定只能携带两名，所以亿孙只能借用湾上军官任国忠之刷马驱人的名义，副使尹趾仁和书状官卢世夏则按规定各带了一名奴子。金昌集属下军官金昌晔也带有奴子一名，尹趾仁属下军官崔德中和洪舜年两人也都带有奴子。[2]这些奴子也不一定真的属于军官，如金昌晔的奴子，实际上应该是以打角名义跟随其兄金昌集参加使行的金昌业的奴子贵同。根据李基敬《饮冰行程历》的说法，到18世纪中期，由于法禁松弛，使臣、译官和军官往往都设法多带伴倘和奴子，甚至有一人携带八九名之多的情况。所以，乾隆二十年（1755）左议政南鲁奏请重申禁令，由书状官、义州府尹与黄海、平安两道观察使一同严加搜检。[3]

为使臣服务的马头，按其职责又可分为马头、笼马头、轿马头、干粮马头、上判事马头、都卜马头、书者、左牵马、引路、日伞捧持、轿子扶嘱、干粮库直、下处库直等。此外，还有负责照管表咨文、岁币和方物等的表咨文马头、方物马头、岁币马头等。

驿马马夫和刷马驱人是人数最多的群体。使行使用的骑马、卜刷马、刷马、自骑马、私持马总数，按规定应在二百一二十匹内外，[4]而实际上多超过此数。如康熙五十一年（1712）冬至兼谢恩使行，仅刷马已达377匹。[5]虽然别使行规模较小，康熙六十年（1721）谢恩使行也使用了100匹刷马和44匹私持马。[6]这些马匹中，绝大多数皆配有马夫（牵夫）或驱人，只有配给偶语别差、湾上军官、军牢及正副使厨子的马匹为自骑马，不设牵夫。[7]每次使行，马夫和驱人常在三百一二十人。[8]不过，后来由于岁币、方物等在进入栅门以后雇车运输，所以一部分刷马和刷马驱人到栅门后即返回朝鲜。抵达盛京（沈阳）以后，一部分岁币、方物先交付盛京礼部，因此又有部分刷马及刷马驱人，由团练使率领，返回朝鲜。

---

1 徐荣辅、沈象奎等撰：《万机要览：财用编》，朝鲜总督府中枢院影印本，1938年，第202页。
2 金昌业：《老稼斋燕行日记》，林基中编：《燕行录全集》32，东国大学校出版部，2001年，第290—295页。
3 李基敬：《饮冰行程历》下，林基中编：《燕行录续集》116，尚书院，2008年，第348—349页。
4 徐荣辅、沈象奎等撰：《万机要览：财用编》，第202页。
5 金昌业：《老稼斋燕行日记》一，《燕行录全集》32，第300—301页。
6 李正臣：《燕行录》，《燕行录全集》34，第199页。
7 徐荣辅、沈象奎等撰：《万机要览：财用编》，第202页。
8 徐荣辅、沈象奎等撰：《万机要览：财用编》，第202页。

按惯例，上使和副使属下各设军牢一人。使行渡过鸭绿江之后，副房和三房皆不再出军令，三房皆用上房的军令。所以金昌业在《老稼斋燕行日记》中，将两名军牢皆记在正房属下。[1]

奴子，按规定正副使各二名，书状官一名，堂上译官、上通事、掌务官、写字官各一名，军官堂上各一名，御医、别启请、别遣各一名。[2]奴子有的来自家奴，也有些是由驿卒、商人等人假冒的。有时军官或译官等为了多带人，让人以奴子名义随行。李商凤《北辕录》中说："军官、员译皆以两西驿子假奴子及驱人名称，以马头带去，例也。"[3]

在朝鲜王朝前期，法禁甚严。使行出发之前，书状官按惯例做很多小牌子，写上每个人的姓名，签押后当面发给每人作为凭证。渡鸭绿江时，书状官会同义州府尹、搜检官坐在江边，一一点阅。一旦查出有出卖奴子名义者，按律论罪。[4]除了渡江时要点阅人马以外，进入栅门之前，也要清点人数，有牌者才能入栅。乾隆二十五年（1760）冬至使行进入栅门时，龙川驿卒重观在入栅名额之外，而企图混入，被发觉后受到杖责。[5]

入栅之后，在抵达北京之前，还要在连山关、山海关等处考验二三次。尽管如此，两西驿子混入使行的情况仍常有发生，"盖无牌之人乘晓先发，至昏投站，初不显形于使臣面前"，而且同行之人大多同属驿卒，点验时往往互相掩护，中途考验也是徒劳，所以到后来连中途考验也很少做了，潜冒之人也就越来越多。朴齐寅《燕槎录》说，在原额之外，私自混入使行的两西驿子，"每行合计四五十人"。[6]

2. 使行下隶的选定

使臣之随行下隶一般可由使臣自行选定，不过多由随行的子弟军官代劳。根据卜隶的职责，也各有挑选的习惯做法。

渡江之后，三使臣各统率一部分军官、译官等前行，分别称为上房、副房和三房。各房之干粮库直专门负责监督厨房，因关系到使臣的饮食安全，所以使臣一般从自己的家奴中挑选一人来担任。[7]如康熙五十一年（1712）冬至兼谢恩正使金昌集，即以奴子无得担任干粮库直。[8]根据金景善《燕辕直指》，道光十二年（1832）冬至兼谢恩使行，各房之干粮库直，亦分别由三使臣的奴子来担任。[9]

下隶中的有些人选则要从特定的人群中来选定。如上判事马头二人，按惯例要从义州府通

---

1 金昌业：《老稼斋燕行日记》，《燕行录全集》32，第293页。
2 徐荣辅、沈象奎等撰：《万机要览·财用编》，第202页。
3 李商凤：《北辕录》，《燕行录续集》116，第528页。
4 李基敬：《饮冰行程历》下，《燕行录续集》116，第348页。
5 李商凤：《北辕录》，《燕行录续集》116，第591页。
6 朴齐寅：《燕槎录》人《附录》，《燕行录全集》76，第333页。
7 朴齐寅：《燕槎录》人《附录》，《燕行录全集》76，第346页。
8 金昌业：《老稼斋燕行日记》，《燕行录全集》32，第290页。
9 金景善：《燕辕直指》卷一，《燕行录全集》70，第300页。

事中选拔，所以也称"湾上"。如道光十一年（1831）谢恩使行的上判事马头金顺喜和蔡允贵皆来自义州。[1]道光十二年（1832）冬至兼谢恩使行的五名上判事马头亦皆来自义州。[2]上判事马头为通事出身，会说中国语，而且经常出入中国，对沿途情况也非常熟悉。任百渊《镜浯游燕日录》说，道光十六年（1836）冬至使行的"车（允得）也以多年上判事马头，以燕为家"。[3]他们在街边遇到琉球使臣，上判事马头与琉球副使用汉语对话，能酬答如流。[4]

都卜马主和下处库直各一人，也由义州府选送。军牢二人，按惯例应由平壤和安州各选派一人，[5]但根据金昌业《老稼斋燕行日记》，康熙五十一年（1712）冬至兼谢恩使行的两名军牢二万和金尚建，即分别来自平壤和义州。[6]道光十一年（1831）谢恩使行的军牢车益祚和金丽重也分别来自平壤和义州。[7]而南履翼《椒蔗续编》又说，"使行时，义州、宣川两府定送军牢各一人，前导于上使轿前，吹喇叭护行。"[8]

书者、马头、左牵马、日伞捧持等，按惯例要从两西驿卒中选拔。往往在接到出使的命令之后，即着手物色下隶，不过多由准备随行的子弟军官具体负责。如金昌业《老稼斋燕行日记》记载，金昌集被任命为冬至兼谢恩正使后，金昌业即代为于"西路驿奴，择其可合赴京者，前期行关，使之治行以待"。顺安驿卒善兴，年少能干，金昌业对他早有耳闻，所以行前即托人与其联系。[9]还有嘉山驿卒元建，前后到过北京20余次，多次担任书者，但是为人疏脱，人缘不好，所以已有多年没有使臣愿意找他，但金昌业因他能说汉语，愿意带他同行。本来驿卒一旦担任过行书，按例不能再以奴子名义随行，而元建这次愿不计较名义。[10]然而，"赴京人马，皆有名目，无名目者不许渡江"，所以如何安排善兴和元建仍是一个问题。金昌业出发前在汉城同译官们商量此事，译官们建议等到了义州再设法安排，因为并不是每个可以带奴子的军官、译官、医官都会带奴子，刷马驱人往往也有空额。最终，善兴得以御医金德三奴子名义，元建以湾上军官车俊杰的刷马驱人名义随行。[11]虽然借用了金德三奴子的名义，并没有同金德三打招呼，金德三知道后，颇为不平，找到金昌业说："吾奴固等弃，而见夺于行中生色之资，则亦非所甘。"金昌业由此以为，"译辈奴名，谓多弃之者，非实状也。行中事，大抵类此，可叹！"[12]

书者、马头、干粮马头和笼马头，尤其是书者和干粮马头，更是两西驿卒纷纷争抢的好差

---

1 韩弼教：《随槎录》卷一，《燕行录续集》130，第302页。
2 金景善：《燕辕直指》卷一，《燕行录全集》70，第303页。
3 任百渊：《镜浯游燕日录》，《燕行录续集》134，第108页。
4 任百渊：《镜浯游燕日录》，《燕行录续集》134，第161页。
5 徐荣辅、沈象奎等撰：《万机要览：财用编》，第202页。
6 金昌业：《老稼斋燕行日记》，《燕行录全集》32，第293页。
7 韩弼教：《随槎录》卷一，《燕行录续集》130，第301页。
8 南履翼：《椒蔗续编》三，《燕行录续集》128，第230页。
9 金昌业：《老稼斋燕行日记》，《燕行录全集》32，第349页。
10 金昌业：《老稼斋燕行日记》，《燕行录全集》32，第356页。
11 金昌业：《老稼斋燕行日记》，《燕行录全集》32，第299页。
12 金昌业：《老稼斋燕行日记》，《燕行录全集》32，第365—366页。

事。各房在挑选下隶时，自然也更重视这些职位的人选。乾隆二十五年（1760），李辉中被选为冬至使书状官，拟让其子李商凤以子弟军官名义随行，三房下隶也就主要由李商凤来挑选。但是李商凤对两西驿卒的情况不甚熟悉，故先邀请前金正吴德谦任三房干粮官，然后委托吴德谦从两西驿卒中挑选品行好，不会仗势欺人的驿卒作为三房下隶。吴德谦随即推荐住在瑞兴的金郊驿卒世八为书者。世八以擅长赶使臣乘坐的大车而闻名，已经做过四十多次三房书者，非常有经验。[1]

在两西驿卒中，像世八这样的人各时期皆大有人在。如朴趾源《热河日记》中提到的得龙，"自十四岁出入燕中，今三十余次，最善华语"。[2]朴齐寅《燕槎录》也说："西路下人之来往燕中者，或多至三、四十次，官话如流，能通北地物情，以至山川道里、闾巷风谣，无不备悉。"[3]朴思浩《燕蓟纪程》中提到的宣川马头崔云泰就是这样的人。崔云泰到过北京47次，他不仅能说流利的中国话，对沿途情况也非常熟悉，即使是老译官也自愧不如，前后使臣如有疑问，都向他询问，每次都能对答如流。前后使臣念其有功，奏请给他升资，因此被任命为边将。[4]

两西驿卒以赴燕为利窟，所以两西驿卒，即使没有使臣提前跟他们联系，他们也到使臣沿路经过的各站等候，寻找被选上的机会。金昌业《老稼斋燕行日记》记载，"自瑞兴以后，连有现身者乞嘱译辈，亦有临时抽换之事，故不入行关者，亦多随来，黜陟无准，争夺纷纭。"[5]一个多世纪以后，李商凤也在其《北辕录》中不无夸张地说："驿奴之赴京者，举皆碎头而至。"[6]李商凤在物色三房下隶时，家里的一名门客向他推荐了金郊驿卒禾里同，于是决定让禾里同担任左牵马。[7]等到了黄州，吴德谦又为三房挑选了两名下隶人选，一名是黄州奴终之，另一名是平壤奴惠文。本来上房干粮官李运成已经选定了终之，李商凤不愿意与李运成争抢，就只留下惠文一人。[8]三房不设干粮马头，由笼马头兼管干粮，所以三房只有书者、马头和笼马头三个好职位。既然李商凤已决定由世八担任书者，那么就还剩下马头和笼马头两个好职位。而李商凤觉得惠文担任马头或笼马头都不是很合适，于是吴德谦又推荐了青丹驿卒五庄来担任马头。[9]当使行走到顺安县时，一名军卒冒充驿卒，欲赶走五庄，由他来顶替，李商凤不同意，将这名军卒杖责了一顿，仍以五庄为马头。[10]

至于笼马头，李商凤则挑选了顺安县监尹东奭推荐的顺安奴德亨。德亨的眼神不太好，李商凤本来不想选他，但尹东奭再三嘱托，只得勉强答应。此事算是送给尹东奭一个很大的人

---

1 李商凤：《北辕录》卷一，《燕行录续集》116，第528页。
2 朴趾源：《热河日记》一《渡江录》，《燕行录续集》122，第28页。
3 朴齐寅：《燕槎录》人《附录》，《燕行录全集》76，第332页。
4 朴思浩：《燕蓟纪程》，《燕行录全集》85，第239—240页。
5 金昌业：《老稼斋燕行日记》，《燕行录全集》32，第349页。
6 李商凤：《北辕录》卷一，《燕行录续集》116，第528页。
7 李商凤：《北辕录》卷一，《燕行录续集》116，第518页。
8 李商凤：《北辕录》卷一，《燕行录续集》116，第528页。
9 李商凤：《北辕录》卷一，《燕行录续集》116，第528页。
10 李商凤：《北辕录》卷一，《燕行录续集》116，第529页。

情,所以县丞尹光霁也为此事特地来向李商凤表示感谢。[1]青丹驿马头顺伊为人伶俐,书状官李辉中亲自挑选他担任日伞捧持。[2]

骑马一般在使行抵达义州后,由上房、副房和三房的军官负责点阅挑选。马夫则跟着马匹走。如乾隆二十五年(1760)的朝鲜冬至使行抵达义州后,十一月二十一日上房和副房之兵房军官,以及三房之干粮官吴德谦分别代表各房挑选驿马,吴德谦自己挑选了光州驿卒卜才的马匹,而将金井驿卒右音金和他的马匹分给了李商凤。李商凤嫌右音金的马匹不好,与吴德谦作了交换,所以卜才成了李商凤的马夫,右音金也就成了吴德谦的马夫。[3]

3. 使行下隶的职责

赴京下隶的主要职责是在使行途中和留馆期间为使行提供各种服务。编入各房者,也称"房下人"。房下人的职衔和执掌,则皆仿照驿站下人而设,故朴齐寅说:"赴燕下人谓之房下人。房下人名色,皆仿驿站下人之名目而称之。"[4]

书者负责统领各房所属马夫和驱人及其马匹。每站出发前,书者要根据军令,将人马组织好,立于在使臣乘坐的双轿之后,等候使臣上轿启程。如果有驱人迟到,书者要负责督催。进入山海关以后,三房书者要先行一步,赶到北京,抢在使行到来之前打扫玉河馆,修理火炕,迎接使行的到来。[5]

书者离开使行之后,其职责由左牵马代替。左牵马也简称"左牵"。在使臣渡江前,他立于使臣乘坐的双轿的左边,牵一长辔,故名左牵马。渡江之后,长辔取消,左牵马仍立于双轿左边,与马头一起保护双轿。到站之后,左牵马负责到附近村庄收购草料,用来喂马。[6]马头则类似于朝鲜各邑的及唱,途中立于双轿的右边,指挥轿子扶嘱。沿途经过各站,以及城镇、村庄等,马头辄上前向使臣报告地名。到站住宿时,马头还要为使臣提供各种服务,如在三使臣之间传递信息,发布号令等。因马头所管事务繁多,所以有时还配有一名使唤,专门负责一日三餐从厨房领来食物,分送给大家。[7]

使臣乘坐的双轿则由轿马头负责看管。渡江之前,轿马头要负责检查双轿是否完好,如有损坏就让义州府加以修理,并从义州府领取一些铁钉等物,以便路上临时修理之用。途中,使臣到站之后,又将双轿交给轿马头看管。如有损毁,轿马头要负责修理。轿中物品,轿马头也有看管之责,如有丢失,要负责赔偿。使臣行走过程中,双轿由两匹驿马驮着,并配有四名轿夫,即轿子扶嘱。轿子扶嘱立于双轿四角,手掌轿杠,防止轿子倾倒。由于朝鲜双轿的稳定性

---

1 李商凤:《北辕录》卷一,《燕行录续集》116,第528—529页。
2 李商凤:《北辕录》卷一,《燕行录续集》116,第549页。
3 李商凤:《北辕录》卷一,《燕行录续集》116,第567页。
4 朴齐寅:《燕槎录》人《附录》,《燕行录全集》76,第340页。
5 朴齐寅:《燕槎录》人《附录》,《燕行录全集》76,第341页。
6 朴齐寅:《燕槎录》人《附录》,《燕行录全集》76,第341页。
7 朴齐寅:《燕槎录》人《附录》,《燕行录全集》76,第340页。

较差，轿子扶嘱比较吃力，故需要选择身体强壮的男子来担任。[1]

笼马头专门负责照管使臣的衣笼和寝具。行走时，衣笼和寝具由笼马驮着，到站后交给使臣使用。早上使臣起床后，再将寝具收拾好，驮到下一站再打开，交给使臣使用。笼马头有时也配有使唤一人，专门负责为使臣煎药、煮茶等事。[2]

干粮马头负责掌管使臣往来所需盘缠，主要是伙食费，而住宿费则由下处库直负责管理。[3]按规定，上房盘缠为920两，副房为870两，三房不单独设厨房，也没有盘缠。[4]按照惯例，上副房军官的伙食亦由上副房厨房供给，三房军官及译官们的伙食则分配到上副房厨房。干粮马头领到银两后，即负责购置上副房厨房所需的粮食和其他各种食材。使臣在中国境内也只吃从朝鲜带来的米粮，其他人食用的米粮则根据需要沿途采购。所以，在使行往来途中，干粮马头需要先赶到站头，用银换钱，再用钱购买上副房厨房所需之粮食和蔬菜等。刷马驱人的盘缠则由各房都卜马主负责管理，渡江前从义州府领出，沿途到站后分发给大家。都卜马主还负责另设厨房，为上副房厨房不提供伙食的其他人提供伙食。

干粮马头只负责购买粮食和蔬菜等，而厨房则由干粮库直负责监管。厨房用的下人比较多，分工也很细。他们分为两拨，一拨在每天使臣出发前就载着器具和食材先行一步，赶到下一站准备好饭食。另一拨用马驮着餐具，与使行同行。在使行到站之前，上一拨又赶往下一站，而下一拨为大家分发食物，收拾餐具。由于厨房组织严密，分工明确，所以虽然多人同时用餐，仍能井然有序。[5]

日伞捧持的职责比较简单。每天早上使臣启程时，日伞捧持就张开日伞，走在使臣乘坐的双轿前面，作为仪仗。过了站即收起来，背在身后。快到下一站时，再次张开日伞。引路则手持一支短筇，走在队伍的最前面，负责察看道路情形。遇有险要之处，即回头大声提醒大家注意，有时还需要跑回来向使臣详细报告情况，所以常在队伍中跑前跑后，往来奔波，非常忙碌，也比较辛苦。[6]

行进途中如需渡河，也由引路负责查探河水深浅，寻找合适的渡河地点。这时卜判事马头也要走在前头，雇好船只，护送使臣过河。上判事马头在下隶辈中地位最高。由于他们会汉语，途中如有事需要与中国人沟通，往往由上判事马头出面。报门、报关的时候，上判事马头也陪同译官前往。如果与中国官吏发生争执，则由上判事马头上前调解。途中，无论是使臣还是其他人员，如果想离队去别处游览，也必须征得上判事马头的同意，并听从其指挥。[7]

过了山海关，三房书者到北京打前站时，也派上判事马头同行。回国途中，也要先派人回国打前站，这时也同样有上判事马头同行。留馆期间，使臣要离馆外出，上判事马头则提前雇

1　朴齐寅：《燕槎录》入《附录》，《燕行录全集》76，第343页。
2　朴齐寅：《燕槎录》入《附录》，《燕行录全集》76，第342页。
3　朴齐寅：《燕槎录》入《附录》，《燕行录全集》76，第348—349页。
4　朴齐寅：《燕槎录》入《附录》，《燕行录全集》76，第343—344页。
5　朴齐寅：《燕槎录》入《附录》，《燕行录全集》76，第345—346页。
6　朴齐寅：《燕槎录》入《附录》，《燕行录全集》76，第342页。
7　朴齐寅：《燕槎录》入《附录》，《燕行录全集》76，第347页。

好车子。使臣外出游览,往往需要送些丸药、扇子等礼物给看门人,以求允许他们进入,这种事情也由上判事马头去做。如果使臣想打听什么事情,或者与礼部有事交涉,也多派上判事马头去打听或交涉。上判事马头还会购买缙绅录和每天的朝报等送给三使臣,以便使臣们搜集中国情报。[1]所以,上判事马头也是使臣的耳目,往往能够起到译官都不能起到的作用。正因为上判事马头在下隶辈中地位最高,职责最重要,所以申纬在《伤金尚德》一文中称:"上判事马头,为燕行仆从中第一选。"[2]

军牢则是整个使行中最苦的人。每天早上,军牢拿着喇叭,到各房窗下吹,催促大家起床,是为初吹。出发前,各房如有军令,则让军牢去传达,常常各房左支右唤,令军牢应接不暇。三吹之后,军牢即先行一步,走在前面,沿途经过村镇及递马处,军牢即吹喇叭作为号令,也总能引来许多中国人围观,增加使行的威仪。晚上到站之后,又要负责传达第二天的军令。[3]行中若有治罪等事,使臣也让军牢来执行。[4]

表咨文马头、岁币米马头、岁币木马头和方物马头分别负责照管表咨文、岁币和方物。在岁币和方物交付后,他们也转而承担别的任务。如李商凤《北辕录》提到,乾隆二十五年(1760)冬至使行进入栅门,岁币和方物交付后,岁币米马头改任副房日伞捧持,岁币木马头改任副房引路,方物马头二名中一名改任三房日伞捧持,一名也改任副房引路。[5]

除各自担负的职责之外,无论是行进途中还是留馆期间,使臣外出时有大批下隶跟随,可以起到保护使臣的作用。道光二十八年(1848)冬至使一行抵达辽阳新城后,三使臣游览关帝庙,当时庙里人多拥挤,各房下隶即在使臣前后驱赶中国人,甚至棍棒相加。[6]有时,前呼后拥的下隶也足以增加朝鲜使臣的威仪。如道光二十八年(1848)十二月二十六日,冬至使之三使臣到鸿胪寺演礼时,三使臣皆坐在椅子上,还有许多译官、军官和下隶陪侍左右,甚有威仪,而琉球使臣则坐在屋檐下的台阶上,陪从也只有一人,显得相形见绌。[7]

4. 使行下隶的待遇

两西驿卒之所以视赴燕为利窟,是因为他们可以得到相应的赏银。使行途中,上判事马头与中国人接洽时,需要赠送纸扇等礼物。所需礼物,最初由上副房各支给一半,后来皆以银子计给。此外,途中和留馆期间使臣所需各种物资,也由上判事马头置备,其他各种事务,如留馆期间请人来表演幻术,也由上判事马头负责找人和支付费用。[8]所以,上判事马头需要很多

---

1 朴齐寅:《燕槎录》入《附录》,《燕行录全集》76,第347—348页。
2 申纬:《江都录》一《伤金尚德》,《敬修堂全稿》册十五。
3 徐庆淳:《梦经堂日史》编一,《燕行录全集》94,第177页。
4 南履翼:《椒蔗续编》三,《燕行录续集》128,第230页。
5 李商凤:《北辕录》,《燕行录续集》116,第421—422页。
6 李遇骏:《梦游燕行录》上,《燕行录全集》76,第424页。
7 李遇骏:《梦游燕行录》上,《燕行录全集》76,第486页。
8 李遇骏:《梦游燕行录》下,《燕行录全集》77,第22页。

经费，这些经费主要由义州府支给，也于行中向各处收取一部分。[1]经费如有剩余，辄归上判事马头所有。[2]

使臣在选定随行的书者、马头、笼马头、左牵马等马头后，依例也要发给草料。按照规定，官府为每个赴京下隶提供给一定数量的盘缠，称为料银。料银要等到使行抵达北京后，由放料所和干粮厅划给。另外，赴京下隶所属的郡县，也依例拨给几石米作为资装费。刷马驱人，则由义州府拨给买马钱20缗，路费纸60束。[3]

朝鲜官府支给的赏银非常有限，按照柳得恭的估计，多不过十两。[4]不过，他们也还有一些额外收入。进入到中国境内后，中国官府为朝鲜使行提供的粮馔和柴草等，也包括下隶辈的份额，不过很难全额得到。下隶的口粮和草料由湾上军官负责分配。中国官府支给时，是用中国升斗计算，而湾上军官则用朝鲜升发放，朝鲜升要比中国升小一半，所以下隶辈应得的口粮和草料会被克扣掉不少。康熙五十一年（1712）冬至兼谢恩使到北京后，金昌业觉得这样做很不合理，下令将口粮和草料全部分给下隶，所以下隶辈都很高兴。[5]

马头们也有一些额外收入。使臣走到山海关后，各房书者赶到北京打前站时，除了按惯例从干粮厅支取修理使臣炕的费用，还向裨将、译官们收取一定的修理火炕费用。实际上各房书者对修理火炕等事敷衍了事。金昌业《老稼斋燕行日记》说，他们到了玉河馆后，发现正使所住的房间也没有贴窗户纸，火炕也有几个洞。[6]如此敷衍，自然可以剩一些钱，这也是书者被视为好差事的主要缘由。

不仅书者，其他马头也各有其生财之道。如左牵马在购买草料过程中，也会得到一些好处。使行途中和留馆期间，中国官府支给的马料钱，也归左牵马掌握。[7]干粮马头的额外收入则主要依赖于使臣伙食费节约之多少。按照惯例，使臣回到九连城站，如果盘缠尚有剩余，则剩余部分归干粮马头所有。但是，如果使臣在路途上耽搁了时日，或者留馆日数增加，则会用尽盘缠，干粮马头就毫无所得。[8]如果使行盘缠不足，有时则需要动用不虞备银。每次使行，按惯例从平安监营预支白银500两，从义州府预支300两备用，称为"不虞备"，由掌务官负责掌管。一开始管理甚严，不能轻易动用，后来厨房、放料军官和都卜马主等常借口经费不足而要求借用不虞备银，这也渐渐成为他们生财的手段。[9]

马头和军牢是使行中最辛苦的差事，伙食也比其他下隶要稍好一些，所以也算是肥差。使臣吃剩下的饭菜，马头会接着吃，而将他们应得的早饭和晚饭省下来，折算成钱，从都卜所领

1　金景善：《燕辕直指》卷一，《燕行录全集》70，第330页。
2　朴齐寅：《燕槎录》人《附录》，《燕行录全集》76，第348页。
3　南泰齐：《椒蔗录》，《燕行录续集》116，第111页。
4　柳得恭：《热河纪行诗注》卷二，《燕行录续集》120，第451页。
5　金昌业：《老稼斋燕行日记》，《燕行录全集》32，第566—567页。
6　金昌业：《老稼斋燕行日记》，《燕行录全集》32，第557—360页。
7　朴齐寅：《燕槎录》人《附录》，《燕行录全集》76，第341—342页。
8　朴齐寅：《燕槎录》人《附录》，《燕行录全集》76，第344页。
9　李遇骏：《梦游燕行录》下，《燕行录全集》77，第89—90页。

出，所以马头所得的伙食费要比其他下隶多一些。[1] 军牢在伙食上也受到照顾。使行进入中国境内以后，中国官府会提供一些食物给朝鲜使臣，这些都归军牢所有。留馆期间，主客司为朝鲜使臣提供的粮馔，无论是米面鱼肉等实物，还是折算成银子，也都归军牢所有。朴思浩《燕蓟纪程》说，"安州、义州两军牢之争橐，专以此也。"[2]

对于朝鲜使行的这种安排，有人说最初大概是由于使臣以此表示"义不食周粟"，后来成为惯例。[3] 一旦成为惯例之后，使臣即使哪怕再想尝尝中国食物是什么滋味，亦不可得。金景善提到，他作为书状官，"欲为药用，取羊而脯之，则以钱偿之，一羊辄支唐钱七百"，让他感到"事甚无谓"。[4]

既然中国官府为使臣所提供的食物成为军牢的额外收入来源，所以使行在中国境内逗留愈久，对他们愈有利。在这点上，军牢与干粮马头的立场正好相反，因为使行在中国境内逗留越久，盘缠剩余就越少。朴齐寅《燕槎录》记载了一个故事，非常有意思。咸丰十年（1860）的进贺兼谢恩使是五月二十三日入京的，在北京逗留了一个多月，大家都心急如焚。干粮马头祈求早日启程回国，而军牢则祈求晚点回国，最好等到九十月间再回国。结果干粮马头知道此事后，就去找军牢理论，双方竟打了起来。[5] 不过，金景善《燕辕直指》指出，军牢的好处不仅会被清朝护行通官占去一部分，[6] 使行中的裨将和伴倘也要分润一部分。按照惯例，各房裨将、伴倘之所戴战笠以及具云月、顶子、耳钱、孔雀羽等，由军牢负责提供，回国后再还给军牢。[7]

此外，下隶辈还利用到中国的机会，做一些小买卖来赚钱。他们多在义州购买一些扇子、丸药、纸张等，带到中国境内出售。丸药中最常见的是清心丸。不过下隶辈所携带的清心丸大多为假药。假清心丸在义州不过一文半一丸，而渡江后卖给中国人开设的药铺或老百姓，则要价二吊至三吊钱一丸，回国时能买一匹马带回去，可谓一本万利。[8] 不过由于急于出手，往往离北京愈近，价钱愈低。快到北京时，已降为二吊，等到了北京，就只值一吊多了。如果到回程时仍未售出，价钱会进一步降低到一吊以下。等回到栅门，一丸清心丸也就只能换一角玉米。尽管如此，对下隶辈来说，仍不至于亏本。[9] 为了能尽快将假清心丸高价卖出，他们还结伙走村串乡，让一人假装昏死过去，然后用假清心丸救活，以此来迷惑中国人高价抢购。[10] 除贩卖清心丸等外，下隶辈有时还违禁携带人参、貂皮等到中国出售。李遇骏《梦游燕行录》提

---

1 朴齐寅：《燕槎录》人《附录》，《燕行录全集》76，第340页。
2 朴思浩：《燕蓟纪程》，《燕蓟纪程》，《燕行录全集》85，第295页。
3 李遇骏：《梦游燕行录》上，《燕行录全集》76，第480—481页。
4 金景善：《燕辕直指》卷三，《燕行录全集》71，第221页。
5 朴齐寅：《燕槎录》人《附录》，《燕行录全集》76，第351—352页。
6 金景善：《燕辕直指》卷一，《燕行录全集》72，第309页。
7 南履翼：《椒蔗续编》三，《燕行录续集》128，第230页。
8 朴齐寅：《燕槎录》人《附录》，《燕行录全集》76，第333页。
9 朴齐寅：《燕槎录》人《附录》，《燕行录全集》76，第336—337页。
10 朴齐寅：《燕槎录》人《附录》，《燕行录全集》76，第334—335页。

到，刷马驱人朴元吉每年都随使行到中国，以贩卖人参获利。[1]

尽管下隶辈能从使行中获利，但是也十分辛苦，非常人所能忍受。柳得恭《热河纪行诗注》说："夏去跋涉泥涂数千里，冬行眠处䕺地三两月，此岂人所堪哉！"[2] 如康熙五十一年（1712）十二月二十七日，冬至兼谢恩使一行抵达北京玉河馆后，不仅驿卒和刷马驱人们没有房间，连湾上军官、药房书员、承文院书员和商贾们也没有房间可住，"一行人马，露处经夜，仅免冻死，诸裨亦坐而经夜，其艰苦甚于栅外露宿"。[3] 后来才纷纷买来材料，搭建席棚和火炕。但是，直到正月初五日，驿卒及刷马驱人中仍有二队尚露处，让金昌业也"见之可矜"。[4]

5. 使行下隶所生之弊端

下隶辈主要由驿卒构成，而驿卒在朝鲜属于贱役，所以也被称为驿奴。驿卒地位低下，生活穷困，官府发给他们的资装费本来就非常有限，而且在出发前大半已被用来偿还公私债务，根本没有钱用来治备行装。所以下隶辈往往衣衫褴褛，蓬头垢面，看起来像一群乞丐，有损于使臣威仪和朝鲜国格。柳得恭曾形容刷马驱人们"既无毡笠，又不裹巾，头发鬅鬙，败絮离披，贸贸然驱马而去"，显得非常丑陋。[5] 南泰齐也说："虽以今行观之，头无笠，足无屝，面黧黑如鬼者，累累成队而来，彼人莫不指点而骇笑，固已减使行之光华，启彼人之轻侮。"[6]

由于下隶辈多"空手渡江，白地糊口"，在中国境内往往为了生存，常有偷窃等行为。金景善在《燕辕直指》中提到，当时北京民间流传这样一句话："东使留馆之时，本国人皆应夜不掩户，放心稳眠。"[7] 金景善也明白这是反话，当时北京居民普遍将朝鲜使行下隶辈视为盗贼，有所防范。留馆期间，朝鲜使行人员常去位于玉河馆后街干鱼胡同的俄罗斯馆参观，但也因下隶辈每有偷窃行为，看门的必阻挡不许入。[8]

下隶辈不仅偷窃中国人的财物，甚至还偷窃使行携带的岁币、方物等。乾隆十七年（1752）冬至兼谢恩副使南泰齐即听说，年前使行途中即有下隶偷盗岁币的事情发生。[9] 在此之前，康熙五十一年（1712）冬至兼谢恩使抵达盛京后，发现岁币中少了24匹棉布，金昌业也怀疑是被刷马驱人偷走了。[10] 正因为这种失窃事件常有发生，所以乾隆二十五年（1760）冬至使渡江前，李商凤向三房刷马驱人、管饷库隶、上房运饷库隶和副房海西库隶等人重申要杜绝偷窃

---

1 李遇骏：《梦游燕行录》下，《燕行录全集》77，第70页。
2 柳得恭：《热河纪行诗注》卷二，《燕行录续集》120，第451页。
3 金昌业：《老稼斋燕行日记》，《燕行录全集》32，第559页。
4 金昌业：《老稼斋燕行日记》，《燕行录全集》33，第38页。
5 柳得恭：《热河纪行诗注》卷二，《燕行录续集》120，第452页。
6 南泰齐：《椒蔗录》，《燕行录续集》116，第112页。
7 金景善：《燕辕直指》卷五，《燕行录全集》72，第105—106页。
8 金景善：《燕辕直指》卷三，《燕行录全集》71，第292页。
9 南泰齐：《椒蔗录》，《燕行录续集》116，第112页。
10 金昌业：《老稼斋燕行日记》，《燕行录全集》32，第406页。

之弊，如有作奸犯科者，枭首示众。[1]

在使行途中，下隶辈看见街边有中国人卖糕点等食物，即结伙上前抢食。南泰齐《椒蔗录》说，下隶辈每当"路过饼饴之[2]铺，众手争攫，恬不为怪。彼人皆目之为'猖多五'，盖华音盗贼之称也。虽笞挞日加，少不知戢"，南泰齐因此感慨："甚矣，饥寒之切于身，而陷溺至于此也。"[3]朴齐寅《燕槎录》对此类事件有更为详细的描述，说是往往先有一人去偷拿食物，等店主追了出来，店里无人时，其他人则进店哄抢，然后分头逃走，店主无可奈何，只能唉声叹气，痛骂不止。[4]中国人慢慢熟悉了下隶辈的伎俩，再遇这种情况，就假装没看见，不再去追赶，免得丢得更多。这种事情让朴齐寅感到很丢脸，也因此觉得下隶辈行为可恨，可是朝鲜使臣对他们也难以管束。李遇骏说："盖彼人不欲与我人相较，毫末不犯，故湾人无赖之流，时时作梗，赚取物货，径先逃去，彼人见欺者来诉三房，惹扰种种，而操束无路，诚一痼弊。"[5]

留馆期间，下隶辈也多从中国商人那里赊购物资，如果在离开北京之前不能结清欠账，也会引起债务纠纷。金景善《燕辕直指》中提到，道光十三年（1833）春，朝鲜冬至兼谢恩使启程回国之前，常有中国商人请求他帮助催还欠债，让身为书状官的金景善穷于应付，"或善辞而开谕，或笞打而戢励，左酬右应，不觉身困而神疲"，以致他感叹："闻此弊自昔伊然。彼人之与我人相关者，若有争斗之事，则突然入来，辄呼三大人而告诉之，其为三大人者，不亦苦哉。下辈之贻弊惹闹，诚为寒心。"[6]

其实，金景善作为书状官，对于此类事件有时也不愿插手。当有中国商人请求他帮助索要上房厨子等人的欠债时，金景善即不愿出面处理，而让这名商人直接去上房申诉。[7]结果此事迟迟未能解决，回国时，上房干粮马头为躲避债务而偷偷离京，中国商人追到枣林，正使徐耕辅因此惩治了干粮马头。但债务最终如何解决，不得而知，不过直到这时，书状官金景善仍未插手。[8]

朝鲜使行在中国境内往来途中常不住在察院，而选择民间开设的客店，或直接住在民家，也就常为房钱多少与店主、房主发生争执。康熙五十一年（1712）以谢恩副使到中国的闵镇远，在其《燕行日记》中即抱怨："自凤凰城以后，每朝主胡与下辈较争房钱多少，甚可苦也。"[9]李宜显《庚子燕行杂识》也说，"察院率多颓废，故自前每多借宿私家。而无论昼夕站，一处其家，必有其价，名曰房钱，以纸扇等各种给之，而刁蹬需索，或至斗哄，亦可苦也。"[10]

---

1 李商凤：《北辕录》，《燕行录续集》116，第570页。
2 原文此处多一"之"字。
3 南泰齐：《椒蔗录》，《燕行录续集》116，第112页。
4 朴齐寅：《燕槎录》入《附录》，《燕行录全集》76，第337—338页。
5 李遇骏：《梦游燕行录》下，《燕行录全集》77，第101—102页。
6 金景善：《燕辕直指》卷五，《燕行录全集》72，第106—107页。
7 金景善：《燕辕直指》卷五，《燕行录全集》72，第105—106页。
8 金景善：《燕辕直指》卷五，《燕行录全集》72，第121页。
9 闵镇远：《燕行日记》，《燕行录全集》34，第332页。
10 李宜显：《庚子燕行杂识》下，《燕行录全集》35，第437页

宋相琦曾在康熙三十六年（1697）以奏请使书状官到过中国，所以康熙五十一年（1712）金昌集要以冬至兼谢恩正使到中国时，宋相琦在送行诗中也提到："到处房钱苦需索，主胡行卒竟啾喧。"[1]

对于这种房钱纠纷，朝鲜使行人员常抱怨中国人"嗜利重货，绝无纯悫之风"，[2]而中国人则常不满下隶辈企图白吃白住。道光十三年（1833）春，冬至兼谢恩使于回程途中，二月二十八日在暴交堡住了一宿，第二天早上本来打算早点出发，趁化冻前赶路，而因上房不给房钱，店主锁上门，不让他们出去。正使徐耕辅将上房干粮马头捉来打了一顿棍子之后，将房钱付给了房主。[3]下隶辈这样做，有时也是与放料官、译官等串通一气，以此要挟使臣同意动用不虞备银。如道光二十八年（1848）冬至使在留馆期间，放料军官姜正璜即串通译官要求动用不虞备银，被书状官断然拒绝了。回程途中，当二月初六日早上从枣林庄出发时，他们就故意不付房钱，导致店主锁门不许出，"行中骚扰，光景羞耻，不得已破戒，贷下三百两，然后始得出"。李遇骏因此感慨："谬例既成，流弊难革，守经执法，亦无所施，诚可一叹。"[4]

其实，即使不为房钱纠纷，下隶辈也常寻衅与店主争斗。柳得恭在沙河堡就亲眼见到一个刷马驱人酗酒滋事。当时这名驱人已烂醉如泥，口称丢失了几贯钱，即诉骂店人，甚至持刀相向。护行章京不得已将其捆起来，放在车上，但是也不知如何处置是好。柳得恭让首译去调停，于是护行章京就将此驱人交给了首译。首译让马头们守了他一夜，等他酒醒之后再交给使臣处理。[5]

朴齐寅《燕槎录》还说，下隶辈经常借故与各站店保争斗，常常一拥而上，形成群殴群斗。[6]道光二年（1822）朝鲜辩诬谢恩使从榆关到抚宁途中，下隶辈与一群中国人发生冲突，有一名中国人被打伤，来向正使南履翼申诉。南履翼问明情况，认为下隶辈理屈，于是对厨房下隶加以杖责。[7]

下隶辈之所以在中国境内敢于欺负中国人，是因为中国官吏遇事往往不问双方是非曲直，只惩罚中国人。所以下隶辈在闹事之后，只要威胁要将店人送交迎送官惩治，店人就只得屈服。[8]朝鲜使行人员在中国境内犯事，也只能由使臣负责审理和惩治。通常的惩罚手段就是像南履翼那样将犯事者拉来打棍子。不过，这对下隶辈似乎起不到多少警戒的作用。柳得恭抱怨说："此属一渡鸭绿，则不怕彼人，不怕我人，偷窃、酗骂、殴斗等事即其所长也。拿入欲棍之，则曰生不如死，愿死矣，可谓无可奈何。"[9]而且中国人也多胆小怕事，看到受罚的下隶挨打，"皆恐怯战栗，叩头谢罪"，立马为其求情。下隶辈掌握中国人的这种心理之后，更"假作

1　宋相琦：《送梦窝金判枢赴燕》，《玉吾斋集》卷三，诗。
2　韩泰东：《两世燕行录》，《燕行录全集》29，第252页。
3　金景善：《燕辕直指》卷五，《燕行录全集》72，第188页。
4　李遇骏：《梦游燕行录》下，《燕行录全集》77，第90页。
5　柳得恭：《热河纪行诗注》卷二，《燕行录续集》120，第454页。
6　朴齐寅：《燕槎录》人《附录》，《燕行录全集》76，第339页。
7　南履翼：《椒蔗续编》三，《燕行录续集》128，第206页。
8　朴齐寅：《燕槎录》人《附录》，《燕行录全集》76，第339页。
9　柳得恭：《热河纪行诗注》卷二，《燕行录续集》120，第452页。

苦楚，奄奄垂死之状"，反而让朴齐寅觉得可笑。[1]

正因为下隶辈常在中国境内惹是生非，所以参与使行的官员和文人多对下隶辈印象不佳。柳得恭说，"此辈如西域吏士，皆非孝子顺孙。"[2]在他看来，下隶辈之所以愿意参加使行，是因为他们"皆清青北贱卒，游食浮浪之徒，距京师远而彼地较近，一入燕中，则乘太平车，游历都市繁华之场，挟带禁物，发买假货，诸奸利事，无不为之，以此之故，至乐存焉"。[3]

尽管下隶辈在中国如此惹是生非，而不至于引起两国争端，让柳得恭感到很庆幸，但是也有人从中体会出了别的意味。俞彦述曾于乾隆十四年（1749）以冬至使书状官到过中国，见到下隶辈在中国境内随意欺凌中国人而中国人不敢反抗，从而觉得中国人怯懦，不足为惧。他在《燕京杂识》中建议朝鲜选派年轻军校为使行军官，有名望的将领为副使，让他们多次到中国，不仅了解中国之虚实，也可以通过接触中国人也消除对清兵的畏惧心理，他所列举的证据就是使行下隶辈在中国的欺凌中国人的行为。他说："如驿卒、刷卒辈，是我国至孱至迷之类，而到处殴打彼人，无所顾忌，此不过累次往来，习见其无可畏而然也。"[4]

6. 结 论

在清代，虽然朝鲜朝野上下普遍怀有尊明排清心理，但是使行往来仍非常频繁。每次使行，都有大量奴子、马头、马夫、刷马驱人、厨子等参与其中，为整个使行提供各种服务，他们常被称为"下隶辈"，编入各房者，也称为"房下人"。下隶辈主要由驿卒和公私奴子构成，他们在朝鲜的身份制度中处于最底层，属于贱民或身良役贱阶层，他们在使行中也是地位最低，生活最苦的一群。他们在朝鲜国内本来就生活艰苦，因此将参加使行视为有利可图的差事，非常愿意参加使行，有的一生往来中国数十趟，几乎是以此为生。朝鲜官方为下隶辈提供的经费非常有限，而且也多被挪作家用，所以他们多赤手空拳进入中国境内，在使行过程中多风餐露宿，艰苦异常。有些职位，如书者、马头、干粮马头、笼马头等，在使行惯例中也衍生出一些额外收入，这些职位更成为驿卒们追逐的对象。为了赚取钱财，下隶辈还常在中国境内贩卖假清心丸等，甚至偷窃财物、抢劫食物。使行途中，还会为消遣而欺凌沿途中国百姓。下隶辈在中国境内寻衅滋事成为朝鲜方面一直难以解决的使行弊端之一。由于使臣是皇帝的客人，中国官吏对朝鲜使行下隶辈的种种不法行为也无能为力，更让他们有恃无恐。考察朝鲜使行下隶辈的情况，有助于我们了解清代藩属国使行的多重面相，从而可以更好地思考传统宗藩关系的意义。

---

1 朴齐寅：《燕槎录》入《附录》，《燕行录全集》76，第339页。
2 柳得恭：《热河纪行诗注》卷二，《燕行录续集》120，第451页
3 柳得恭：《热河纪行诗注》卷二，《燕行录续集》120，第451—452页。
4 俞彦述：《燕京杂识》，《松湖集》卷六，杂著。

参考文献

申纬：《敬修堂全稿》；

宋相琦：《玉吾斋集》

徐荣辅、沈象奎等撰：《万机要览：财用编》，朝鲜总督府中枢院影印本，1938年；

俞彦述：《松湖集》；

林基中编：《燕行录全集》32，东国大学校出版部，2001年；

林基中编：《燕行录续集》116，尚书院，2008年；

이현주, 「연행사절 하례(下隸)에 대하여-박제인의 연행일기부록(燕行日記附錄)을 중심으로-」, 『漢文學報』 제30輯, 2014年；

김영죽, 「연행, 그 이면의 풍경-18, 19세기 연행록에 나타난 방기(房妓)와 마두배(馬頭輩)의 실상을 중심으로-」, 『한국문학연구』 제52집, 2016年。

作者简介

王元周，北京大学中国近现代史研究中心教授，文学博士
研究方向：中国近现代政治思想史和社会经济史
通信地址：北京市海淀区颐和园路5号北京大学历史系
电子邮箱：wangyuanzhou@hotmail.com

符号学视域下韩国文人画《岁寒图》之批评研究[1]

北京大学 [韩] 琴知雅

摘 要：《岁寒图》乃朝鲜朝后期蜚声遐迩的大家秋史金正喜(1786-1856)的传世杰作之一，被誉为韩国文人画的最高典范，并被指定为大韩民国第180号国宝。《岁寒图》所绘并非"实景山水"，而是作为一幅文人画，图文相生相辅，构筑了秋史的隐秘"心象"。画中有破败草庐一间，以及历来文人画中的常用物象——松柏。金正喜以草庐自我投射，隐喻了其对文人风骨的自矜与坚守，并以青松绿柏类比弟子李尚迪的可贵人品。对于文人画的解读，不能局限于美学角度的形式分析，关键在于利用"读画法"透析其中的隐藏意味，勾连其背后的社会语境，才能够在鉴赏中不漏其意、不失其真。本文首先对《岁寒图》的创作始末及画面构成作以交代，接着从符号学的理论入手，对画作与跋文、题赞等书写信息间的关联进行探索，并试图对画面中所出现的技法错误作以解释。与此同时，在对画面构图之深意进行剖析的基础上，进一步探究秋史的个人运迹与价值取向是通过怎样的途径投射到画面之上的。

关键词：符号学；金正喜；李尚迪；韩国文人画；《岁寒图》

1. 绪 论

《岁寒图》乃朝鲜朝后期蜚声遐迩的大家秋史金正喜（1786—1856）的传世杰作之一，[2]被誉为韩国文人画的最高典范，并被指定为大韩民国第180号国宝。宪宗十年（1844），秋史流放济州岛期间绘得此画，并题跋于上，赠予弟子藕船李尚迪（1804—1865）。[3]《岁寒图》所绘并非

---

[1] 本文为2016年度国家社科基金重大项目"古代东方文学插图本史料集成及其研究"（项目批准号：16ZDA199）的阶段性成果。

[2] 金正喜，朝鲜朝后期文臣、学者、书画家。字元春，号秋史、阮堂、礼堂、老果、诗庵等。祖籍庆州。24岁出访燕京，与翁方纲、阮元等清朝名士交游欢洽，并以此为契机拓展了自身的学问及艺术视野。其人文学、史学、哲学，乃至诗书画无不精通，被19世纪的中国文人盛赞为"海东第一人"。1840年（宪宗六年），金正喜受尹尚度狱事牵连，在济州岛度过了长达9年的流配生活，《岁寒图》即其流配期间所作，画作右侧款题其号"阮堂"，本文则通称为"秋史"。

[3] 李尚迪，朝鲜朝后期文人，号藕船。曾以译官身份前后来访中国12次，期间，与吴崇梁等中国文人交游颇密。1847年，诗文集《恩诵堂集》在中国刊印出版。

"实景山水",而是作为一幅文人画,图文相生相辅,构筑了秋史的隐秘"心象"。画中有破败草庐一间,以及历来文人画中的常用物象——松柏。秋史以草庐自我投射,隐喻了其对文人风骨的自矜与坚守,并以青松绿柏类比弟子李尚迪的可贵人品。画面笔法简约质朴,蕴含着画家对自身运迹的感怀,及对弟子李尚迪的感激之情。旁题跋文引用《论语》"岁寒,然后知松柏之后凋也"一句,观者若不了解此话深意,以及当时朝鲜士大夫对于此理想精神的推崇,可能会误以为《岁寒图》不过是幅诚意阙然的草就之作而已。

有关文人画的解读,不能局限于美学角度的形式分析,重点在于能够利用"读画法"透析其中的隐藏意味,勾连其背后的社会语境,才能在鉴赏中不漏其意、不失其真。实际上,《岁寒图》早已成为中朝两国文人画的创作母题,[1] 在朝鲜创作《岁寒图》画作者也不独秋史一人,秋史亦曾在挚友权敦仁(1783—1859)的同名画作上咏诗题句。画家笔下的"岁寒三友"题材象征着凌寒不屈的高傲品质,通过对这些物象的恰当择取与搭配,从而达到抽象意味的突显与凝练。秋史所绘之《岁寒图》,可以说正是当时文化编码中一个图像符号。不过,物象的简单堆砌无法达成叙事的流动,且由于这些题材自身所具有的强烈的象征指向,因此很难将之与其他物象关联起来生发新的阐释。不过,秋史的《岁寒图》却在继承传统岁寒题材的基础上,分解了图像符号的部分指意,从而为"岁寒"一题创造出了新的意境。[2] 其中,松柏在保持其原有抽象含义的同时,又与画中草庐相呼应,为画作增添了某种叙事意味。而画题"岁寒图"及陈述赠作缘由的跋文,皆可视为画作讯息的提示与说明。

由此,本文将首先对《岁寒图》的创作始末及画面构成做以交代,接着从符号学的理论入手,对画作与跋文、题赞等文字信息间的关联进行探索,并试图对画面中所出现的技法错误做以解释。与此同时,在对构图之深意进行剖析的基础上,进一步探究秋史的个人运迹与价值取向,是通过怎样的途径投射到画面之上的。

2. 《岁寒图》的创作

2.1 《岁寒图》的创作背景

画题"岁寒图"三字采用隶书写就,风采卓然,韵味隽永,位置紧贴画幅上沿,使得留白更显空旷。这种空旷恰如秋史流放济州岛后积年累月的孤独与苦闷心绪。旁侧竖排小字款题"藕船是赏",次行题号"阮堂",下钤"正喜"方印一枚。院落地面以枯笔扫画而出,如将融未消的残雪一般,倍添萧索之感。画中仅以墨笔勾勒草庐一间,及左右松柏各二,余皆留白,格调高雅,是一幅书画相得益彰的文人画杰作。图右下角另有朱文方印闲章一枚,印文"长毋相忘",风格取自两千年前中国汉代铭文。众所周知,秋史乃金石大家,弟子李尚迪亦承师传,

---

[1] 《岁寒图》中"岁寒"一词意指隆冬,一般用来表现凌寒不屈的物象,即所谓的"岁寒三友"——松竹梅。文人画多以此来隐喻君子坚贞不渝的"气节"。其中,画作中冷冽严酷的季节设定,以及对于该环境的抵抗,某种程度上隐含了一种叙事流动。

[2] 权敦仁所绘《岁寒图》(秋史题咏)中,尽管亦有房屋入画,但重点突出的是松梅竹三君子与石的和谐意境,应与金正喜仅以松柏、草屋调和画面的《岁寒图》区别开来。

在书画及金石方面造诣颇深,遥想同好金石的师徒二人,纵远隔千里亦长相望的情谊,非则此历经两千年而不朽的四字铭文,而不足以道也。

《岁寒图》中亦有着世态的凄清与冷冽。萧索的画面中大片留白,恰似冬风掠过,所余不过破屋一间、松柏四株而已。这里没有曾经的门庭若市、车马喧嚣,连人迹也都阙然不见,但又隐隐透出身处逆境依然傲峭坚挺的文人精神与意志。尽管金正喜并未在画面中现身,但那朴拙无华的破败草庐,正是主人孤傲独立、静默坚守的心境写照。

《岁寒图》原为秋史答谢李尚迪而作。秋史于宪宗六年(1840)党争最为激烈之时被流配至济州岛,时年55岁。在秋史被放济州岛的第四年,李尚迪从北京购得桂馥《晚学集》与恽敬《大云山房文稿》二书寄给老师。次年,又寄去贺长龄编《皇朝经世文编》一套,此书凡120卷,共79册,体量甚夥。秋史感怀于弟子李尚迪始终不移的情谊,创作《岁寒图》相赠,并题跋于侧。姑引跋文如下:

> 去年以晚学、大云二书寄来,今年又以藕耕《文编》寄来,此皆非世之常有。购之千万里之远,积有年而得之,非一时之事也。且世之滔滔,惟权利之是趋。为之费心费力如此,而不以归之权利,乃归之海外蕉萃枯槁之人,如世之趋权利者。太史公云:"以权利合者,权利尽而交疏。"君亦世之滔滔中一人,其有超然自拔于滔滔权利之外,不以权利视我耶。太史公之言非耶!孔子曰:"岁寒,然后知松柏之后凋。"松柏是贯四时而不凋者,岁寒以前一松柏也,岁寒以后一松柏也,圣人特称之于岁寒之后。今君之于我,由前而无加焉,由后而无损焉。然由前之君无可称,由后之君亦可见称于圣人也耶?圣人之特称,非徒为后凋之贞操劲节而已,亦有所感发于岁寒之时者也。乌乎!西京淳厚之世,以汲、郑之贤,宾客与之盛衰。如下邳榜门,迫切之极矣。悲夫!阮堂老人书。[1]

图1 《岁寒图》跋文

跋文开头便表达了对李尚迪不辞辛劳从清朝购买珍版书籍寄赠的感激,借此足以让自己诗书自娱,以遣流配之寂寥。尽管如今自己不过是落魄逐臣一个,但李尚迪尊师奉师的态度却始终如一,毫无轻慢,这让秋史颇为感动。他把李尚迪比作凌寒不凋的松柏,引"岁寒,然后

---

[1] 金正喜.《与李藕船》,《阮堂先生全集》卷4.

知松柏之后凋也"（《论语·子罕篇》）一句，慨叹李尚迪今昔相比毫无二致，秋史越是处境凄凉，越觉此情可贵非常。

李尚迪看到老师的画作与跋文后，涕泪交流，感慨深切，自愧老师推挹之逾分，[1]并决定在自己第七次燕行之时，将这幅饱含恩师之悲楚与弟子之感动的画作，带与清朝文人共赏。此次燕行之旅自宪宗十年（1844）十月起，到宪宗十一年（1845）三月止，在此期间，得潘遵祁、章岳镇、张曜孙、赵振祚、吴赞、潘曾玮、潘希甫、冯桂芬、汪藻、曹楙坚、陈庆镛、姚福增、吴淳韶、周翼墀、庄受祺、张穆十六人画赞。[2]其后，金準学亦题咏于上，吴世昌、郑普、李始荣又逐一题跋，《岁寒图》终成一长轴大卷。

2.2 《岁寒图》的作品构图

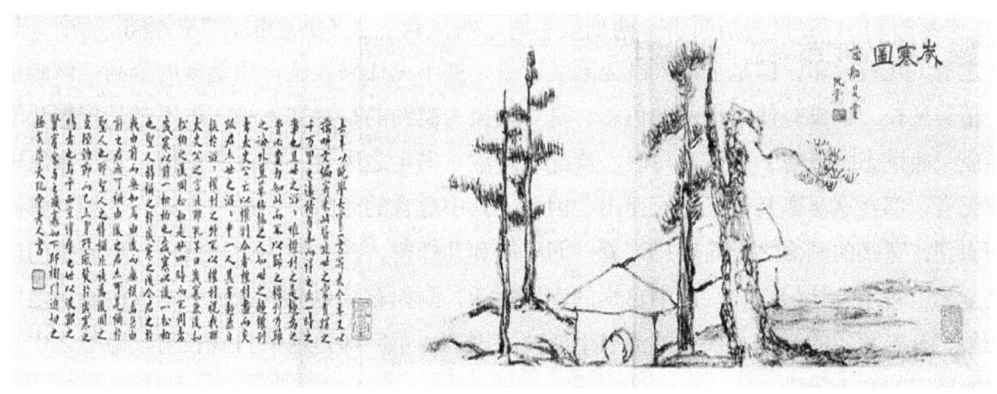

图2 金正喜，《岁寒图》，1844年，纸本水墨，23.7cm×108.3cm，
韩国国立中央博物馆藏，大韩民国国宝180号

整体来看，《岁寒图》的构图虚实相生、疏密有致。整幅作品由三张粘连而成，结构奇特，除画作外，另有散文形式跋文一篇，凡20行294字，以及十数段观赏者的题赞跋文。[3]从画作构图形式来看，左右各两株松柏将画面切分为三处留白，以虚为实，以虚显实，巧妙地通过留白来突出主体物象松柏和草庐，造成"虚实相生，无画处皆成妙境"的效果。从空间分割来看，右侧留白最大，中间次之，左侧最小。第一块留白起初可能会给人以过于空旷之感，但紧贴画作上沿的画题——"岁寒图"三字的行笔走势和下题"藕船是赏阮堂"的双行小款，形成了

---

[1] 李尚迪收到《岁寒图》后感怀不已，他这样记述道："岁寒图一帧，伏而读之。不觉涕泪交迸，何其推挹之逾分，而感慨之真切也。"（姜宽植．秋史画法古创新之妙境，秋史及其时代[M]．首尔：石枕出版社，2002：215.）

[2] 宪宗十一年（1845）正月十三日，包括李尚迪在内，共18人集于吴赞府上同赏《岁寒图》，各家赞诗便成于此会之上。（李春姬．藕船李尚迪与晚清文人的文学交流研究[D]．首尔大学博士学位论文，2005：109.）根据李尚迪的记录，当日共有15人留下赞语，吴淳韶未在其中，其赞语乃他日观画后所题。参考《恩诵堂集》卷9《追题海客琴樽图第二图二十韵》自注："入画者：比部吴伟卿，明府张仲远，中翰潘顺之、补之及玉泉三昆仲，宫赞赵伯厚，编修冯景亭、庄卫生，吏部姚湘坡，工部汪～斋，明经张石洲，孝廉周席山、黄子干，侍御陈颂南、曹艮甫，上舍章仲甘、吴冠英。吴冠英画之，共余十八人也。"（朴现圭．清朝名士对金正喜《岁寒图》的鉴赏及题赞[J]．大东汉文学25，2006：232.）

[3] 朴澈祥．岁寒图[M]．文学村出版社，2010：183—201.
郑后洙．清朝赏《岁寒图》19名士探考[J]．东北亚文化研究14，2008：242.

绝妙的空间分割，解决了留白可能造成的画面信息单薄的问题。中间的留白是高大松柏的掩映下的草庐的天空，为观者想象画家的铮铮傲骨留下了空间。而在最窄幅的留白之后，紧接着就是表露作者感慨的跋文，使整个画面张弛有度。还有一处易被忽略的地方，即从物象形态上观察，从画面右下角到古松的右侧分枝，再过渡到松柏的左侧树枝，并继续延伸到画面左下角，整体轮廓恰好形成了一个稳固的三角形结构。

再看长篇跋文，刚健遒美的楷体字书写于精心设计的网格之内，排布严整，扣人心弦。上方留白宽阔而下方留白狭窄，如此一来，画面中位置偏下的文、中间的画和上方的"岁寒图"一题，三者两两相连，排布在了一条对角线上。这其中，画题"岁寒图"三字与长篇跋文一起，如同天平上保持平衡的大小砝码，使得整幅画面达到了一种绝妙的均衡。[1]

《岁寒图》的内容极为精简：一间独门草庐，两双矗立寒冬的松柏，"岁寒图"三字，几句赠答之语，几枚钤印，即是全部。既无繁复背景，亦不见往来人迹，用笔极度节制。该画不以摹绘精美见长，也没有使用华丽的色彩，是一幅极为简约的写意文人画，虽不过是焦墨几笔勾勒而成，然世态之浇薄、人情之冷暖、流配之苦涩、书生之风骨、故人之恩情，乃至寒风中的空寂无言，都在这寥寥几笔下氤氲而出。因此，其中蕴含的意味需要进一步深入挖掘与解读。我们看到，宽阔的画面之上简略排列着一间草庐和几株树，其余皆为大片留白，草庐拱门内外人迹全无，暗示着杜门却扫、诗书自娱的谪居生活，画面布局也与画家秋史本人的谪居之所极为相似，有着写实的意味。秋史的流放生活凄凉困苦，草庐即是他的自我投射，隐然之中透露出他所坚守的文人风骨。

图3　秋史谪居之所　　　　　图4　《岁寒图》图画

此外，画中的松柏尤为引人注目。在文人画中，松柏向来都是气节的象征。《岁寒图》以松柏入画，取孔子"岁寒，然后知松柏之后凋也"之意，目的在于表现李尚迪如松柏般坚贞高洁的品格。不过，在这幅画中，除右边一株古木可确认为松树无误外，剩下几株实难辨别分明，可能秋史本人原本也只是想将松树作为画面重心也未有可知：久经风霜的树干早已朽去，仅剩枝头几团松针稀稀犹存，没有花团锦簇，也没有车马盈门，只有说不尽的萧索凄凉。这其中，可见秋史放逐流配中处境的凄楚，亦可见李尚迪"超然自拔于滔滔权利之外"的坚贞不移的情谊，可以说蕴含着双重的意义表现。

1　吴柱锡. 解读古画的乐趣（1）[M]. 首尔：松出版社，1999：157—162.

3.《岁寒图》的符号学阐释

3.1 图像符号与文字符号的结合

法国符号学家罗兰·巴特（Roland Barthes）(1915—1980) 在论述图像符号的概念时，认为现象背后隐藏着潜在的结构，现象不过是结构导致的结果，进而最先关注到了整体结构下的一系列构成要素以及这些要素的集体整合关系。不过，在分析视觉现象时，首先需要解决的就是如何从图像中找出语言性的结构。从这点来看，可以说作为文人画的《岁寒图》，以其图像（松柏、草屋、留白）及文字（跋文、题赞）符号相辅相生的特点，为致力于探究文本内部结构的符号学方法论提供了一个具体案例。

秋史等人所绘的文人画，集中体现了东方绘画传统中"诗书画一体"的理念，《岁寒图》亦不例外。尽管在《岁寒图》的文本世界中，相较于文字而言，图像的地位更为突显，但从更广泛的意义上来讲，图画亦可称之为一种文字。这一点，从金正喜的以下论述中便可得到证明：

> 兰法亦与隶近，必有文字香、书卷气，然后可得。且兰法最忌画法，若有画法，一笔不作可也。如赵熙龙辈，学作吾兰，而终未免画格一路，此其胸中无文字气故也。[1]

所谓"文字香"和"书卷气"中的"文字""书卷"皆与书写相关，强调了文与画之间的相互影响关系。[2] 唯有身具文字香、胸有书卷气之人方可作成好画，这一观点道出了文与画之间的图像性勾连，即文之所载必有画之所应。而这种图像符号皆根植于当时的文化编码之中。

《岁寒图》中的字画，展现了秋史的内心世界。此作品可分为图画与文字两部分，首先，作品的图画内容，以中间留白为中心，左右各有两棵松树和柏树，树木之间坐落一间草屋。东方绘画中历来看重的留白，在这幅作品中出现了三处，且从右至左，面幅渐次缩小。文本的另一要素——文字紧接在最窄幅的留白之后。总结来看，《岁寒图》便由上述松树、柏树、草屋、背景、留白等图像符号和画题、跋文等文字符号组合而成，这些图像与文字符号从各自所属的体系中被作者选出，与其他符号共同结合成为一个整体。接下来，笔者将从罗兰·巴特的"神话解读"及"文本解读"两个方面，对此进行具体论述。

3.2 神话解读：《岁寒图》的画面与跋文

罗兰·巴特重点关注的是意义的生成机制，及其生成过程中所指部分发挥的积极作用。在他所主张的神话解读中，所谓"神话"并非古希腊罗马的文化遗产，而是20世纪的集体文化表征以及生成这种表征的基底形貌。罗兰·巴特认为，符号不只是能指及所指的双重结合，而是包含着三个方面，即能指、所指，以及凝集二者为一体的符号本身。第一层符号系统乃是能指与所指所构成的外延层面，第二层符号系统则为内涵层面。罗兰·巴特认为我们不应只停留在外延层面之上，而更应去探索第二层符号系统中的内涵意义。这里需重点理解的是，第一层符号系统中的能指与所指结合，共同成了第二层符号系统的新能指，而在第二层符号系统中的新

---

[1] 金正喜.《与佑儿》,《阮堂先生全集》卷2.
[2] 有关"文字香""书卷气"之含义，参考：高莲姬."文字香""书卷气"之含义与形象化问题[J]. 美术史学研究237, 2003：165—199.

生成的"能指Ⅰ"，又生发出新的"所指Ⅱ"，此二者再次结合，最终形成了"符号Ⅲ"。具体图示如下：[1]

表1　罗兰·巴特的三层符号系统

神话		Ⅲ.符号	
第二层符号	内涵	Ⅰ.能指 3.符号	Ⅱ.所指
第一层符号	外延	1.能指	2.所指

如表所示，罗兰·巴特的神话解读模型是逐级深入的，且首先起始于外延阶段。这一阶段关注的是"该画作呈现了什么"。只有当外延阶段被充分解读后，才能够完成真正意义上的"图像解读"。第二步，进入内涵阶段，主观阐释开始掺入，图像与其他符号产生关联。此时，第二层符号的"能指"作为神话的一个要素，与第二层语言系统中的新"所指"相结合，生成新的符号。最后，进入神话阶段。在这里，一系列内涵意义凸显串联起来，并加入必要的思考，最终达成对绘画主题的发现与批评。接下来，笔者将以此三阶段模型为依据，对《岁寒图》的内涵进行逐层解读：

3.2.1　外延层面（客观阐释）

纸面未见人迹，唯墨笔勾勒草屋一间，及松柏各二株遥相呼应，余下便是偌大的留白。屋右老松扎根大地，直耸冲天，上有斜枝一根从旁横亘而出，犹如一把巨伞将天穹遮罩起来。老松近旁有青松一株秀立其侧，不远处又有松柏二株并立于草庐门左，枝条细干向左横斜出去。

3.2.2　内涵层面（主观阐释）

如若没有挺然秀立的青松绿柏经久不变的支撑，底下那草草筑就、饱经风霜的草屋，恐怕早已倾颓毁败亦未可知。而这青松绿柏就如同遥遥不忘恩师、岁岁精诚相念的李尚迪。秋史想来对此定有无限感怀，唯独这几株树的线条苍劲有力，直用焦墨淋漓画出，浓烈又兼刚健。此处笔枯少墨的焦渴，反又显示出生命的丰厚与润泽，不由让人感动。这些松柏不仅挺拔然向上，连枝叶的处理也都笔直而短促，更显昂扬。也许，前途黯然的秋史恰是从这些秀木中窥到了某种希望。

此外，作品将文字符号之一"画题"置于右上端，独占大片留白，且与跋文一起呈相拥之势，将图像符号围于中间，却更显画面之空旷。这种空旷之感，恰如流放济州岛的老年秋史形单影只、度日如年的愁苦与萧瑟。

3.2.3　神话阶段（主题发现与评论生成）

若对《岁寒图》详加考究，可发现其中有几处技法上的错误。[2] 具体而言有以下几处：草庐视点在右，但从墙壁厚度来看，拱门视点则在左；长方形墙壁上接等腰三角形屋顶，此处视点

---

[1] 宋孝燮. 谈"人文学"与"符号学". 首尔：Esoope出版社，2013：201.
[2] 吴柱锡. 解读古画的乐趣（1）[M]. 首尔：松出版社，1999：171.

在正面，而非右侧；屋顶右侧斜线后半段坡度更陡；往后渐短的屋顶和渐高的墙壁亦存在透视上的矛盾。由此看来，秋史的《岁寒图》并非完全是草屋这一实体对象，而是一种包含意义的符号，即以所居之处来表现自己的内心世界。那画面前景中规整的拱门、逆透视法下逐渐宽厚的墙壁、陡斜的屋脊，才是秋史画中这座草屋真正想要表现的"所指"。

因此，那直冲云天羽翼草屋的古松，虽归属树木这类指示对象系列，但进入到秋史的画作中，在其本质特性之外，又具备了自我信念与意志的"所指"。此外，从古松旁笔直秀立的青松身上，也不难读到秋史对李尚迪始终眷念落魄恩师的感怀。作为"能指"的浓烈笔墨，其"所指"不仅是弟子年轻的生命气象，更是其在险恶世态下始终如一的赤诚之情。《论语·子罕篇》中"岁寒，然后知松柏之后凋也"一句中的"岁寒"作为"能指"，象征着秋史当时的凄苦处境，"松柏"则暗示着身处寒冬亦不失其本色。

从这些图像符号中，不难看到逆境之中依然傲然坚守的文人意志。而这一阐释在与跋文等文字符号相结合进行整体关照后，将更显说服力。如上文所述，作为文人画中精华之作，《岁寒图》通过文字符号和图像符号，充分表现了秋史的意志与理念，他将李尚迪比作孔子推崇的松柏，并将此画赠予他，对于其中深意的理解，相较于绘画的笔法、构图而言更显重要。

3.3 文本诠释：《岁寒图》题赞

罗兰·巴特将作品代入文本概念，强调以读者为中心的意义生成机制。在论及他所谓的文本时，罗兰·巴特这样说道：

> 文本就是编织物，以往人们认为这一编织物背后隐藏着大大小小诸多意义，是一件成品，一张织好的面纱。但现在，我们需要将其理解为一张持续编织的面纱，来建立文本产生且持续运作的生成概念。[1]

也就是说，文本不是固定完结的，而是可以不断编写生成的。此外，对于绘画及其文本性，他认为：

> 绘画不再只是单纯的神话式加工，亦非连续不断的主观投射对象。它的所指变动不居，分析也永无止境。也就是说，图像不是编码的表征，而是符码化工作的变形。或者说，图像不是一个系统的承载者，而该体系的生成阶段。[2]

通过这段话可以看出，罗兰·巴特主张绘画也应被视作一种文本进行解读。他所谓的文本，不绝对为某一个固定对象，而是在观者层见叠出的诠释影响下所集成的一种有机体存在。他本人在后期所提出的"文本诠释"理念，主张让观众与评论者，而非作者成为阐释的主体，试图突破传统艺术鉴赏之局限，将所有视觉作品全部纳入鉴赏的范畴。基于以上理念，如果我们将《岁寒图》看作一个文本，那么作者秋史便不再居于绝对地位。也就是说，是将其看做一

---

[1] 罗兰·巴特. 金喜英译. 理论，文本之趣[M]. 首尔：东文选，1997：111.
　张秀真. 符号学方法指导下现代美术之文本特征研究[D]. 高丽大学硕士学位论文，2013：24.
[2] 罗兰·巴特. 金仁植译. 绘画是什么语体，图像与书写[M]. 首尔：世界史，1993：13.
　张秀真. 符号学方法指导下现代美术之文本特征研究[D]. 高丽大学硕士学位论文，2013：26.

幅"作品"还是一个"文本",择取的眼光不同,对《岁寒图》的阐释亦将有所不同。如果将其看作一件作品,那么画家秋史就居于绝对权威地位,而若将题赞、跋文包括在内,从完整的《岁寒图》文本来看的话,那么,除作者金正喜外,作品的鉴赏者、所有者则均可各抒己见。

正如前文所述,《岁寒图》上汇集有李尚迪将其带至北京后所得当地名士的若干题赞,金準学所题赞语,及吴世昌、郑寅普、李始荣所题跋文。其中部分内容截取如下:

章岳镇:世有知其节者,而松柏自若也;世无知其节者,而松柏亦自若也。是故,必岁寒而后显其节,非松柏之所乐也;必岁寒而后知其节,非深知松柏者也。
吴　赞:林木似名节,松柏有本性。
赵振祚:坚贞不改,德如玉兮。受命大造,唯其无曲兮。
潘希甫:岩壑材难弃,冰霜节愈坚。
潘曾玮:如彼松与柏,本性同坚贞。貌此后凋质,用以答厚情。
汪　藻:胡为标贞柯,偏在霜雪中。匪伊异平时,俗眼多尘蒙。
姚福增:维木挺奇节,伊人怀贞蕤。
张曜孙:一卷萧疏千古意,后凋高节著清溪。
吴世昌:阮翁尺纸也延誉,京北京东转转余。人事百年真梦幻,悲欢得失问何如。

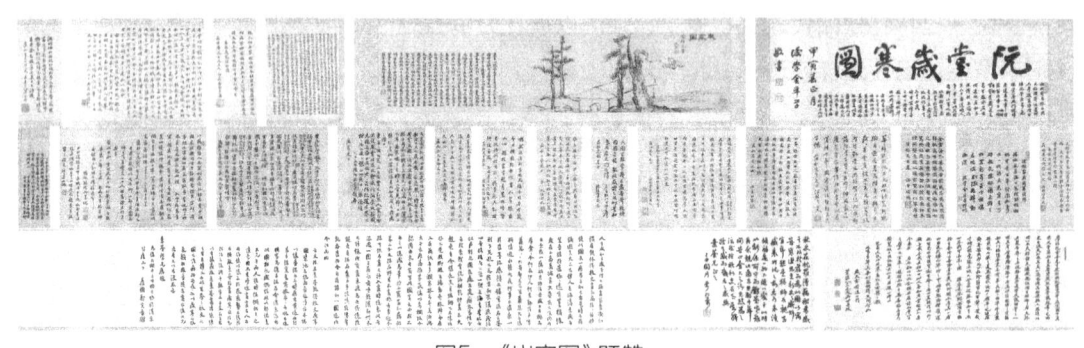

图5　《岁寒图》题赞

如此,诸多评论集于一体,使得《岁寒图》显现出一种多声部的文本样貌。[1]《岁寒图》是绘画,亦是文本,同时也可视为一个新意义不断生发的过程。我们所要关注的,就是在这一过程中不断附着进来的诸多评论的符号学意义。而从那些清朝与韩国文人笔下的各色修辞与文体中,可以发现他们都不约而同地做出了"气节"这一隐含叙事性意味的阐释。

4. 结论

本文首先梳理了《岁寒图》的创作原委及构成体系,接着探讨了《岁寒图》与跋文、题赞等文字符号书写之间的符号学关联,并试图对画中的技法错误进行评析。在此过程中,通过解读画面构成要素之一的图像,考察了秋史所处的人生运迹及价值观在画作中的投射。

《岁寒图》所绘并非"实景山水",而是作为一幅文人画,图文相生相辅,构筑了秋史的隐

---

[1] 宋孝燮. Mytho-semiosis[M]. 首尔:韩国文化社,2019:204—205.

秘"心象"。画中有破败草庐一间，以及历来文人画中的常用物象——松柏。画家以草庐自我投射，隐喻了其对文人风骨的自矜与坚守，并以青松绿柏类比弟子李尚迪的可贵人品。

也许正因《岁寒图》并非写实之作，画面中存在着几处技法上的错误：草屋视点在右，但从墙壁厚度来看，拱门视点则在左；长方形墙壁上接等腰三角形屋顶，此处视点在正面，而非右侧；屋顶右侧斜线后半段坡度更陡；往后渐短的屋顶和渐高的墙壁亦存在透视上的矛盾。这些说明，《岁寒图》所绘的并非完全是草屋这一实体对象，而是一种包含意义的符号，即以所居之所来表现自己的内心世界。那些画面前景中规整的拱门、逆透视法下逐渐宽厚的墙壁、陡斜的屋脊，才是秋史画中这座草屋真正想要表现的"所指"。换而言之，画面中图像符号表现的并非完全是真实存在的物象，而是隐含着作者的内在心境。人们常说要用心而非眼睛去读古画，原因即在于此。

参考文献

金正喜. 阮堂先生全集
李尚迪. 恩诵堂集
한국국립중앙박물관. 추사 김정희 학예일치의 경지[M], 2006.
兪弘濬. 阮堂評傳[M]. 서울: 학고재, 2002.
강관식, 추사와 그의 시대[M]. 서울: 돌베개, 2002.
오주석. 옛 그림 읽기의 즐거움(1)[M]. 서울: 솔, 1999.
박철상 세한도 [M]. 서울: 문학동네, 2010.
롤랑 바르트. 김희영 역. 텍스트의 즐거움[M]. 서울: 동문선, 1997.
롤랑 바르트. 김인식 역. 이미지와 글쓰기[M]. 서울: 세계사, 1993.
송효섭. 인문학, 기호학을 말하다[M]. 서울: 이숲, 2013.
송효섭. 뮈토세미오시스[M]. 서울: 한국문화사, 2019.
고연희. '문자향' '서권기', 그 함의와 형상화 문제[J]. 미술사학연구, 237, 2003.
박현규. 청 문사의 김정희 <세한도>감상과 眞迹 밖 제찬시[J]. 대동한문학 25, 2006.
정후수. <세한도>관람 청조 19인 인물 탐구[J]. 동북아문화연구 14, 2008.
장수진. 기호학적 접근을 통한 현대미술에서의 텍스트적 특성 연구[D]. 고려대 석사학위논문, 2013.
이춘희. 藕船 李尚迪과 晚淸 文人의 文學交流 硏究[D]. 서울대 박사학위논문, 2005.

作者简介

[韩] 琴知雅，北京大学外国语学院朝鲜（韩国）语言文化系长聘副教授，博士生导师
研究方向：韩国汉文学、中韩比较文学、中韩文化交流史等
通信地址：（100871）北京市海淀区颐和园路5号北京大学外国语学院
电子邮箱：1006168551@pku.edu.cn

朝鲜燕行使笔下的文天祥祠研究

中国农业博物馆　赵瑶瑶

摘　要：文天祥是中国历史上忠烈节义人物的代表，其祭祀场所文天祥祠在明清时期是朝鲜燕行使的常游之处。明代游览文天祥祠的燕行使较少，记载内容多数是以文天祥死节之地"柴市"为固定典故以赞颂其节义精神；清代康熙以后，文天祥祠不但成为燕行使到京的必游之处，有比明朝更多的记载，而且燕行使在文天祥身上寄托了更多明清易代之后复杂的家国情感及对政治生活的隐喻。此外他们比明代更加重视和欣赏文天祥忠义形象中对抗元朝的一面，对石刻真像和柴市成仁的故事进行想象和演绎，并将自身的华夷之辨和遗民情结投射在其中，构建了符合他们理想的忠臣义士形象。

关键词：朝鲜王朝；燕行使；文天祥；文天祥祠

　　文天祥（1236—1283），初名云孙，字宋瑞，一字履善，号文山，吉州庐陵（今江西省吉安市）人，南宋末年政治家、文学家，与陆秀夫、张世杰并称为"宋末三杰"。著作有后人所辑《文山先生全集》。

　　文天祥自元代以来就是维护纲常、践行忠孝节义的代表人物。[1]文天祥虽然被元朝俘虏并羁押三年有余，但在元朝官员不断威逼利诱之下，仍然文辞慷慨、立场坚定，符合孟子对大丈夫"富贵不能淫，贫贱不能移，威武不能屈"的定义，因此生前在劝降与拒降之间，其忠义形象便已展露无遗。当他从容就义以后，元修《宋史·文天祥传》中对他精忠报国、舍生取义的精神给予极高评价。明代出于宣传纲常、推行教化和稳固统治的目的，朝廷对文天祥进行褒扬、追谥，并于洪武九年（1376）建祠，以官方名义岁时致祭。见于《明实录》记载的明朝皇帝遣顺天府、户部、太常寺官员"官祭宋丞相文天祥"就有194次，尤以正统、景泰、天顺、成化年间最为重视，每年二月和八月遣官致祭，几乎没有中断，并屡次修葺文天祥祠。清朝统治者出于同样的原因继续对文天祥进行褒扬和尊崇，康熙六十一年（1722）将文天祥从祀于历代帝王庙，至道光二十三年（1843）"题准宋臣文天祥从祀圣庙，位列东庑宋儒何基之次"，[2]文天祥

---

[1] 关于历代褒扬和崇祀文天祥的情况现已有较多研究，详参陈功林《文天祥形象的塑造与演变》（江西师范大学硕士论文，2016）等文章。
[2] [清] 昆冈等奉敕撰《清会典事例》卷四三六《礼部》一四七《中祀·先师庙制》，北京：中华书局，1991年，第5册，第942页。

终于成功从祀文庙，跻身儒家圣贤行列。

朝鲜自古以来就与中国交往频繁，深受儒家忠孝节义思想的影响。朝鲜对中国忠孝节义的历史人物，如伯夷、叔齐、诸葛亮、岳飞、文天祥等也非常崇敬，不但以其作为立身行事的标准，如金尚宪因反清被抓到沈阳审问而不屈，朝鲜士人将其评为文天祥后第一人；还在朝鲜国内建庙崇祀，如朝鲜海州首阳山清风洞有夷齐庙，平安南道永柔县卧龙山有卧龙祠，后以岳飞、文天祥配享，也称三忠祠。而北京是元代文天祥曾被羁押审问、威逼利诱最后不屈就义的地方，也是明清时期中国首都、燕行使出使的目的地，拜谒这位以忠孝节义著称的忠臣便成了赴京燕行使的强烈愿望。

明代游览文天祥祠的燕行使较少，燕行使或因馆门禁闭而无法尽情游观北京，或因随行人员"百般搪塞，守者将欲开门而旋闭拒之"之类的人事阻力而无法游览。[1]明代见于记载游览文天祥祠的仅有数人。多数内容是以文天祥死节之地"柴市"为固定典故以赞颂其节义精神，且多将其与苏武、荆轲等忠臣志士并列来表达崇慕之情，如"柴市吊文山，雪窖怀苏卿"[2] "荆卿意气寒风尽，柴市精忠白日孤"等；[3]或与其他历史地名并列，借怀古以讽今，如"金台苔色老，柴市叶声干"等。[4]以文天祥祠为吟咏对象的诗较少，在诗意上也并无不同之处，如弘治十一年（1498）曹伟《谒文丞相庙》（其一）：

> 丞相祠堂何处寻，天街北畔凤城阴。清风肃肃庙庭遥，遗像堂堂岁月深。去国肯摇苏武节，存刘不愧孔明心。百年忠义留天地，烈日秋霜照古今。[5]

诗歌以文天祥祠整肃庄严的庙貌作为衬托背景，并将其与苏武和诸葛亮相类比，表达一般朝鲜士人对忠臣烈士的崇敬之情。而燕行使对文天祥祠持续不断的关注和拜谒是在清代康熙以后，文天祥祠不但成为燕行使到京的必游之处，有比明朝更多的记载，而且燕行使在文天祥身上寄托了更多明清易代之后复杂的家国情感。

1. 丞相祠堂何处寻

朝鲜燕行使对文天祥英雄形象的铭记和追寻从明代一直持续不断，直到清代。在清初，顺治二年（1645）麟坪大君李㴭深锁于北京使馆之中，自觉处境与当时被羁押在大都的文天祥相同，就在咏文天祥的诗中自我投射，并借古讽今：

> 燕狱深深昼锁门，小楼遥隔犬羊村。中原无主风尘暗，崖海倾身宇宙昏。莫道元朝多伟器，未闻柴市吊忠魂。君臣大节千秋仰，丞相精忠竹帛论。[6]

---

[1] 洪翼汉《花浦先生朝天航海录》，[韩]林基中编《燕行录全集》（以下简称《全集》），首尔：东国大学校出版部，2001年，第17册，第259页。
[2] 李廷龟《甲辰朝天录》，《全集》，第11册，第121页。
[3] 李喆辅《燕槎录》，《全集》，第37册，第375页。
[4] 柳梦寅《朝天录》，《全集》，第9册，第451页。
[5] 曹伟《燕行录》，《全集》，第2册，第171页。
[6] 李㴭《燕行诗》，《全集》，第21册，第481页。

不但麟坪大君与文天祥有着相似的现实境遇，名为出使，实似囚徒，而且此时的政治形势与文天祥所处时代也非常相似，都是中原无主。麟坪大君吊文天祥，亦是自伤身世。他自认与被囚燕狱的文天祥一样，秉持着君臣之义、精忠之情，期待终有拨散风尘之时。

其后燕行使记载和歌咏文天祥的诗歌不在少数，但能去文天祥祠去游观祭拜的却寥寥无几，因为康熙后期之前使馆门禁严格，燕行使除了公务和汲水外不得擅出游观。虽然康熙五年（1666）南龙翼就有"瞻文山之故祠兮，谁更扶乎纲常"之赋，[1]但是当时南氏一行的情况是"锁玉河之空馆兮，经一日兮九回肠"，[2]事实上出门游观文天祥祠的可能性很小。清代最早去文天祥祠瞻拜的当属康熙五十一年（1712）赴京的金昌业。金昌业记文天祥祠的位置："太学在安定门内，周宣王时石鼓在焉。府学在太学南，文文山庙在其旁，欲往观者此也。"[3]可见金氏不但有很强的目的性，而且提前做好了充足的准备，因此得以顺利游观。

但是文天祥祠并非是清代官方特别规定的允许燕行使游览的地方，而且自明代以来游览过的燕行使就很少，因此在清初出现了燕行使想要游观而多方询问、历经波折的情况。雍正七年（1729）赴京的金舜协"闻文山祠在于燕京，必欲寻拜，而前后使行与行中人既无寻见者，则似不可容易寻得"，[4]但金氏发愿一定要亲谒文天祥祠，于是在十月二十三日与海恩君及崔寿溟一起去寻找。三人先去天坛附近游玩一圈，返回时经过正阳门，金氏让崔寿溟向路人打听文丞相庙的位置，但是结果让他很不满意：

> 问文丞相庙所在，则胡人所答一无相似。或云文丞相庙距此不远，或云初无所闻，或云昔有而今无，莫有指的。又向柴市所在处，则如右所言东西南北何处可寻，而踌躇之间西日将暮。[5]

路人的回答众说纷纭让人无所适从，金氏既为找不到文丞相庙而踌躇，又为清人不知道文丞相庙在何处而惆怅，恰逢日暮需要返回使馆，第一次寻找文天祥祠的努力只得作罢。

初次寻找未果并没有打消金舜协拜谒文天祥祠的执念，但是问遍使馆诸人，无人知道祠堂的位置。其后金氏通过批阅了《大兴县志》得知其地理位置，更是不睹不快，于十一月初六日独自踏上再次寻找文天祥祠的旅程。金氏步出安定门外立于垓子桥上，因为言语不通而没有办法问路之时，恰好遇到了一位乘马而过、风度翩翩的文人，金氏便上前与之寒暄，径直问起了文天祥祠的位置：

> 余又问："文丞相庙安在？"答曰："文丞相即故宋丞相文天祥耶？"余曰："然"。其人又曰："君之问文丞相庙甚么？"余曰："文丞相凛凛忠义，足以薄层云而贯日月，余生也晚，常有钦仰之心矣。今来上国，必欲一拜于庙宇之前。而柴市遗祀无处可寻，故今逢秀才敢有所问。"其人遂握手曰："子非东国之以文学自任者乎？君之志可尚也。第以文丞相庙为问，则市氓街童必不能知矣，君之所以未即寻者固然矣。若以文山祠为问，则其寻也必易。文山祠在此安定门内、顺天府学之少东

---

[1] 南龙翼《燕行录》，《全集》，第23册，第187页。
[2] 同上，第185页。
[3] 金昌业《老稼斋燕行日记》，《全集》，第33册，第166页。
[4] 金舜协《燕行录》，《全集》，第38册，第374—375页。
[5] 同上，第375页。

矣。"¹

　　与金氏交谈的中国文人赞赏其崇敬先贤的志向，向金氏指点了文天祥祠的位置，还向金氏解释了之前没有打听到文丞相庙的原因，其实是北京人习惯称文天祥祠为文山祠，因此金氏询问文丞相庙才难以得到确切答案。而据金氏拜谒文天祥祠时所见"祠制端而小，栋宇阶庭颇古焉。祠之额大题曰文山祠，祠中独享文丞相像"，²庙额的确是"文山祠"，证实了金氏所获得的信息。

　　如果说金舜协第一次向清人问不到文天祥祠所在还仅仅是"踌躇"不了的话，乾隆三十年（1765）洪大容向中国士人"问三忠祠及柴市，皆不知"，就让他生发出了别的联想。在他看来清人的不知其处和漠不关心似乎是忠义精神和民族精神丧失的体现。而此时洪大容已经拜谒过文天祥祠，见到了"文丞相庙塑像破伤无余，无人修理，见甚可悲"的景象，并告知了相与笔谈的周领之，周领之闻言"甚有愧色"，只好借所谈书画转移话题："文丞相非有书法名者，而忠义之气往往溢于楮墨之间"，³以此表示自己亦知文丞相之志。

　　其实燕行使能不能向中国士人询问到文天祥祠的确切位置，跟询问的对象有非常大的关系。其后乾隆五十一年（1786）沈乐洙载与国子监官景文笔谈时，也向对方询问了文天祥祠的情况："余曰：'俄来路过文丞相祠，此果所谓柴市，丞相毕命之处。欲参拜，外门关闭，有守者否？'曰：'文丞相死于学舍傍柴市，故立祠在此，其实非柴市。有一赵姓老爷，此人便可开门。'"⁴作为高级知识分子的景文，自然熟知文天祥的事迹，又熟悉北京的情况，因此不但知道文天祥祠的位置，还能给沈氏指点守门之人是谁。而对于普通的市民来说，即便从日常生活和正史小说中知道文天祥这一忠义的英雄形象，日常也没有去参拜的必要，自然也就不会去关心其位置所在，所以金舜协在朝阳门随意询问普通路人必然很难得到确切答案。

　　而且可以看到的是，明清时期燕行使对文天祥祠的追寻有一个兴趣转移的过程。明代燕行使参观记录较多的是祭祀诸葛亮、岳飞和文天祥的三忠祠，因为这三位人物是历史上节义形象的重要代表，也因朝鲜本土建有三忠祠。燕行录中多见拜谒三忠祠的记录，如万历三十一年（1603）李民宬辞朝发行，"午后一行打发出河大门，次三忠祠，更服以行。祠内有诸葛武侯、岳武穆、文丞相塑像，遂谒而行"。⁵其他诸如万历二十五年权挟、四十二年金中清、四十五年李尚吉等都拜谒过三忠祠。到了清代，燕行使亦延续了对于三忠祠的寻找和拜谒。康熙五十二年（1713）赴京的金昌业于翌年正月初八日留京，记录了寻访三忠祠的经过。⁶但是燕行使逐渐转移了游观的兴趣，虽然对三忠祠仍保持尊崇，但是关注的焦点逐渐转移到了文天祥祠之上，清代游观三忠祠的除了金昌业外，仅有乾隆五十八年（1793）李在学、道光三十年（1850）权时

1　同上，第384—385页。
2　同上，第38册，第386页。
3　洪大容《湛轩燕记》，《全集》，第42册，第35—36页。
4　沈乐洙《燕行日乘》，《全集》，第57册，第46—47页。
5　李民宬《壬寅朝天录》，《全集》，第15册，第74页。
6　金昌业《老稼斋燕行日记》，《全集》，第33册，第45—47页。

亨等数人,而对文天祥祠的关注越来越多,游览也越来越密集。也就是说,燕行使的关注点从代表儒家忠臣节义的形象的"三忠"重点转移到了对抗元朝统治者、从容就义的文天祥身上。当他们踏上清朝的土地,欲寻找遗民而不得的时候,文天祥跨越时代与他们相遇了,他们找到了心目中理想的遗民形象,而文天祥的形象也在清代燕行使的笔下重新确立和构建。

2. 文相祠堂草木荒

自康熙末年金昌业拜谒文天祥祠之后,这一崇祀忠义英雄的祠庙便成了清代燕行使的必游之处。燕行使通常会记载文天祥祠的地理位置、祠屋建筑、文山塑像、石刻真像、门楣匾额、柱联碑文等内容。如果说前引洪大容向燕人打听三忠祠和柴市而人皆不知这一事实引发了洪氏对中国士人民族精神丧失的蛛丝马迹的联想,那么在燕行使参观文天祥祠的过程中,他们发现祠庙窄小、尘土堆积,而中国士人对文天祥不够崇敬时,似乎就坐实了这一看法。

康熙五十一年(1712)金昌业拜谒文天祥祠,记载了此时祠堂的面貌:

> 文丞相祠屋仅三间,庙庭益隘,殿内书"万古纲常"四字,塑像作秉笏仰视状,眉目疏朗。其衣袍冠类幞头,亦类兜鍪。曾见《君臣图像》,宋人有此冠,盖宋制也。[1]

由金氏的描述可知文天祥祠庙庭比较狭隘,只有文天祥的塑像雍容俨然可供瞻仰。因文天祥祠无太多可观之处,前来拜谒的燕行使就对整体环境和祠中塑像尤其关注。

但是燕行使发现清人并不重视文天祥祠的祭祀,在他们眼中看到的都是祠堂破败、尘土堆积的荒凉景象。雍正七年金舜协看到不但祠制简陋,而且"卓前所置香烛之具皆未鲜洁,神座之上尘垢亦满",认为清人对于文天祥"崇奉之犹未尽焉"。[2]一直到乾隆中期根据燕行使的记载这里仍然"庙宇弊坏,尘土凝积",[3]尤其是将之与旁边的寺刹相比,更是云泥之别。乾隆五十一年(1786)沈乐洙记载文天祥祠"庙宇湫陋,四五架屋子一小龛。坐文公塑像,像前金字版书宋丞相信国文公神位,尘满床卓,草没阶庭……庙宇荒獘,旁有一刹颇侈丽,可知其春秋例祭,别无崇奉"。[4]文丞相如此忠臣义士,身后祠堂沦落到如此荒废地步,与寺刹一比较奢简立见,引起燕行使对清代文天祥祠堂的破败与梵宫的金碧辉煌的批评。乾隆五十六年金士龙载:"北行五里许过柴市,宋丞相文文山死节之所也。至今有遗庙,而窗棂剥落,尘沙堆积,令人可慨。丛祀妖刹无非金瓦绣户,车马杂还,香币云集,不知世间更有忠烈之庙,尤可痛也。"[5]以至于光绪八年(1882)权复仁看到文天祥祠"屋宇湫狭,神像短小""庙内尘土狼藉",而愤慨地说:"燕中丛神淫祠在在,崇奉像设炫耀,唯岳庙文祠荒寂圮废,余谓西山可夷也,

---

[1] 金昌业《老稼斋燕行日记》,《全集》,第33册,第237页。
[2] 金舜协《燕行录》,《全集》,第38册,第386页。
[3] 李德懋《入燕记》,《全集》,第57册,第290页。
[4] 沈乐洙《燕行日乘》,《全集》,第57册,第53—54页。
[5] 金士龙《燕行录》,《全集》,第74册,第268页。

琉璃厂可碎也，五龙亭、雍和宫可拆也，武穆、信国二祠将岿然独存，与天壤同弊也。"[1] 可见在燕行使的记载中，文天祥祠的破败一直延续了整个清代。但是正如嘉庆三年（1798）成佑曾所说"丞相大名不在祠，梵宫金碧岂相宜"，[2] 即使寺刹再金碧辉煌也不会多得燕行使青眼，他们心中崇敬、年年拜谒的依然是舍生取义、捐躯报国的文丞相。甚至有的燕行使想象文天祥祠之所以"丹青剥落，香火萧条，较他寺刹楼观薄陋如此"，恰恰是丞相在天之灵不希望看到自己的祠庙豪华，因为"宇内腥膻，今犹古矣，公岂乐彼之轮乎奂乎哉？"[3]

燕行使看到如此令人崇敬的忠义英雄，祠庙落到如此荒颓的境地，也有想过出钱修理。乾隆三十年（1765）洪大容游观文丞相庙时，大概庙堂经久不修，洪氏看到的是"塑像坏伤不可辨，堂檐崩破益可伤"的破败情况，出于对忠义英雄的崇敬，洪氏当时"有包银百余两，欲舍施修之"，然而当他向守庙的人表达这个愿望时，守庙的人告诉他："此有御笔匾额，圣上所句管，私修有禁不可为也。"[4] 文天祥祠破败不修的情况的确有奇怪之处。按理说到了乾隆时期国力鼎盛，国家能发二十万金修治国子监，应该也不缺修葺文天祥这三间祠堂的银子。但是见于记载的只有道光初年重修文天祥祠，有清朱为弼撰、彭邦畴书《重修碑记》记其事。但是很快塑像又有所损毁，道光十二年（1832）金景善记："旁又有一塑像颇渝损，而是朝家祀典，故人不敢私修。"[5] 终清一朝，文天祥祠的破败面貌似乎都没有太多改变。

文天祥祠既有皇帝的御笔匾额，属于朝家祀典，因此不允许私人修葺；然而朝廷似乎对于修葺文天祥祠堂亦不上心。因为清代崇祀的臣子多为本朝功臣，且康熙末年将文天祥从祀历代帝王庙后便没有在顺天府的专门祭祀。其他省份的文天祥祠当不在少数，地方官也进行着如明朝一般的崇祀。[6] 但是北京的文天祥祠似乎被清朝帝王刻意遗忘了。原因可能是在于文天祥身上忠义形象成分的复杂性，一方面作为忠君爱国、杀身成仁以报君王知遇之恩的忠义之臣；另一方面其反抗的对象是元朝皇帝。后一个方面当然是清代皇帝不可能赞赏和表彰的。清代皇帝将文天祥从祀历代帝王庙，就是强调其作为忠臣的形象；而文天祥的专祠，则囊括了其人忠义形象的全部面貌，作为少数民族统治者，肯定不会去崇祀一个曾经反抗少数民族统治的英雄形象以让其臣民效仿，因而会刻意忽略或淡化其反抗的事迹，因此文天祥专祠在清代不可能被过分尊崇也是理所当然了。

而且在清代统治者眼中，可能不但不想崇祀有着复杂忠义形象的文天祥，还想尽量消灭其在臣民士庶中的影响。因此清代统治者的做法是明褒实贬的。一方面乾隆皇帝赐匾"万古纲常"，肯定其忠君思想，满足士庶对前代英雄的追忆；另一方面，有御笔题词，则它不是私人

---

[1] 权复仁《天游稿燕行诗》，《全集》，第94册，第73—75页。
[2] 成佑曾《茗山燕诗录地》，《全集》，第69册，第172页。
[3] 不详《燕行录》，《全集》，第70册，第70页。
[4] 洪大容《湛轩燕记》，《全集》，第42册，第300页。
[5] 金景善《燕辕直指》，《全集》，第71册，第467页。
[6] 如乾隆三十年（1765）有"大学士傅恒等奏、江苏学政李因培奏，宋臣朱长文乐圃书院、文天祥专祠请敕赐匾额，臣等承旨恭拟呈览。至韩世忠祠庙，乾隆十六年已恩赐匾额。惟坵垄尚虞薪采，请交地方官修理。得旨，应修理者修理。寻赐朱长文乐圃书院扁曰道园养素。文天祥祠曰正气成仁。"此专祠当在江苏而非北京。载《清实录》乾隆三十年闰二月二十四日，北京：中华书局，1985—1987年。

领域而是皇权象征，因此可阻挡大部分士庶进入瞻拜的脚步。道光十二年（1832）金景善记文天祥祠"净扫无尘，人不得无时出入，可知其崇奉之至也"，[1]恰恰是对清朝统治者的做法理解有误。而对此情况看得更清楚是善于思辨的朴趾源："天下之废兴有常数，而遗民之如文丞相者未尝不辈出也。当时受命之君当如何处斯人也？曰：民焉而不臣，尊之而无位，置之不封不朝之列已矣。"不修庙庭，不扩规制，颇有任其自生自灭的意味，以便尽量消解其不符合统治者利益的影响。而沈乐洙所想象的"安得拓广庙貌，配崇祯死义诸公、我国洪尹吴三公并享耶！天下后世亦必有知此义、成此事者，悲夫！"[2] "知此义、成此事"，恰恰是清朝统治者不愿意看到的。

3. 遗像如怀报国心

虽然文天祥祠庙破败如斯，仍挡不住燕行使年年来瞻拜的脚步。而祠庙中的塑像就是他们心中存在的文天祥形象的注脚。最初来瞻拜的金昌业记载文丞相的塑像"秉笏仰视，眉目疏朗"，嘉庆三年（1798）成佑曾看到的是"塑像可一丈，冠带俨然"，[3]六年李基宪眼中的塑像"方颐秀眉，气像雍容，顶金冠衣袍手笏，俨然汉官威仪，令人起敬"，[4]八年徐长辅记龛中塑像"面方而丰下，眉目清爽。但额庭甚窄，身穿大袖朝袍，头戴四角幞头，垂绅而摺笏，此宋制也。"[5]到了道光时期，燕行使眼中的文天祥塑像依然可敬可爱。十二年（1832）金景善"祗瞻遗像，雍容有儒者气，百世之下令人起敬"，[6]二十八年李遇骏所望塑像亦是"甚白皙，须长尺余，忠肝义胆，森然形外，令人自然有敬慕之心"。[7]三十年权时亨则描写得更详细："入其门一位塑像眉目清朗，面如涂粉，须发腻长，头戴金冠，身穿朝服，手持白玉笏，宛然是香孩人物。"又少有地描写了文山祠的环境，"阶下有数丛绿竹，猗猗苍苍，有霜雪不摧之节"，[8]以其映衬文天祥的忠心贞节。其实一座塑像哪能看出来气象雍容、忠肝义胆，道光十一年（1831）郑元容所描写的"容貌端正，白皙长髯，而体则短小耳"可能更接近塑像的本来面目，[9]但是大多数燕行使还是固执地描写塑像是如何伟岸，如何令人起敬，只不过是他们心中的文天祥形象在塑像上的投射而已。

燕行使关注的除了文天祥塑像的气度，还有塑像所着冠服。从初次游观的金昌业，到道光时期的朴思浩，都关注到了文天祥所穿是宋代丞相的衣冠。嘉庆三年（1798）成佑曾记其事："正统十三年（1448）府尹王贤奏文天祥元时塑以儒像，宜考宋时丞相冠服改塑，从之云。"[10]道

1　金景善《燕辕直指》，《全集》，第71册，第468页。
2　沈乐洙《燕行日乘》，《全集》，第57册，第54—55页。
3　成佑曾《茗山燕诗录地》，《全集》，第69册，第171页。
4　李基宪《燕行日记》，《全集》，第65册，第181页。
5　徐长辅《蓟山纪程》，《全集》，第66册，第238页。
6　金景善《燕辕直指》，《全集》，第71册，第468页。
7　李遇骏《梦游燕行录》，《全集》，第77册，第48页。
8　权时亨《石湍燕记》，《全集》，第91册，第121页。
9　郑元容《燕行日录》，《全集》，第69册，第355页。
10　成佑曾《茗山燕诗录地》，《全集》，第69册，第171页。

光二年（1822）徐有素亦记此事，且记塑像"冠进贤冠，朱衣色黯，即宋时丞相衣冠也。圩颡方面，眉目疏朗，秉笏俨然。"[1]道光八年朴思浩看到丞相塑像"面方而丰下，眉眼清爽，额庭甚窄，身着大袖朝袍，头戴四角幞头，垂绅搢笏，宋制也。"[2]在燕行使看来，文天祥的塑像固然一身正气，而其所着宋代衣冠，"俨然汉官威仪"，更加令人敬重了。

除了塑像，祠堂左柱下所列刻着丞相真像和绝命诗的石头，也引起了燕行使的注意，并多有演绎。最早记载这块石刻的大概是雍正七年（1729）的金舜协，金氏瞻拜文丞相塑像之后"就见神座之东立一短碑，刻先生义尽时所制文"，[3]并未提起石刻真像的情况。后乾隆四十九年（1784）佚名燕行使载"神位左方立石另刻真像，其上书文丞相自赞"，[4]提起了石上的刻像，但是亦无其他说辞。到了嘉庆六年（1801），李基宪记载这方刻石时，想象出了一位刻像以期文天祥扬名的义士："世传先生遇害之日，观者如堵，一人慨然曰：'不可使此人无传。'急就石上传神云。"[5]嘉庆八年徐长辅记载时又增加了内容："文山就死之日有人高其节，慨然叹曰：'不可使此人无传于后。'遂拔所佩刀急就石上传神，因以文山自赞诗刻其上。"[6]将义士的心理、当时刻像时的场景和细节加以补充和完善。但是文丞相祠既是明朝所建，这块石头当然不可能是文天祥临刑时义士所刻。据《宋史》记载，文天祥就死之时的确有最后遗言："天祥临刑殊从容，谓吏卒曰：'吾事毕矣。'南乡拜而死。数日，其妻欧阳氏收其尸，面如生，年四十七。其衣带有赞曰：孔曰成仁，孟曰取义，为其义尽，所以仁至。读圣贤书，所学何事，而今而后，庶几无愧。"[7]但是无论是正史还是历朝的文天祥传，都不记载有义士刻石使文天祥忠义精神流传之事。这位义士或许是燕行使想象出来的，或许是他们道听途说的。"当时石上传神者，亦一人间烈士肠"，[8]以义士配忠臣，其中也倾注了燕行使对文天祥从容就义场景的想象和对文天祥的同情、崇敬诸般复杂的心理。

对这位义士的想象也可能还有一层隐晦的意义。如前所论，清代文天祥祠破败荒凉，朝廷既不留意修治，亦不允许普迪士人修埋，甚至"人不得无时出入"，连自由瞻拜忠义英雄的权利都没有，可谓是"尘埃满壁无人扫，惟有拈香一老僧"，[9]寂寞之极。而对比旁边的寺刹，则金碧璀璨、车马如织、香火鼎盛，以至于乾隆时期金正中对比二者迥异的现状，发出"不知世间更有忠烈之庙，尤可痛也"的感慨。而年年前来瞻拜的是谁呢？不用说，自然是朝鲜燕行使。正如乾隆四十三年（1778）蔡济恭所作《文丞相祠》："中州沦没古今伤，文相祠堂草木

---

1 徐有素《燕行录》，《全集》，第81册，第186页。
2 朴思浩《燕蓟纪程》，《全集》，第85册，第459—460页。
3 金舜协《燕行录》，《全集》，第38册，第386页。
4 不详《燕行录》，《全集》，第70册，第69页。
5 李基宪《燕行日记》，《全集》，第65册，第182页。
6 徐长辅《蓟山纪程》，《全集》，第66册，第238页。
7 [元]脱脱等撰，中华书局编辑部点校《宋史》卷四百一十八《列传》第一百七十七《文天祥》，北京：中华书局，1985年6月（第1版），第12540页。
8 未详《燕行记著·文丞相祠》，（韩）金成焕编《韩国历代文集丛书》，韩国景仁文化社，2013年，第35页。
9 洪良浩《燕云纪行》，《全集》，第41册，第268页。

荒。唯有年年东国使，拜瞻遗像一焚香。"[1]在燕行使看来，只有他们还惦记着民族气节和家国情怀，也不曾忘记文天祥的经历和故事，使其忠义精神可以代代流传下去。这位义士，可以说是自称明朝遗民的朝鲜燕行使自我身份的投射。而且在瞻拜之后，燕行使又有了进一步的想法："余行拜礼，盖我国虽有私谒之禁，此处无禁，且念先圣但受剃头人之叩头近百年矣，今以幅巾革带礼拜于前，此或为启文明之兆亦未可知也。"[2]朝鲜王朝对于燕行使到中国能去哪些地方往往会有限制，但是游览文天祥祠却不禁止。祠中的文天祥身着宋时冠服，而燕行使恰好穿着代表汉官威仪的明朝衣冠，他们似乎从中寻找到了相似之处：他们拜谒文天祥，因此觉得这或许是一个能使清朝气运消亡、文明重启的征兆。

4. 天将纲常尽付公

燕行使穿着明代衣冠瞻拜文天祥塑像自然不可能使清朝气运转移和消亡，但是文天祥在抗元斗争中的努力、被囚大都时的坚定不屈，在那一时期确实做到了让元朝统治者无奈、敬重，甚至畏惧。而进入清代之后，文天祥身上的忠义形象的复杂性，其对抗元朝的一面是清代统治者所不取的，恰恰是朝鲜燕行使最重视的。

追溯到明代，也有几位燕行使得以走近文天祥祠，如弘治十一年(1498)曹伟有《谒文丞相庙》五首，天启四年(1624)洪翼汉虽过其门而未能入等等。此一时期描写文天祥祠较为详细的是万历三十六年(1608)的崔晛：

> 我等回指文丞相庙，路左有一坊，题其门曰"育贤坊"，坊有太学、文庙，庙东乃文丞相庙，庙门扁曰"成仁就义"，有文山塑像。我等于庙门前再拜。塑像前卓有位版，书曰"宋丞相信国文公"。坐卓之东有石碑，刻画遗像，题其东曰"义胆忠肝，收有宋三百年养士之报"，题其西曰"血诚正气，佑我明亿万载作人之功"。噫！渺然东韩一书生，每读正气之歌、目击之诗，未尝不掩卷长吁，继之以泣。不图今日迹及燕山，目睹其庙与像，炯然之眼，凛然之气，宛若当年就义之气像，徘徊悲叹，不觉涕泪之盈眦也。人有丧其恻怛羞恶之本性，苟全瓦砾于板荡之世者，拜先生之庙，其何以为心哉！[3]

崔氏描写了文天祥祠的位置、门额、塑像、位版、石碑，表达了对其正义形象的崇敬、到北京瞻拜祠堂的激动心情，以及对苟全性命、丧失气节之人的讽刺。明代燕行使也记载文天祥死节之事，但是比较简略。万历三十八年(1610)黄士佑《朝天录》载："元杀文丞相于柴市，其地在太学西，既而名曰教忠坊，以旌异之。皇朝立祠岁时致祀。"[4]只是将其作为忠臣形象而例行崇拜，或记载明朝对文天祥的崇祀，但是未在文天祥死节之事上倾注过多笔墨。

而到了清代，情况发生很大的变化。在清代大量记载文天祥祠的文字中，除了记载其建筑位置、祠堂面貌、丞相塑像、衣带自赞之外，最多的就是记载文天祥柴市杀身成仁时的故事，

---

1 蔡济恭《含忍录》，《全集》，第40册，第379页。
2 李器之《一庵燕记》，[韩]林基中编《燕行录续集》(以下简称《续集》)，韩国尚书院，2008年，第111册，第165页。
3 崔晛《认斋朝天日记》，《续集》，第103册，第363—364页。
4 黄士佑《朝天录》，《全集》，第2册，第510页。

而在其中我们的确可以看出燕行使在文天祥身上寄托的家国情感和对政治生活的隐喻。

最早记载文天祥柴市杀身成仁的事迹是康熙五十一年（1712）来京的金昌业：

> 《大兴县志》曰：元至元壬午十二月初九日公死于柴市，是日风沙昼晦，宫中皆秉烛行。世祖悔之，赠公金紫光禄大夫、太保、中书平章政事、庐陵郡公，谥忠武，使王积翁书神主，除柴市设坛，丞相孛罗祭之。旋风卷起神主，云中雷隐隐若怒声，昼愈晦。以张天师言，乃改书神主曰"前宋少保右丞相信国公"，天乃霁。明日欧阳夫人从东宫得令旨收葬公，江南十义士舁柩出都城，藁葬小南门外五里，识其处。大德三十年继子升来北京，于顺成门内见石桥织绫人妇，公之旧婢绿荷也。指公瘗处，见大小二僧塔，一塔有小石碑，刻信公二字。至元二十年归葬庐陵。柴市即此处也。洪武九年北平府事刘崧始请立祠堂，永乐六年太常博士刘履节奉旨祭以春秋云。[1]

金氏从《大兴县志》的记载中单摘出此段写进燕行笔记中的确有其用意。从这段文字来看，以文天祥从容就死后各方的反映和表现来将文天祥的忠义形象拔高到无以复加的程度。"是日风沙昼晦，宫中皆秉烛行"，衬托出枉杀忠臣义士的氛围，一开始就有了文天祥之死与天地之变化关联在一起；"世祖悔之"至"丞相孛罗祭之"一段，则是元朝统治者对枉杀忠臣的追悔以及对忠臣的崇敬、祭祀和认可；随即"旋风卷起神主，云中雷隐隐若怒声，昼愈晦"，写文天祥之忠心感天动地，以至于上天有所感应，风起云涌，昏天暗地，直到元统治者重新认定了其作为宋之忠臣的身份，"天乃霁"，才安抚了文山的忠心，亦使上天停止了愤怒。从这段描述可以看出，文天祥不但生而为宋王朝慷慨赴死，连死后的魂灵都因获赠元朝的官职和谥号而愤怒，的确可称作燕行使心中坚定的忠君爱国的典范。而欧阳夫人收葬、江南十义士舁柩出都城、旧婢绿荷指公瘗处，以及明代立祠崇祀，忠臣与烈女、志士交织在一起，民间推扬与官方崇祀结合，共同谱写了一首忠义的赞歌。《大兴县志》所记载的内容满足了燕行使对文天祥忠臣形象的期待，无怪乎金昌业不惮繁复将之录入燕行著作中。

《大兴县志》中对文天祥的记载实为杂采《元史·文天祥传》与历代《文山传》之文字、附会小说家言的综合呈现，而对明初赵弼所撰《效颦集》中的《文文山传》采用极多。[2] 万历年间，《文文山传》经王世贞之手刻石立于国子监碑林中，[3] 是当时流传较广的论述文天祥生平事迹的文章。在燕行使的笔下，参考金昌业所引《大兴县志》和流传于街头巷尾的传说，加上燕行使自己的想象，文天祥的死节故事又演绎出了种种不同的版本。

燕行使在记载中或想象文天祥死节后元主看到天地晦暗的态度。金昌业记载元主的态度还仅仅是"悔之"，到徐有闻则记载"世祖大惊"，[4] 成佑曾载"大风扬沙，天地晦暝，元主大恐"，[5] 还有记载元主不但"悔之"，且"大恐，用张天师言，改书神板"之事，[6] 明显是对《大兴

1　金昌业《老稼斋燕行日记》，《全集》，第33册，第237—238页。
2　[明]赵弼《文文山传》，刘文源《文天祥研究资料集》，北京：中国社会科学出版社，1991年，第84页。
3　[明]沈应文、张元芳纂修《万历顺天府志》卷六《艺文》，明万历刻本，第273页。
4　徐有闻《戊午燕录》，《全集》，第62册，第223页。
5　成佑曾《茗山燕诗录地》，《全集》，第69册，第172页。
6　徐有素《燕行录》，《全集》，第81册，第187页。

县志》所载故事的引申和演绎。从悔之到大惊、再到大恐,都是最高统治者向忠臣志士所代表的天地意志低头,但就其程度而言,则敬畏程度依次加深。这显然是燕行使增加了个人的想象,在描写之时他们仿佛以身代之,慷慨南拜,从容赴死,天地动容,元主畏惧。而燕行使对文天祥授命之日的记载也大同小异,小异之处又有不同的演绎,是借记载文天祥之事,来浇自己心中之块垒。如朴趾源记载"是日大风扬沙,天地昼晦,宫中秉烛行。世祖问张真人,对曰:此殆杀文丞相所致也。"与赵弼《文文山传》中的对答颇为相似,都引入了一位能与天地沟通的张真人,借其口传达上天的旨意,印证文天祥的精忠感天动地。郑元容则记载:"公于授命之日,大风扬沙,天地晦暝。元世祖悔之,赠职书位板,设坛致祭,狂风旋地,卷位板入云中,殷殷如怒声。元主叹曰:'文丞不肯为吾用耶!'乃改书宋少保右丞相信国公而祀之,天乃开霁云。盖公贞忠大节可与日月争光。"[1]则可能是对元世祖劝降一事的演绎,元代刘岳申《文丞相传》记载:

> 上使谕之曰:"汝以事宋者事我,即以汝为中书宰相。"天祥对曰:"天祥为宋状元宰相,宋亡,唯可死,不可生。"又使谕之曰:"汝不为宰相,则为枢密。"天祥对曰:"一死之外,无可为者。"[2]

文天祥生前面对帝王亲自招降和高官厚禄不为所动,在取舍中彰显忠义形象和民族气节;死后英灵依然不肯为元主所用,以致天昏地暗,风雷震怒,其精忠可与日月争光。

燕行使或想象文天祥的英灵对清朝的态度,其中记载最多的是对清朝的反抗。沈乐洙看到文天祥塑像前"金字版书宋丞相信国文公神位",想到"公死后元赠太师书版,方祭天晦暝,大风卷之;更书宋丞相祭之",怀疑这是不是当时遗留下来的位版呢?而进一步想到,"今使公灵在者,岂肯享膻酪之奠?"[3]"酪"是具有满蒙的饮食特色,文天祥因反抗元朝而就义,自然不肯享用元朝祭祀。"苟有精灵应不享,清蒙一种古元金",[4]亦是燕行使内心的想法在文天祥的英灵行为上的投射。或者想象"如公精魄尚今不散,倘使风伯卷起塑像复入云中耶?"[5]此前的记载中是把神主卷入云中,这次直接把塑像卷入云中,其力度更进一步。"犹今毅魄风雷壮,不许门前近一胡",[6]燕行使还想象英灵携雷霆之怒,不但使元朝统治者恐惧,连清人都畏惧不敢靠近。或者想象文天祥"英灵应返国,氛祲此溟蒙",[7]返回中华大地,如抗元般抗清,一扫清代统治的黑暗气氛。还有想象文丞相的英灵并不在柴市:"未信灵英柴市住,秖今中土以腥膻。"[8]那么文天祥的英灵该往何处去呢?答案似乎是无可去之处,"公灵欲何往,天下又戎王",[9]其诗义更加悲壮了。

---

1 郑元容《燕行日录》,《全集》,第69册,第355页。
2 [宋]文天祥著《文天祥全集》卷十九《附录》,南昌:江西人民出版社,1987年,494页。
3 沈乐洙《燕行日乘》,《全集》,第57册,第54页。
4 李遇骏《梦游燕行录》,《全集》,第77册,第48页。
5 郑元容《燕行日录》,《全集》,第69册,第355页。
6 李止渊《赴燕诗》,[韩]金成焕编《韩国历代文集丛书》,韩国景仁文化社,2013年,第26页。
7 李在学《癸丑燕行诗》,《全集》,第57册,第502页。
8 徐长辅《蓟山纪程》,《全集》,第66册,第239页。
9 赵显命《燕行诗》,《全集》,第38册,第18页。

燕行使所记载的文天祥死节的故事和对文天祥英灵的想象，看起来似乎非常灵异，其实是有历史久远的"天人感应"说作为内核的。"天人感应"的"神学目的论是非理性的，但是包藏在其深处的政治意图确是现实的、理性的"。[1]而燕行使之所以喜欢引用相关文字并作出各自的阐释，其政治意图也非常明显。清代燕行使将文天祥坚贞不屈地反对元朝的统治，与当时的政治背景、时代环境结合起来，着重描写文天祥的神化和元朝对其册封的情况，塑造了一个为元朝统治者所畏惧的英雄形象。

另外朝鲜燕行使始终有着对明遗民的执着和追寻。当他们在日渐繁荣的清朝大地上找不到为明守节的志士仁人时，他们把目光投向古代，在南宋倾危之际，有文天祥这样一个生而为宋守节，死而风卷神主令元主恐惧的人物，完美契合了他们对忠臣的所有想象。"千古中原今故在，忠臣遗恨可曾知"，[2]当中原尚在之日，忠臣仍有遗恨不能保住宋代正统和江山；更何况明清之际天翻地覆、华夷剧变，燕行使的遗恨就更加深重了。而文天祥成为消解他们心中这种遗恨情绪的出口。在某种意义上，朝鲜燕行使对文天祥石刻真像和死节故事的演绎，亦是按照自己的意愿，安排元主、义士和文天祥的行为，打造符合其理想的忠臣义士形象。文天祥生而抗元，死后英灵依然不屈，而恰在文天祥死节后百年，元朝被明朝推翻，燕行使内心期盼而没有做到的事情，文天祥替他们做到了，这才是燕行使重视文天祥祠的根本原因。

5. 结 论

朝鲜半岛自古以来就深受中国儒家思想的影响，对于中国忠孝节义的历史人物，不但将之作为立身行事的标准，还在朝鲜国内建庙崇祀。因此燕行使到达北京后，文天祥祠就成了他们的常游之处，有很多文字记载和诗歌作品。明代咏文天祥祠的诗歌多是以文天祥死节之地"柴市"为固定典故赞颂其节义精神或借古讽今，清代的相关内容则更多地寄托了易代之后复杂的家国情感和政治隐喻。

清代燕行使对文天祥祠的执著是从锲而不舍地寻找文天祥祠开始的，在清初有不少燕行使想要游观文庙而多方询问、历经波折最终得偿所愿的情况。而且从明入清，燕行使的关注点有一个转移的过程：从代表儒家忠臣节义形象的"三忠"转移到了对抗元朝统治者、从容就义的文天祥身上。进而燕行使由所见祠堂破败、尘土堆积的荒凉景象和清人不重视文天祥祠祭祀的情况，引发关于中国士人民族精神丧失的联想。此外，燕行使着重描写文天祥的塑像一身正气、俨然汉官威仪，还对丞相真像和绝命诗多有演绎，来构建文天祥作为忠臣和遗民两重身份的完美形象，并自诩为文天祥的异代知己和忠义精神的继承者，以此寄托家国情感和对政治生活的隐喻。直到今天，对文天祥这样的儒家传统忠义英雄的崇敬依然是中国与朝鲜半岛人民共同的历史情结与沟通交流的文化基础。

1　黄朴民."天人感应"与"天人合一"[J].文史哲，1988（4）：21.
2　李基宪《燕行日记》，《全集》，第65册，第183页.

参考文献

[宋]文天祥. 文天祥全集[M]. 南昌：江西人民出版社，1987.
[元]脱脱等撰，中华书局编辑部点校. 宋史[M]. 北京：中华书局，1985.6.
清实录馆. 清实录[M]. 北京：中华书局，1985-1987.
[明]沈应文，张元芳. 万历顺天府志[M]. 明万历刻本.
[清]昆冈等. 清会典事例[M]. 北京：中华书局，1991.
刘文源. 文天祥研究资料集[M]. 北京：中国社会科学出版社，1991.
[韩]林基中. 燕行录全集[M]. 首尔：东国大学校出版部，2001.
[韩]林基中. 燕行录续集[M]. 首尔：韩国尚书院出版，2008.
[韩]金成焕. 韩国历代文集丛书[M]. 首尔：韩国景仁文化社，2013.
黄朴民. "天人感应"与"天人合一"[J]. 文史哲，1988(4).
陈功林. 文天祥形象的塑造与演变[D]. 江西师范大学，2016.

作者简介

赵瑶瑶，中国农业博物馆助理研究员，博士
研究方向："燕行录"研究、古农书研究
通信地址：北京市朝阳区东三环北路16号
电子邮箱：zhaoyaoyao1991@126.com

英文提要

A Preliminary Glimpse of the Ethical Connotation of "Calmly Returning Home" by In-ro Lee, a Korean Poet——Concurrently a comparison with Tao Yuanming's "Homecoming", by Chi Shuiyong (p.1)

Abstract: In-ro Lee's "Calmly Returning Home" is the first "Wa Tao Ci Poetry" in the history of Korean literature. It has rich ethical connotations. Reading through In-ro Lee's "Calmly Returning Home" thoroughly, we realise that it is never about the poet's ethically appealing regarding the ethical dilemma occurred to his political career, there is always ethical judgement he made based on his own moral and value standards. Although Lee Ci's ethical judgement sounds to be more negative compared to that of Tao Ci, in the decision-making of ethics, through the explanation of Lao and Zhuang's philosophy and other classic works, it has brought to the world various moral teaching and warnings. The ethical value that has been endowed in his work cannot be ignored.

Keywords: In-ro Lee ; "Calmly Returning Home"; Ethical judgement making; Ethical value

A Friendly Person, A Spiritual God and A Fiscal Deficit——The image of the Ming Dynasty in Lee Hangbok's *Works of Travel Accounts to Ming Dynasty*, by Han Mei (p.14)

Abstract: Lee Hangbok, a high-ranking Korean official who travelled to Ming dynasty in 1598, at the end of the Imjin War, portrayed the image of China as a friendly person, a spiritual god, and a fiscal deficit in his *Works of Travel Accounts to Ming Dynasty*, which has been improved and innovated compared with the image of China in Korean literature before the war. The reason is that the Joseon Kingdom received assistance from the Ming army in time of war, so the whole nation had positive experiences and developed gratitude and friendly feelings towards Ming Dynasty. Lee Hangbok also had a deep understanding of the huge financial expenditures of the Ming Dynasty. Therefore, he found and attributed the financial crisis of the Ming Dynasty to the Imjin War, emphasizing the sacrifices made by the Ming Dynasty for Joseon Kingdom. The hardships caused by the war promoted the pluralism of the Korean people's beliefs and promoted their recognition of the multiculturalism of the Ming Dynasty. Briefly, the image of the Ming Dynasty in Lee Hangbok's *Works of Travel Accounts to Ming Dynasty* reflects Korean's positive understanding of Ming Dynasty at that time, confirming that the Ming aid during the war played a significant role in improving the national image of Ming Dynasty.

Keywords: Korea; Lee Hangbok; *Works of Travel Accounts to Ming Dynasty*; image of Ming Dynasty; Imjin War

Research on the Criticisms to Qian Qianyi by literati in the Joseon Dynasty, by Li Liqiu (p.25)

Abstract: This article sorts out criticisms towards Qian Qianyi by literati in the Joseon Dynasty, including criticisms towards his behaviors, his style of writing, and some of his viewpoints. First, influenced by the Confucian loyalty to the emperor, by the edict of Qianlong and by Chinese literati, criticisms towards Qian's behaviors focused on his surrender to the Qing Dynasty. Second, those who criticized Qian's style of writing thought that his works contain evil and eccentric contents, and are full of ancient and half-Confucian, half-Buddha expressions. Qian's writing style was formed because of his advocacy of respecting Confucius scriptures and retrospecting the past, his advocacy of the style of Song poetry, and his advocacy of writing temperament, which was deeply influenced by Buddhism. These characteristics of Qian's writing were actively accepted by the Korean literati in the early stage, but later, with his surrender to the Qing Dynasty, evaluation on Qian gradually became negative. Third, criticisms on Qian's viewpoints included correcting errors in the narrative of Korea in Qian's collection of poems, refuting Qian's remarks that belittle Korea in the postscript of "Huang Hua Ji", and questioning Qian's standards for compiling collections of poems and essays. Among criticisms towards Qian's viewpoints, some were misunderstandings, but were also related to the dissatisfaction with Qian's surrender to the Qing Dynasty as well as to the change of understanding towards the Qing Dynasty in the late Joseon Dynasty.

Keywords: Qian Qianyi; *Collection of Poems from Various Dynasties* (Lie Chao Shi Ji); the Joseon Dynasty; Korean Literature; Poetic Style

A Study on Korean Anti-Japanese Heroic Narrative in Modern East Asian Literature, by Niu Linjie & Tang Zhen (p.38)

Abstract: When Korea was colonized by Japan in the early 20th century, many Korean patriots went into exile and waged anti-Japanese movements in China, Russia and the United States. With the outbreak of the Second World War, the anti-Japanese independence movement in Korea gradually became an important part of the World Anti-Fascist War, which attracted extensive attention from the international community and became an important topic of concern for East Asian writers. Among them, east Asian writers' literary narration of Korean anti-Japanese heroes is the most eye-catching. In the context of Anti-Japanese War, the narrative of Korean anti-Japanese heroes in East Asian literature embodies the anti-aggression and anti-colonization spirit of intellectuals in East Asia.

Keywords: Modern East Asian literature; Korean independence movement; Anti-Japanese heroic narrative

Research on the Educational Purpose, Goal and Content System of Korean Literature History under the Educational Concept of New Literature——Targeting Korean language students from four-year universities in China, by Nan Yan (p.49)

Abstract: The education of Korean literature history is of indispensable significance in Korean language education. Unfortunately, Korean literature history education has always been in a dilemma. The root cause lies in the lag in the concept of literary history education, coupled with the lack of curriculum standards for system research, leading to many problems in the compilation of teaching materials, the design of teaching methods and evaluation methods. In order to improve the status quo of Korean literature history education, this article draws on the experience of Korean literature education, actively introduces new literary (history) education concepts, and draws on the literature (history) education goals, objectives and content systems in Korean national language education, combined with the Korean language department. The specific characteristics and learning needs of students have repositioned the nature of Korean literature history, and set and constructed the educational purpose, goal and content system of Korean literature history in Korean language education.

Keywords: Department of Korean Language in China; New Literature Educational Concept; History of Korean Literature; Educational Goals and Objectives; Content System

Study of Chinese Character Words in *Shurangama Sutra Yanjie*, by Jin Guangzhu (p.62)

Abstract: The *Shurangama Sutra* is a very important classic of Buddhism. The *Shurangama Sutra Yanjie* is the first *Shurangama Sutra* key point analysis annotated by a monk named Jie Huan in the Song Dynasty. It was translated by Han Gye-hee, Kim Su-on and others with the help of Huijue Venerable Xinmei. Its woodcut edition was published under the Printing Supervisors in the 8th year of Shou Yang Great King Emperor Shizu of Korea (1462). The *Shurangama Sutra Yanjie* in woodcut is the earliest Buddhist interpretation published by the Printing supervisors, which plays a model role in the Buddhist Yanjie later, so it is of great significance. In this paper, the author examines the vocabulary of Chinese characters in *Shurangama Sutra Yanjie*, and analyzes the various types of words and the Confucian scriptures, the characteristics of different Chinese characters, as well as the vocabulary characteristics in the early medieval Korean language.

Keywords: *Shurangama Sutra Yanjie*, Buddhism Yanjie, Chinese Character Words

A Comparative Study of Metadiscourse Use in Abstracts Between Chinese Korean Learners and Korean Native Speakers from the Perspective of Pragmatic Identity, by Chen Yanping & Wang Chen (p.78)

Abstract: Combined with the metadiscourse framework and pragmatic identity theory, this paper uses the method of self-built corpus and quantitative and qualitative analysis to explore the similarities and differences between Chinese Korean learners and Korean native speakers in using interactive metadiscourse for identity construction. It is found that Chinese learners use attitude markers significantly less frequently than Korean native speakers. Learners and native speakers tend to construct identity in the same order: narrator > interactor > evaluator. In the construction of narrator identity, both tend to be: confident narrator > rigorous narrator. In the construction of interlocutor identity, both tend to refer to themselves a lot and rarely to readers. In the construction of evaluator identity, the frequency of Chinese Korean learners is significantly lower than that of Korean native speakers.

Keywords: Chinese Korean learners and Korean native speakers; Interactive metadiscourse; Identity construction; Identity consciousness

The Absence and Presence of Korean Coordinate Case Marker '-wa', by Zhao Xinjian & Chen Siyue & Chen Yuqiao (p.91)

Abstract: In the Korean grammar field, the research on coordinate marker '-wa' has gone through three stages of case marker, conjunctive particle, and coordinate marker, with diversified achievements in the researches on coordination construction and coordinate marker having been made. While current studies are in the third stage based on typology, a further study on the absence and presence of '-wa' is beneficial to further understanding of its nature. It is found that '-wa' in the position of coordinate case can demonstrate different results, including being explicit, being implicit or explicit, as well as being implicit, which show the ordered asymmetry in syntax, semantics, pragmatics and cognition etc. Accordingly, it is argued in this paper that '-wa' is a grammatical marker which can carry out different functions by highlighting the position of coordinate case.

Keywords: —와('-wa'); Coordinate Case Marker; Absence and Presence; Orderliness; Highlight

A Study on the Structure and Distribution of Maximal Noun Phrase in Korean Language, by Zhao Yue & Bi Yude & Bai Jinlan (p.112)

Abstract: Maximal Noun Phrase (MNP) is an important research object of syntactic analysis and syntactic complexity. This paper is based on Korean Language Treebank, the existing biggest Korean Syntactic Annotation Corpus. First, MNPs are collected and analyzed statistically. Then we summarize the characteristics of both level distribution and syntactic function distribution of sMNP, and iMNP, so as to improve the understanding of the complexity of language structure from the perspective of language level construction, distribution and length constraints, etc. Thus, it can give linguistic support for automatic recognition of MNP.

Keywords: Korean Language MNP; Korean Treebank; statistical analysis

The Reappearance and Mutation of Pre-Qin Diplomatic Fushi (Recitation of Shijing Poems): Tenderness and Tension in Diplomatic Activities of Ming Envoys to Joseon, by Qi Yongxiang (p.124)

Abstract: Fushi (recitation of Shijing poems) was widely performed by Ming envoys to Joseon in diplomatic activities as an important diplomacy tool. Through a full discussion on three events concerning Fushi – banquets, controversies over rituals, and literary competitions between Ming envoys and Joseon kings and officials, we argue that Fushi as a diplomacy tool then was imitative, dramatic and formulaic. Underneath behaviors of poem recitations, rituals, and toasts, there lies different kinds of fierce disputes and contests; underneath atmosphere of tenderness, warmth, and courtesy, there lies great tension. These Fushi events were similar to those happening 2000 years ago, which helped us review diplomacy between states in Pre-Qin period when wars broke out frequently, and inspired us to think more about related problems at that time.

Keywords: Fushi Diplomacy; Ming Envoys; Joseon kings and officials; Controversies over rituals; Literary competitions

On the Harye (下隶) of the Chosun Tribute Envoy Corps in Qing Dynasty, by Wang Yuanzhou (p.139)

Abstract: During the Qing Dynasty, the Chosun envoys went to China frequently. In the Korea envoy travel corps, most members were harye (下隶). The harye can be divided into slaves, madoo (马头), kunloi (军牢), horsekeepers (马夫、驱人), cooks, etc, mainly composed of public and private slaves, station slaves and so on. The Korean envoys could select haryes for his team from the station slaves in Hwanghaedo and Pyeongando, but mostly by the accompanying kinfolks or friends on behalf of the selection. The haryes provided a variety of services for the envoy travel corps, in order to make the envoy travels smoothly. The haryes also participated in the envoy travels to make money, and even to make a living from it. But the paycheck that Chosun government gave to the harye was very low, therefore the heryes are very hard in the envoy travels. They had to sell Cheongsimhwan pills and other things for money, even stole, robbed and also often bullied Chinese people. These had become Chosun envoy travels' main maladies that were difficult to solve, which also showed us the back side of foreign tribute envoy corps in Qing Dynasty.

Keywords: Yeonhaeng-rok; tribute envoy; harye (下隶); madoo (马头)

A critical study on Korean Literati Painting "Sae Han Do" from a Semiotic Perspective, by Keum Jia (p.154)

Abstract: "*Sae Han Do*" (A Cottage Under Evergreen Tree) is one of the best existing works created by Kim Jeong-hee (1786-1856), a very popular artist in the late Chosun Dynasty. It has been recognized as the No.180 national treasure of the Republic of Korea. While Kim Jeong-hee was banished to Cheju Island in 1844, he completed this painting and wrote a postscript on it before he gave it as a gift to his pupil Lee Sang-jeok (1804-1865). It is regarded as a premier painting of the literati in Korea. Rather than depict real landscape, *Sae Han Do* captures the creator's mental world. This painting features a shabby cottage and pines and cypresses, an element crucial to the work. The cottage is a projection of Kim Jeong-hee's own feelings, implying his strong will of never abandoning scholarly pursuits, and the pines and cypresses symbolize the way his pupil Lee Sang-jeok conducts himself. In appreciation of the literati painting, it is very important to get the way to the painting. The painting holds more than aesthetic contents. We need to consider the social background for the painting creation so as to better understand and appreciate it. Therefore this article attempts to illustrate how *Sae Han Do* was created and composed and to analyze the errors in the painting from a semiotic perspective. In this process, we need to decode the symbolic meaning of the elements in the painting and examine how the social circumstances at the creator's time and relevant values are projected onto this work.

Keywords: Semiotics; Kim Jeong-hee; Lee Sang-jeok; Korean Literati Painting; *Sae Han Do*

The Research of Wen Tianxiang Temple in the Records of Joseon Envoys, by Zhao Yaoyao (p.164)

Abstract: Wen Tianxiang is a symbol of the patriotism and righteousness in Chinese history. Wen Tianxiang Temple, which was built in memory of Wen, was frequently visited by the Joseon envoys during the Ming and Qing Dynasties. In the Ming Dynasty, few Joseon envoys had visited the temple. Instead, most of their writings referred to "Chaishi", where Wen was martyred, to honor his patriotism. In the Qing Dynasty (since the reign of Emperor Kangxi), Wen Tianxiang Temple became a must-see for the Joseon envoys. There are more records about their visits to the temple than those in Ming Dynasty. Moreover, they placed complex national sentiments and metaphors for political life on Wen Tianxiang. In addition, they paid more attention to and celebrated the anti-Yuan Dynasty ruler aspect of Wen than in the Ming Dynasty as they exerted their imagination over Wen's statue and Wen's death at Chaishi, projecting their own racial prejudices and national sentiments, to construct their ideal patriotic figure.

Keywords: Joseon Dynasty; Joseon envoys; Wen TianXiang; Wen Tianxiang Temple